ダイアナ妃の遺言

シモーヌ・シモンズ
イングリッド・シュワード
飯塚恭子 訳

清流出版

ダイアナ妃の遺言……目次

装　丁◆友成　修
翻訳協力◆平田雅子
高橋奈々
河村綾子
高松直子
岡本雅子

平穏な日々をおくる親愛なる人びとに、　この本を捧げます

まえがき

ダイアナは、いくつもの役割を同時に演じることのできる女性でした。相手によっては立場が重複することもありましたが、心の中では、いつも役割を区別し、うまく演じているようでした。彼女は常にプリンセスで、また同時に母であり、恋する女であり、時にはタフな慈善活動家でした。

ダイアナは私の親友で、隠し事や言い訳をせず、少女のようになんでも語り合いました。女性ならだれでも考えるすべてを語りました。そして、「シモーヌ、もし私に何かあったら、真実を語って」といつも言っていました。

だから、私は、この本を書くことにしたのです。

1……JFK

空を見上げる仕草、晴れやかなその笑顔、ときおり見せる涙、うっとりするような魅力、そして慈善活動家でもあるダイアナの心の奥には秘められた情熱があった。

彼女は愛されたかった。そして、それ以上に愛したかった。貧しい人びとや恵まれない人びと、そして愛する息子たちウイリアムとハリー、夫のチャールズ。彼がダイアナの情熱的な愛を受けとめてくれるような人物だったらよかったのに。彼女はただロマンティックな愛が欲しかったのだ。

ダイアナは、よく自分のことを話してくれたので、私は彼女のことをよく知っているつもりだ。床に座ったり、ベッドやソファに腰かけながら、あるいはキッチンで、テイクアウトのイタリア料理やレンジで温めるだけの料理を一緒に食べながら、またはハーブティーを何杯も飲みながら、何時間でも語り合った。それは、彼女の願いや興味のあること、あるいは恋愛のことについてだった。隠し事なんていっさいなかった。ダイアナはとても率直で感情が豊かだったので、興味のあることから夢中になった男性のことまで、すべて包み隠さず話してくれた。

ある日、いつものように二人で話していると、自然と話題がジョン・F・ケネディ・ジュニアとのロマンスの話になった。それは初耳だった。私たちは、ケンジントン宮殿のリビングにいて、ダイアナはとても履き心地のよさそうなベージュのショートブーツにジーンズ、上質なカシミヤのVネックセーターを着ていた。

私たちは、珍しくソファに座っていて、ダイアナの憧れであるジャクリーン・ケネディ・オナシスの話になった。とくにジャッキーがどのようにしてケネディの死後、〝ギリシャの蛙〟とダイアナが呼ぶ海運王アリストテレス・オナシスと結婚できたかということに興味津々だった。

ダイアナは、ケネディ前大統領の元夫人であるジャッキーを〝魅力的な人〟と表現し、そこから息子のジョン・F・ケネディ・ジュニアの話になった。

ケネディ・ジュニアをどう思うか訊くので、よく知らないからわからない、と私は答えた。ダイアナは新聞で見つけた彼の写真を見せると、「彼ってとてもハンサムだと思わない?」と言った。

じつは、ダイアナは一九九五年にニューヨークで彼に会っていた。ケネディ・ジュニアの雑誌『ジョージ』のインタビューの依頼を受けたからだ。インタビューは断ったが、彼とはアッパーイーストサイドにあるカーライルホテルのスイートルームで会うことになった。ダイアナが滞在していたスイートルームは、大きなガラス窓がはめこまれたペントハウスで、眼下にはセントラルパークが広がり、マンハッタンのシルエットの先にツインタワーまで一望できた。ほかの多くの部屋とはまったく違って、個人の邸宅にあるような上品な家具が置かれ、ピアノまで備えつけられていた。一晩三二〇〇ドル、これにはダイアナも高いと思った。

ケネディが到着すると、アメリカ人らしい親しみやすい魅力と鍛え抜かれた立派な体躯に、彼女はすっかり心を奪われてしまった。

「彼とは次々といろんな話をして、気づいたらベッドの中だったの。私たちほんとうに相性がよかったのよ」

結婚前のダイアナは、男性にはとても用心深く、慎ましかった。少しずつ男性と親しくなっても、性的関係を持つ前に、その男性と気持ちでつながり合えるかどうかが大事だったからだ。ダイアナは、ロイヤル・ファミリーにまったく欠けていたもの、つまり、セックスアピールをもたらした。チャールズがフレッド・アステアなら、彼女はジンジャー・ロジャースだった。要するに、さえないファミリーにグラマラスな魅力とロマンスをもたらしたのだ。天界の花嫁から美しく成熟した女性に変身すると、男性が自分に向けるまなざしの変化に気づき、彼女はおおいにそれを楽しむようになった。しかし、純粋な少女の部分も常に持ち合わせていた。女としての自信は持てずにいたし、そのうえ、とんでもない移り気だった。それでも、いつも純粋だった。だれでも自分の性的欲求度などわからないものだが、ダイアナも同じだった。しかし、ケネディ・ジュニアとの出会いは、彼女を突然魅惑的でふしだらな女性に変えてしまった。純粋な欲望が沸き起こり、あんなふうに欲望に流されたのは、人生で一度きりよ、と彼女は認めた。

私は、開いた口がふさがらなかった。あまりにあっけにとられて、しばらく口がきけなかった。するとダイアナは、いまはハスナット・カーンに夢中なの、と言うのだ。実際にはまだ肉体関係にいたっていなかったものの、とにかく彼女が夢中になるとだれも止められなかった。

「ちょっと、それ冗談でしょ?」私は思わず叫んだが、彼女は本気だった。

「冗談じゃないわよ。彼は最高の恋人よ。そう、だれよりも素敵よ」

ダイアナは、男性に順位をつけるのが好きで、ジェームズ・ヒューイットは九番目、オリバー・ホアは六番目、チャールズ皇太子はかろうじて一〇番以内にランクインしていた。そんな彼女だったから、ケネディ・ジュニアとの出会いを心から喜んだ。ハスナットは別として、ほんとうに自分のものにしたいと思った男と関係が持てたことに素晴らしさを感じているようだった。ケネディ・

ジュニアはハンサムで鍛えられた体は美しく、もちろんアメリカでは人気者だった。ダイアナより一つ年上で、七～八センチ背が高かった。そのことは、背の高いダイアナにとって魅力的だった。

密に連絡を取り合っているわけではなかったが、その短時間の密会で、彼女は彼の素晴らしさに魅せられ、また、アメリカで最も愛された大統領の息子として受けるプレッシャーをうまく対処しているところに敬服した。王位継承者の責務を運命づけられているウイリアムを思いながら、「ウイリアムがケネディ・ジュニアみたいに洗練されて、物事にうまく対処できる男性になって欲しいものだわ」と言った。当然、ダイアナは、ケネディ・ジュニアとの関係をもっと深めたかった。私と彼がカップルなら、だれも私たちにかなわないし、もしうまくいけばアメリカの〝ロイヤル・ファミリー〟の一員になれるかもしれないわ、と夢を描きはじめた。アメリカ旅行の途中でホワイトハウスを訪れたダイアナは、「あの場所が気に入ったわ」と語った。そして、アメリカ中の期待通りに彼が政界に入れば、自分がアメリカ合衆国のファースト・レディになれるかもしれない、とまで考えた。

いま思えば、もっと彼女からこの話を聞いてあげるべきだったが、そのときは、グレース・ケリーとダイアナの根拠のない（というべき）確信にまつわる話題へと移っていった。元映画女優のグレース・ケリーは、夫であるモナコのレーニエ大公との離婚計画をうっかり漏らしたために、殺されたのだという話だった。ダイアナは、自分と同じく普通の少女からプリンセスになったケリーに共感を抱いていた。また、ジャクリーン・ケネディ・オナシスにも同じ感情を持っていた。ジャッキーは、常に女性問題を抱える夫、ケネディ大統領と結婚し、優雅さと気品の象徴として世界中に知れ渡った。政治家の妻を完璧にこなした彼女のように、今度はその役を自分が演じるかもしれないと想像して、ダイアナは無邪気に喜んだ。

イギリスに戻ると、ダイアナはジョンのホロスコープを用意して、射手座の彼との相性を見た。悪くはなかったが、関係が維持できるほどでもなさそうだった。

ジョンはいつもダイアナを賛美し、友人にはダイアナのことを刺激的で美しい女性と話していた。それからしばらく連絡を取り合ったが、遠距離で関係を維持することは難しかった。ダイアナの愛情はどんな男性でも圧倒するほどで、ジョンにはかなり愛に飢えた女性として映っただろう。

「四六時中彼が欲しいのはわかるけど、はっきりいって、それはアメリカにでも住まない限り無理な話だし、たとえアメリカにいたとしても、二四時間彼を縛りつけておくことなんて無理よ」と私はたしなめた。

もしかしたらそうなったかもしれない、という考えは捨て、ダイアナは現実を見つめてジョンとの短いロマンスをしぶしぶながら受け入れた。翌一九九六年、ケネディ・ジュニアは、キャロリン・ベセットと結婚し、ダイアナはお祝いの手紙を送った。彼の結婚を心から祝福した。もちろん、その頃からダイアナはハスナット・カーンに深くのめりこんでいった。しかし、ハスナットは、ダイアナの離婚が成立するまで二人が深い関係になることを拒んでいた。

でも、もしもケネディ・ジュニアがダイアナの思いを受け入れていたらどうなっただろう、そして彼の配偶者になった彼女はそのプレッシャーに耐えられただろうか、と私は考えずにはいられない。そうなっていたら、二人とも生きていたかもしれない。けれども、それは実現しなかった。

ダイアナは、人生で起こるすべてのことに逆らわずに生きたのだった。

2……ダイアナとの出会い

ダイアナは、私がいままで会った人たちの中でも、かなり情緒不安定なほうだった。精神的苦痛から逃れるためなら、一風変わった方法でも、そこに救いと安らぎを求め、いつの間にかほとんどの療法を試していた。ほんとうに効果のあるものから、怪しげなものまでいろいろあった。もちろん、表面的には彼女は十分満たされていたが、世間の厳しい注目を浴びる多くの成功者の女性同様に、心は空虚だった。

彼女はさまざまな治療を受け、内面を満たそうとしたが、満足できるものはまったくなく、抱える問題が減ることはなかった。自分には重要な何かが欠けていて、人間として不完全だと感じていた。幼少期からのトラウマを取り除くという、あらゆるセラピストに会い、いつかセラピストが魔法の杖で自分の痛みをすべて取り除いてくれると信じていた。そうして、ある日、ロンドンのリージェントパークにあるヘイル・クリニックに辿《たど》り着いたのだ。私がそのクリニックの経営者であり、セラピストだった。別のセラピストからの紹介でやって来たダイアナは、その日の朝、腸内洗浄の治療を受けていた。形式的な紹介が済むと、彼女は笑って「ダイアナと呼んでね」と言ったので、「それじゃあ、私もシモーヌと呼んでね」と応じた。

私は、彼女がプリンセスだからと特別扱いはしなかった。彼女は世界で最も写真誌を賑わす女性で、魅惑的で美しく洗練されていて、富裕層が放つ光を身につけていた。でも私は、大丈夫、たとえ彼女がだれであろうと、ただの人間よ、と思った。私はだれにも畏敬の念は持たなかったから、ダイアナにも、単に私の患者の一人としてセラピーを行なった。その後もずっとそう接した。その人が、どのように見られているかではなく、その人がどんな人物であるかで私は人を判断しているからだ。

階段を上り、ビルの最上階にあるセラピールームに向かった。テーブル、施術台、椅子二脚に柔らかな光のサイドスタンドがあるだけの、まるで手術室のように殺風景な部屋だ。母が買ってくれたラッセル・アンド・ブロムリーの靴が足に当たって痛いので、私はダイアナに、脱いでもいいか尋ねた。「どうぞ、お気になさらないで」とダイアナは答えると、彼女自身も靴を脱いだ。そして、何も身につけないほうが落ち着くし、素足でいるのが好きだと言うのだった。

ダイアナは、ブルーのストライプのジャケットを脱いできちんと椅子に掛けると、施術台に横たわった。私は明かりを薄暗くして、お互い黙っているほうが治療に専念できると説明したが、ダイアナには難かしいようだった。彼女は巣から落ちて傷ついた小鳥のように、心の奥深くに痛みを抱えていたのだ。初めてのセッションは、なんとか混乱もなく終えることができた。残り三〇分になった時、彼女は起き上がって、少し目まいがするが体の中の重いものがなくなったようだと言った。「何かわかったことがあるかしら?」とダイアナが訊《き》くので、「あなたのオーラは少し歪んでいるけど、それはストレスが原因よ」と説明した。彼女は頷くと、この治療がどれだけ自分の助けになったか、どれだけ気分をよくしてくれたかを話してくれた。二〜三日後にまた予約を入れると「治療中のあなたの目って、びっくりするくらい現実離れしているわ」と言い、私は「私にとって最高の誉め言葉だわ」と答えた。

二度目に来院した時、ダイアナがとても話をしたがっているのに気づいたが、私たちはまだ出会ったばかりだったので、心を開きすぎないほうがいいと思った。前回の治療で、彼女は自分の体内に何か動きを感じたが、それを私にうまく伝えられなかったと言った。彼女は、とても丁寧で遠慮がちで、当初は体を揺すられることさえためらっていた。しかし、彼女のオーラに何かを感じると言うと、突然遠慮が吹っ切れて、次から次へと質問を投げつけてきた。それが、私たちのセッションのパターンとなった。

私のヒーリング技法は、魔法でも神秘でもなく、だれもが持っている電磁エネルギーを利用してバランスの崩れを安定させ、歪んだオーラを正常に戻すのだ。効果を生むため信仰に頼ることはないので、信じない人にも効果はある。これまでにもたくさんのスポーツ選手を治療したことがある。なかには、イギリスのトップコーチの推薦で、痛めた膝の治療に来たプレミアリーグのサッカー選手もいた。その選手は、当初懐疑的だったが、六回のセッションを受けると膝の状態がよくなったことを認め、トレーニングを再開することができた。

ダイアナは順応しやすいタイプだったが、簡単にはよくならなかった。治療に集中するためには、お互いに黙っているのが望ましい。私は目を閉じて問題がある箇所がどこかを感じ取るために、彼女の体から一フィート（約三〇センチ）ほど離れたところで手を動かした。最初二、三回のセッションは、すべてうまくいった。彼女はじっと目を閉じて治療を受け、実際に眠ってしまったこともあって、それが理想だった。しかし、お互いよく知るようになると、彼女は話をしたがり、治療が困難になってきた。ダイアナは落ち着きがなく、たいてい最初の一〇分間は彼女を静かにさせるのに費やされたものだ。話しはじめたら最後、数えきれないほどの質問を浴びせ、数分では終わらなかった。話をやめるように言っても、彼女は自分が気になっていることを話してしまわないと収まらないと説明した。どんなことでも頭に浮かんだことを話し、それが終わると、またすぐ別の話になって、施術台から身を起こすので、そのたびに私は彼女を押さえて戻したものだった。

ある日のセッション中に、彼女の携帯電話が鳴った。コール音は短かったので、私は無視して治療を続けたが、彼女は気になって、また話しはじめた。話が終わりそうになかったので、私は治療を断念し、彼女を起こして水を飲ませると、別の日にしたほうがいいと告げた。ダイアナが、次の予約を入れるため、システム手帳を出そうとしてバッグを引っ掻き回すと、その高級なシャネルのバッグから携帯電話が四つ、床に落ちた。

またある時は、話をする代わりに口に何か入れておけばいいと思いつき、試しに自分の喉用のグレーザー社のカシス・トローチを一粒彼女に与えた。そして、セッションが終わると、そのトローチ缶は空っぽになっていた。

黙っていることは難しかったが、ダイアナに治療の効果が少しずつ現われてきた。彼女がなんとか目をつぶり、続けようと努力すると、体には触れていないのに、私の手がどこにあるかを感じ取るようになっていた。そのあと、エネルギーが入ってくるのを感じて、目の前がすっきりするのを体験した。

しかし、ダイアナが何よりも必要としたのは、頼りになる人であり、理解を示してくれる人であり、彼女の声に耳を傾けてくれる人だった。私はいつもよい聞き役に徹した。すると、予想外だったが、彼女は、次第に私を母親のように信用して、秘密を打ち明けるようになった。私には、彼女のごく少数の親友だけが持ち合わせている辛抱強さと時間があったのだ。また、たとえ彼女が聞きたくないことでも、私はズバリと言った。彼女はいつもそれを受け入れたわけじゃないけれど、たいていい私の誠実なところを認めてくれた。

私たちは、週に三回セッションを行ない、彼女はスピリチュアルな治療法のことや漢方薬について質問するようになった。セッションのあとで、「もし、こんなことが起こったら、あなたならどうする?」という想像上の質問もよくしたが、「ゆっくり話すことはできないかしら?」ともよく尋ねてきた。その一方で、わざとほかのセラピストのことを話したり、夢中になっている男性のことを話したりして、「もちろんあなたにはお見通しでしょう?」と、私を試すような質問もした。私はダイアナに向かって、あなたには注意すべき人物がいるのよ、とよく警告した。というのも、私には、そういった人物を感じ取ることができたからだ。

ダイアナが人生で出会った人物を見通すことができるのは、私に霊能力があるからだと彼女は思っていた。その人物たちは有名人ではなかったので、私にはだれなのかわからなかったが、彼らについて私は率直に意見を述べた。でもダイアナは、私の言うことがいつもお気に召さず、ある日とうとう初めて言い合いになった。

きっかけは、ダイアナが夢中になっている男性とは結婚にはいたらず、すべてがだめになる、と私が言ったからだ。翌日、彼女は秘書を通して、その後の予約をすべてキャンセルした。次に彼女がクリニックにやって来た時、私は怒って彼女を部屋の隅に追いやり、「一言、言わせてもらうわ。もし、私が気に入らないなら、直接私の顔を見て言いなさいよ」と言った。ダイアナは、押し黙り、顔を紅潮させた。ずいぶん長いこと、だれ一人として彼女にそんなことを言った人はいなかったのだ。その時私は密かに、「ああ、もうこれで彼女と話すこともなくなるわ」と思った。

しかし正直に言って、私はそれでかまわなかった。もし、ダイアナが私の言葉を受け入れようとしないのであれば、彼女を治療することはできないし、はっきり自分の意見を伝えることのほうが大事だと思ったからだ。真実に直面できず、空想の世界に住み続けたいのであれば、まだ治療を受ける段階ではないのだ。

私の言葉は、彼女の胸に突き刺さった。私たちは腰を下ろし、ダイアナは心を打ち明けた。私のように自分に向かってはっきり意見を言う人はおらず、お城の中に長い間閉じこもっていたために、人びとの本心からのアドバイスを聞くことが、どういうことなのかも忘れていた、と言った。「宮殿で働くご機嫌取りの人たちは、いつも謎めいたことしか言わないの。決して本心を明かさないし、核心をつかない。彼らが何を考えているかはあなたに任せるわ」。

それは私のやり方ではなかった。堂々めぐりで回りくどい言い方はできないのだ。私の言葉の奥から、何かを読み取ろうとする必要はなかった。簡単でわかりやすい言葉しかないのだから。もちろん、ストレートなものの言い方は、いつでも役に立つわけではなかった。そのせいで、私は最初の仕事を失ったのだから。

ある服飾店で働くことになり、私が初めて出勤した日、一人の女性が来店した。彼女は、ほかの店員がしきりに勧めたドレスを試着すると、「あなた、ここの新人ね？　このドレス、どう思う？」と私に訊いた。「真ん中を締め上げた大袋みたいです」と言うと、その女性客はかんかんに怒って、私は即刻クビになった。

ダイアナの場合、私のストレートな言い方が逆に効果的だった。はじめはショックを受けたものの、率直に意見を言う私のやり方が気に入ったようだった。ダイアナはよき聞き役でもあったので、彼女にならば私の悩みも打ち明けられることがわかった。ダイアナ自身が問題を抱えていたので、他人の問題を理解する心構えがあったのだ。彼女は、私をロマンティックな夢から現実に引き戻してくれた。たとえば、私が親友に恋人を奪われた時、ダイアナは心から慰めてくれた。なぜなら、カミラのことがあったからだ。私たちは何度も何時間でも、そのことについて話し合った。

女性とはそういうものだ。一週間以上、友だちと話をしないでいられる女性なんていない。そこが男性とは違う。女性は考えを分かち合い、男性は酒を分かち合う。感情的な経験を分かち合う男性はまずいないが、女性はほとんどがそうである。男性は電話で話をしたがらないが、女性はしたがる。男性はすべての会話を五分以内で終えるが、私たち女性は十分に話し合わなければ満足できないものだ。

あの日、私たちは、ヘイル・クリニックでお互いの意見を言い合った。それ以降、私たちは友情を深めていった。率直な意見を求められれば、私は正直に思いを伝え、彼女は心から感謝してくれた。彼女の場合は、問題が表面化していてわかりやすかったので、探る必要などなかった。私も彼女の友情や洞察力に感謝し、私たちは親友になった。

ダイアナと私は、友人に対する強い興味や姿勢が異なっていた。彼女は人びとやその生活を知りたがり、クリニックの従業員や患者の噂話まで聞きたがった。それは、詮索好きというより、ただ純粋な好奇心だった。階下にあるスーパーマーケット、テスコさえも知らないダイアナが、そこがどんなところなのか、質問するのと同じことだった。

当時、私はロンドンの北にあるヘンドンという町の、たまたまテスコの上に住んでいたのだが、私が街頭の失業者の話をすると、彼女はとても興味を持った。それは、普通の生活をする人びとと同様、特別なことではなかったのだが、人生のほとんどをお屋敷や宮殿で過ごしてきたダイアナには、非常に興味深いことだった。私のいまの仕事にしても、なぜはじめたのかを知りたがった。これは私が小さい頃からやっていたことで、私には人びとのオーラが見え、体の悪い部分が感じ取れた。まだ幼いうちは、見えることが怖かったけれど、そのうちに、これは授けられた能力で、人びとの役に立つ力なのだと悟っていった。ダイアナにもそう説明した。

この力をはっきりと認識したのは、姉のレイチェルが大怪我をした時だった。一九八一年、姉は交通事故で重傷を負った。車がスピンして車外に投げ出され、頭から舗道に落下して脳幹を損傷してしまったのだ。私はその時海外にいたが、すぐに帰国して病院に駆けつけると、姉は昏睡状態で、口からチューブを通されていた。その状態は数カ月続いた。私は毎日見舞って、できることすべてを施した。それは明らかに効果があって、彼女の生命維持装置に表示される心拍数が変化した。看護婦が気づいて、「レイチェルはあなたがわかるのね」と言った。その後九カ月かけて、姉の体はゆっくりと、しかも確実に回復していった。

じつはダイアナがノーサンプトンシアの病院を訪問した際に、私の姉に会っていたことがわかった。姉は、長いことリハビリ生活を送っていて、その病院に通院していたのだ。この不思議な偶然の一致（それとも運命？）に、ダイアナは強い関心を持ち、私たちはより近しくなっていった。もちろん、親しくなるには時間がかかった。というのも、私自身、無意識ながらも、プリンセスのダイアナに気に入られようとしなかったからだ。

ダイアナは貴族の出身で、かつて女王に仕えた伯爵のご令嬢。一方、私は見事な中産階級の出身で、父ハロルドはロンドンのオールドストリートにあった小さな工場の経営者だった。工場ではキングサイズの婦人服を製造していた。また、イーストエンドのロニー・スコットらとともに、ジャズバンドを結成したことが父の自慢だった。ロニーはのちに、ソーホーで有名なジャズクラブをオープンした。父は生涯ロニーの友だちだった。ダイアナは、子ども時代、母親フランセスとは長い間離れて暮らした。これも偶然なのだが、私の母の名前もフランセスだった。母は主婦でありながらも、芸術の才能を持ち、私はヘンドンの温かくて仲のよい家庭で育った。家は大きくて快適だったが、もちろんケンジントン宮殿の比ではなかった。

二十代前半の私たちの人生もまた大きく違っていた。私は芸術に興味があり、なんとかファッション画を描く仕事を見つけた（この才能は母から授かったものだ）。しかし、初出社を控えた数日前、非常に盛りあがったパーティで指の腱を怪我してしまい、手術と三カ月におよぶ理学療法を強いられたため、結局その仕事には就けなくなってしまった。その代わり、私は病院内の秘書の仕事に就いたが、一九九〇年、気力を失って働けなくなった。翌年、小遣い稼ぎにと、自分の能力を使った療法をはじめた。その二年後に、私がダイアナに会うことになるヘイル・クリニックを開院。そこで私たちは気楽に友情を築いていった。

ダイアナは毎日電話をかけてくるようになり、その日の出来事を何から何まで話した。彼女は、とにかく電話好きだった。彼女を取り上げた新聞記事のことやら、家族のことも話した。一九九二年に亡くなった父親を彼女は愛していたが、弟とはあまり仲がよくなかった。夫のチャールズは、悩みの種でありながらもダイアナの人生の中心だった。母親フランセスのことは嫌いだった。

ダイアナは行く先々でダメージを受けていた。私たちがセッションをはじめて数カ月後、彼女は建物を浄化することはできないか、と尋ねてきた。私は、できると答えた。建物とは、ケンジントン宮殿を意味した。私は数日後、ダイアナがいつもロンドンの家と呼んでいるケンジントン宮殿へ出かけた。夕方六時頃に到着し、執事のハロルド・ブラウンに応接室に案内された。当時、一九九五年にはダイアナの結婚生活は事実上終わっていて、チャールズはすでにその宮殿にはいなかったが、まだ部屋には彼の重厚な陰影が残っていた。プリンス・オブ・ウエールズの羽の紋章がいたるところにあしらわれ、おもに使用される談話室の壁紙からカーペットにいたるまで紋章が描かれていた。すべては、完璧だった。

ダイアナは、毎日通ってくる二人のフィリピン人のメイドに装飾品すべてを移動させ、掃除はあとにして棚やテーブルも取り払った。部屋の雰囲気は、私もダイアナも好きではなかった。重苦しい感じがしたからだ。

しかし、建物を浄化するのは簡単ではない。エネルギーバランスが崩れているところを見つけだし、安定させるのだ。私自身が媒介者となって、手を自分の前で閉じたり開いたりしながらエネルギーを送り出していく。それには、自分のエネルギーをかなり必要とする。それなのに、ダイアナは、とにかく広大なケンジントン宮殿をあちこち浄化して欲しいと言って、私は困った。一度にすべてを浄化するのは無理だと説明するため、「まさか、一晩でお化け屋敷を元に戻してって言うんじゃないでしょうね?」と言ったら、彼女はまるで小さな子どものように「そうよ」と答えた。

私たちは大広間にいた。八年前、キャスターのアラステア・バーネットがテレビ番組で皇太子夫妻の生活についてインタビューした部屋だった。

「どこからはじめる?」と私が尋ねると、「ここはどうかしら?」とダイアナは言った。その前にお茶を勧められたので、私は、宮殿のティーカップは小さくて二口しか飲めないからマグカップで、と頼んだ。一緒にお茶をいただいてから、部屋の浄化を開始した。大広間、小さなリビングルームを済ませ、ベッドルームへ移動した。

どの部屋も、状態は悪く感じられ、とくにかつての夫婦の寝室はマイナスの気が立ち込め、重苦しい圧迫感があった。のちに彼女は、その部屋をお気に入りの装飾品で整えた。

ダイアナは子ども部屋と彼らの小さなキッチンも見て欲しいと言った。私はできるだけのことを施した。ダイアナは上機嫌で宮殿内の空気の淀みが消えたと喜んで、さらには自分の治療もここでやって欲しいと言いだした。私はくたくたに疲れていたが引き受けた。プリンセスは、ミニスカートにタイツ、Tシャツにカーディガン姿で、いきなり靴を脱ぎ捨てて大広間のコーヒーテーブルを施術台にして横たわった。窓越しに私たちを見た人たちは、だれでもその光景に仰天しただろう。

夜、ヘンドンのアパートに戻ると、私は、ベッドに入って母に電話をかけた。その日どこで何をしていたかを話すと、母は、とてもびっくりしていた。

初めのうち、母は私の能力を疑っていて、十代の頃は、時々怒っては父に向かって「ハロルド、あなたの娘は魔女よ！」と叫んでいた。私がケンジントン宮殿に行ったその夜もそんな調子で、ダイアナ妃を治療していると言っても信じなかった。「ママ、信じて」。「また、そんなこと言って。シモーヌ、あなたは私たちの子でしょう。そんな高貴な方をどうして治療できるの？」。私は、まるで六歳の少女に戻ったような気分だった。

翌日、ダイアナにそのことを話すと、とてもおもしろがって、いくら親子でも母と娘は難しいものよ、と言った。ただ、私の場合、母は私がプリンセスと知り合いだということが信じられないだけだった。ヘンドンからいきなりケンジントン宮殿に飛躍することが、母には考えられなかったのだ。ロイヤル・ファミリーは手の届かない存在で、一般人とは交際しないと思っていたからだ。ダイアナは、そんな母に一度電話をして、知り合いだと告げたが、それでも母は信じなかった。また別の日、ケンジントン宮殿にいる時、母が私の携帯電話に電話をかけてきたので、ダイアナに替わると、「あなたが、おっしゃるような人物だと証明できますの?」と言った。数日後、母はダイアナにケンジントン宮殿に招かれて、やっとすべてを信じたのだった。

二人の間柄を母が容易に信用しなかったからといって、私たちの関係には影響しなかった。ダイアナは、変わらず私の助けを必要としており、彼女にとってクリニックに出向くよりも、私が宮殿に行くほうが好都合だったので、次第に訪問する機会が増えていった。

最初にセッションしたのは、ダイアナのベッドルームだった。ベッドの足もとに、刺繍入りクッションやおもちゃがたくさん並べてある長椅子が置かれ、その前のスペースに、ダイアナが折りたたみ式の施術台を隣の部屋から運んできた。そのうちどこの部屋でも施術するようになったが、その都度ダイアナは自分でその重たい台を運ぶのだった。

ダイアナに出会った当時まだ九歳だったハリー王子が、宮殿にいることもあった。セッションに参加したことは一度もなかったが、日曜の午後や学校の休日に私がダイアナとお茶を飲んでいると、時々その場に居合わせた。ある日、私はハリーにちょっとした治療を試みたことがあった。というのも、ハリーはその日気分がすぐれず見るからに体調が悪そうで、靴もはかずにTシャツと靴下といういでたちだったからだ。私たちは小さなリビングルームに行った。初めのうちは母親の膝に座って彼女の肩に顔を埋めていたが、しばらくするとソファに座って、私たちの間に落ち着いた。

「痛くないし、すぐに気分がよくなるのよ」とダイアナは説明したが、ハリーは不安がってはいなかった。私は手のひらを彼に向けてエネルギーを流しはじめた。正式なセッションではなかったが、彼は自分が注目されているのを喜んだ。彼はいつも母親のそばにいたがったし、ダイアナもできる限り、ハリーとウイリアムの世話をしたがった。私にヒーリングのやり方を教えて欲しいと言ってきたことがあって、それも子どもたちが体調を崩したり、精神が不安定になった時に支えてあげたかったからだった。

私は、教えてあげるわ、と言った。専念しさえすれば、だれにでもできることだ。ヒーリングに神秘的な極意などない。ただ、お金のためではなく、正しい動機を持つことが必要なだけ。人への純粋な愛情と、ほんとうに助けたいと願うこと。すると、必要としている箇所に、必要なだけ、正しいエネルギーが流れるのだ。精神を集中し、目の前の問題に注意を向けるのである。

でも、それはとても難しいことだとダイアナは悟った。絶えず電話をかけてきては、私には無理だわ、気がそれてしまうのと言った。コツをつかむには長い時間が必要だった。そして、それは彼女が受けていたほかのセラピーと同様、たくさん受ければ効果があるわけではなかった。ダイアナは、かつて一日に五つのセラピーを受けたことがあったが、それは無駄なことだった。

「ハリ治療にアキュプレッシャー（西洋式指圧）、指圧、腸内洗浄、アロママッサージ。まだほかにも受けていたなんて、ただのお金の無駄使いよ。一つの治療が他の治療の効果を打ち消してしまうわ。そんな無駄なことをするなんて、ほんとに馬鹿げているわ。お金をなんだと思っているの！」

と、私は言った。

アキュプレッシャーとは、指でツボを刺激する療法である。指圧もまたツボを刺激し、体の奥深くに効く日本のマッサージだ。ともに中国の陰陽理論に基づいており、本来持っている受動的な女性らしさと積極的な男性らしさ、両面のバランスをうまく保つのだ。それぞれの治療法は非常に有効なのに、ダイアナは続けて施術を受けるため効果が打ち消されてしまったのだ。「それなら何もしないほうがましよ。お金を節約しなさい」と、私は言い聞かせた。

しかし、ダイアナにとって、お金なんて関係なく、お構いなしにセラピーを受け続けた。セラピーは彼女にとって大切なことだった。というのも、求めている答えをセラピーが与えてくれると信じていて、問題に対処する時は、決まってセラピーに頼ったからだ。世間が認めるグラマラスで派手な魅力とは裏腹に、彼女は自分にかなり自信がなかった。世界中の注目を集めているにもかかわらず、自尊心がまるでなかった。そのことが彼女を駆り立て、さまざまな変わった場所や方法で、心地よさや安心感を求めていったのだ。自分を理解しようと必死になり、その結果、それは彼女が〝リアルセルフ〟と呼んだ〝ほんとうの自分〟になることにつながった。

一九九三年から九七年にかけて、ダイアナはサイコセラピスト、スージー・オーバックの治療を受けた。五年にわたって、両親の離婚が原因で自分を見失ってしまったことを自覚するために、幼少時代を絶えず思い出し、何が起こったかを分析することを勧められた。

短期的にはスージーの治療は効果的だが、五年も続ける必要はないと私は思った。同じ問題に何度も関わる必要はない。問題を認識していれば、それに耐えて過去を受け入れられるようになるからだ。

しかし、ダイアナの場合は、子ども時代の出来事を受け入れるのに、非常に時間がかかった。幼い頃を振り返ると、自分には価値がない、という思い込みに襲われた。

ヴァッソ・コルテシスという、プラスチック製のピラミッドの下に座った風変わりな女性のもとにも、短期間だったがダイアナは通ったことがあった。勧めたのは、ファギー［訳註：チャールズ皇太子の弟であるヨーク公アンドリュー王子の元妃、セーラ・ファーガソン］だった。またダイアナは、ジャック・テンプルのもとにも通って、自分のエネルギー調整をしてもらっていた。彼の顧客リストは素晴らしく、多くの人びとから信頼を得ていた。イギリスの元首相夫人シェリー・ブレアもテンプルのファンで定期的に通っていたし、ミック・ジャガーと離婚したジェリー・フォールも、彼に助言を求めた。ヨーク家の公爵夫人もジャックの信奉者で、「私の体内エネルギーの滞りを浄化してくれた彼に感謝を込めて」と彼の書籍の序文を書いたこともあった。

テンプルを勧めたのもファギーで、ダイアナは一時期彼の教えに従った。幼い頃、鉛筆を頬に突き刺し、先が頬の中で折れてしまったことを話すと、ジャックは、その芯を取り出すプロセスを施し、それが彼女の体内にある毒をも取り除くことにもなると主張した。また彼は、ダイアナは胎児の時に鉛製の水差しの毒に冒されていて、それが過食症の原因だとも主張した。そして、それらの問題に対処できるようにと、アメジストの石を与えた。

ジャック・テンプルは、二〇〇四年に亡くなったが、自分自身をホメオパシー（同種療法）使いのヒーラーと呼んでおり、はっきり言って私には変わり者としか思えなかった。彼は患者に、化石を使って、二〇世紀から時を遡らせることもできるとも主張していた。珍しい化石ではなく、子どもが喜ぶ程度の砂浜から拾ってきたような貝殻や石ころだった。

ある時、彼は、いくつかの化石をダイアナの体に張りつける治療をし、ダイアナの足の裏にその痕跡を見つけたことがあった。「何？　シマウマの真似でもしたの？」と言うと、彼女は、そんな馬鹿な、という面持ちで笑った。

人類が現われる前の世界は純粋で無垢だったから、過去を重視して治療しているのだというテンプルの言い分を、ダイアナは私に説明しようとした。私は、同時に残虐性と無秩序も存在していたことを指摘し、テンプルの理論を一蹴した。ダイアナは、毎回一五〇ポンドもの治療費を支払っていたのだ。人生がうまく運ぶようになるわけでもなく、単なる想定で時を遡るために多額の金を払うなんて、ただつけ込まれているだけだと忠告した。私たちは、人生を前向きに生きるために生まれたのであって、石器時代に逆戻りするためではないのだ。

「彼は、あなたを金儲《もう》けの対象にしているわ。そうでしょう？　冗談抜きで、彼のセラピーから得セラピーから得られることって何？」と、私は訊いた。ダイアナは、何も得られないことを正直に告白した。私のアドバイスに従い、次第にたくさんのセラピーをやめていった。また、テンプルについての私の言葉を真摯《しんし》に受けとめ、彼の治療もやめることにした。

これらのいかがわしい治療をやめさせるのは、簡単ではなかった。なぜなら、ダイアナ自身が、感じる痛みをすべて取り除いてくれる奇跡のようなセラピーを求めていたからだ。しかし、ダイアナがほんとうに求めていたのは、ケンジントン宮殿や皇太子妃としてのプレッシャーから逃れることだった。気分がいい時でさえ、だれかに会わずにはいられなかった。これは、逃避の表われであり、それが習慣になっていた。

最終的には彼女の心は落ち着きはじめ、ひどく傷つくことはなくなった。テンプルの治療はナンセンスだったが害はなかった。でも、ほかのセラピーには実際に危険なものもあって、たとえば整骨治療に最低週一回は通っていたが、それが原因で背中の痛みと頭痛を訴えはじめた。X線写真を撮ってみると、過度の触診のために脊髄《せきずい》がすり減っていたことがわかった。ダイアナは、過度の整骨治療で痛めた首の治療を望むと同時に、減らしつつあった睡眠薬を全部やめたいと言った。

数年前、私は、スーパーマーケットの床にこぼれていたミルクで滑り、脊髄を損傷したことがあった。医師からは、一生左脚に神経障害が残り、もとどおりに歩けるようにはならないと言われた。そんなふうになりたくなかったので、すぐに最も信頼する中国人のハリ治療師、リリー先生のところへ行った。リリー先生は英語をほとんど話さなかったが、私を治してくれたので、ダイアナに紹介すると、彼女はこの新しい治療を喜んだ。

要するに、セラピー自体が安全であることはもちろん、自分の治療法をきちんと把握しているセラピストの治療を受けることが大事だということだ。しかも、この治療は一回二五ポンドと手頃だった。

私たちは、リリー先生が働くロンドンのカムデンタウンにある治療院〝アキュメディック〟で会うことになった。当日運転手付きの車で乗りつけたダイアナは、とてもエレガントなスカートにブラウス姿だった。院内に入ると、皆、ダイアナに気づいたが、だれもそのことには触れることなく治療は順調に進められた。

ダイアナは首が損傷しているX線写真を持ってきていて、リリー先生に渡した。先生はざっと目を通すと、ダイアナの脈と舌を調べた。「いままで舌を出せなんて言われたことがないわ」とダイアナはびっくりした。それから私がハリ治療を受けるのを見学させた。

中国では、体にある特定のツボは別の部位とつながっていて、電気回路のような働きをすると考えられている。たとえば、親指と人差し指の間のツボは消化器官とつながっており、足裏周辺のツボは泌尿器やホルモンバランスを統制している、といった具合だ。ハリはどこにでも刺せる。足、手首、手のひら、胃、そして頭のてっぺんなどだ。ハリを刺し終えると、リリー先生はそれらをぐるぐる回すこともあった。

私自身、ハリ治療には過敏な体質で、ハリが刺されるたびに「痛い！」と言い続けたので、ダイアナがこの治療を嫌がるのではないかと心配した。しかし、見ていたダイアナはむしろおもしろそうにしていた。

いよいよダイアナの番になると、彼女は私よりもずっと勇気ある態度で治療に臨み、ハリが手、足、頭に刺されるのを、大きく息を吸い込みながら黙って受け入れた。

初めての治療は四〇分間で終わった。ダイアナは気に入って、亡くなる数日前にも緊張とストレスがひどいという理由で予約を入れていた。カムデンタウンにあるリリー先生の治療院に通うことをダイアナは楽しみにしていた。ダイアナは、ある一つのセラピーが気に入ってしまうと、没頭していまい、毎日でも通いたがったが、リリー先生は拒否した。そして、ほかの危険なセラピーについても、はっきり忠告した。たとえば、ダイアナが週に三回も腸内洗浄を受けていたことには驚いて、普通だったら半年に一回で十分なのだと説明した。というのも、体内に水を噴射して毒素を無理に腸に押し戻すことで、括約筋に相当なダメージを与えるからだ。

ダイアナは、リリー先生の治療に興味を覚え、いろいろ聞きたがったが、先生の若々しさにはとくに関心を寄せた。五十代にもかかわらず、三十五歳といっても通用するほど先生の顔には皺《しわ》がなかった。ダイアナは、三十代半ばにして同年代の女性同様に歳《とし》をとることに不安を感じていたので、どうやって彼女が若さを保っているのか不思議がった。そして疑問を解決するために、ダイアナは漢方医学や漢方薬、気功などの本を読みはじめた。「漢方医学は五五〇〇年の歴史があるけど、西洋医学はたった一五〇年なのよ。だから、私たちより先をいってるのよ」。

ダイアナは、図書館がはじめられるほどの本を持ち、このテーマのエキスパートになっていった。少なくとも彼女はそう思っていた。そして、私に電話をかけてきては、「私が持っている本によると、それはあれとこれが原因で……」という調子で語った。写真を見るだけでも判断できる、と自慢げだった。

ダイアナは、チャールズの写真をリリー先生に見せて、「なぜ、彼はこんなに早く禿《は》げるのか」と訊いたり、ほかにもマーガレット王女、フィリップ殿下、そしてエリザベス女王の写真まで持ってきていろいろ質問した。先生は、そのことに関して深く考えていなかった。ハリ治療を理解する上での話題の一つぐらいにとらえていたが、ダイアナは熱心にのめり込んでいった。彼女のこの手の情熱は、時として見当違いの方向へ走った。

ある時は、ネルソン・マンデラが脾《ひ》臓と肝臓を痛めていると判断し、一九九七年南アフリカを訪問した際、彼にそう告げた。その時マンデラのひじが腫《は》れ上がっていたというが、ダイアナの診断を彼がどう受けとめたかはわからない。

彼女はまた、当時の英国首相ジョン・メイジャーにも肝臓と心臓に注意したほうがいいと告げ、笑い飛ばされている。首相にしてみれば、たとえダイアナの言葉でも深刻には受けとめられず、そうするより仕方がなかったのだ。

その一方で、ハリ治療の効果は明らかにダイアナに表われ、彼女の症状を改善するというより、その原因を治療していった。当初彼女は体調がすぐれないことが多かったが、よく眠れるようになり、リリー先生が調合した漢方薬のおかげで次第に睡眠薬にも頼らなくなった。私たちは、彼女の問題に対処する現実的な解決法を少なくとも見いだしたようだった。

ところが、ダイアナは過去を振り返るよりも、未来の自分の人生をとにかく知りたがった。どんなことが起きても対処できるようにと、毎週、毎日、起こるかもしれないことを調べたがった。そのため、占星術や運勢判断に強い興味を持つようになったのだ。ある人たちには単なる娯楽に過ぎないが、ダイアナは、未来を見通すパワーを占いが与えてくれると信じきっていた。ペニー・ソーントンに夢中になったことがあったが、彼女がダイアナの占星術師だと評判になったため離れた。そして次には、デビー・フランクのもとへ行き、恋愛問題を見てもらうようになった。しかし、ダイアナは自分のことだけ占ってもらったわけではなく、ウイリアム王子の未来、チャールズ皇太子の健康についてもよく質問した。彼女はいつも彼らのことを心配していたからだ。

ファギーに幸運が訪れるか、ということもよく訊いた。ダイアナはいつもファギーのことを気にかけていて、二人はほんとうの〝ソウルメイト〟だと信じていた。しかし友情とは信頼関係で成り立つもので、執事のポール・バレルがダイアナと親しくなるにつれ、二人の友情にひびが入った。

ポールは、アメリカの友だちから電話で聞いたと言って、ファギーがテレビでダイアナについて話した噂話をダイアナに伝えた。ダイアナがその番組名を尋ねても、彼は覚えていないと言うので、真偽を確かめることはできなかった。ポールの報告がほんとうかどうか確認するために、ダイアナはアメリカにいるほかの友だちに電話した。結局ダイアナがポールを信じたので、ダイアナとファギーの間には多くのあつれきが生じたのだった。そのうち、ポールはダイアナ以上にいろいろなことを知るにつれて、ダイアナを支配するようになった。

ポールは、私を含め、ほかの人も同様に扱った。彼は自分の母親の死後、未来を見通す霊力を得た、と主張して、ダイアナは彼のことを〝支え〟ではなく、〝霊能者ポール〟と呼ぶようになった。彼は電話に出ると「伝言はありませんか?」と尋ねた。こうしてポールは相手の言いたいことを知った上でダイアナに電話をつなぎ、かけてきた人物を告げて「私には、その人の言いたいことがわかる」と言っていたのだ。それは、ダイアナもすぐに見抜いたが、彼が未来を予言することは、信用していたようだった。

ダイアナはルーン文字の刻まれた石を持っていて、それらを小さな布袋に入れていた。彼女は床に座ると、私に、リラックスして自分の問題を思い浮かべるよう促した。彼女はルーン・ストーン取り出すと、(自分でやると言い張って)カーペットに石を広げた。それから、私に目を閉じて集中するように言い、占いはじめた。そして、自分の予言が当たれば大喜びだった。実際、予言はよく当たっていた。「ね、言ったとおりでしょう」と、満足気に言うのだった。

また、ダイアナは特定の石には運を司るパワーがあると信じていて、それには私も同感だった。知り合って二〜三年の頃、ヒーリング・ストーンやクリスタルを浄化する方法を訊いてきたので、「塩水を張ったボウルに浸けておけばいいわ。一カ月そのままにして、次の満月の日に取り出して」と教えた。

するとダイアナは「私が持っているクリスタルの本によると地面に埋めるといいらしいわ」と言ってきて、目を見張るようなサファイアなどの高価な宝石をいくつか、ほんとうに埋めてしまった。

ある日、オレンジ色の壁紙のダイニングルームで、バレルに給仕してもらいながら、くるみ材の円テーブルを囲んでパスタとサラダのランチを楽しんでいた。スパゲティを二口食べたあと、ダイアナは突然ポケットから驚くほど大きな宝石を出して、「これを感じてみて」と言った。

ダイアナの説明によると、この宝石は好きだが、これをつけるとなぜか気分がすぐれず、不運を招くというのだ。たぶんこの石にとても悪い記憶があるに違いない、と。そこで、私は塩水に浸けて窓際に置いておくよう提案したが、彼女は「それはできないわ。宮殿の皆が笑うわ、正気（マーブル）を失くしたってね」と答えた。

私は「学生時代からずっとビー玉（マーブル）を置きっぱなしにしているけど、だれからも、そんなふうに見られたことはないわよ」と冗談を言った。その宝石は、サウジアラビア皇室から頂戴したネックレスについていた楕円形のサファイアで、ネックレスからサファイアだけ外していた。ダイアナは私の手からそれを受け取ってテーブルに置くと、私にサラダを取り分けながら、「あとでこれを塀で囲まれた庭に埋めることにするわ」と言った。

その庭は、ダイニングルームの窓からしか見えないところにあった。ただ一つ問題があるとすれば、近くに住むオーストラリア育ちのマイケル王子夫人、マリー・クリスティーヌだった。ダイアナとマリー・クリスティーヌは互いにいがみ合っており、ダイアナは彼女を時々〝独裁者〟と呼んで、小さなオペラグラスで観察していた。マリー・クリスティーヌも同様に観察しているのは間違いない、とダイアナは言い張った。

それから私は、セントジェームズ宮殿で書類のサインをもらうため、午後三時半にケンジントン宮殿を出た。その晩、ダイアナは電話をかけてきて、サファイアを埋めたことを告げ、一カ月経つのを静かに見守った。

ところが一カ月後、それを取りに戻ると、サファイアは影も形もなくなっていたのだ。電話をかけてきたダイアナは、「なくなっちゃったの！　魔法みたいに消えちゃったみたい！」と言った。

結局、サファイアの行方《ゆくえ》はわからなかった。正直言って、彼女はそのことをたいして気にしていないようだった。もし、あの宝石がエリザベス皇太后からのいただき物だったら、それこそたいへんなことになっていただろうし、またそれが恋人や子どもたちの写真だったら慌てふためいていただろう。でも、非常に高価なサファイアがなくなったことはだれにも気づかれなかったし、ダイアナにとっても単に石を一つなくした程度に過ぎなかった。彼女は宝石を収集したり、身につけることは好きだったが、決して執着はしなかった。それらの宝石の価値よりも、その宝石の持つメッセージのほうに彼女は興味があった。彼女にとって、宝石は霊媒師や占星術師のように、目的達成のための道具でしかなかったのだ。

彼女がとても信頼していた霊媒師は、リタ・ロジャースといった。はじめ、彼女は敬愛する父とコンタクトを取るために会いに行ったのだが、自分たちの親子関係を見通すリタに驚いた。ダイアナ自身もほとんど忘れていた子どもの頃の出来事をリタは思い出させた。また、一九九二年に亡くなった父親からのメッセージも受け取った。しかし、その後リタとも疎遠になっていった。どれだけ信じていても、霊媒師や透視能力には限界があるものだと、私はダイアナに説明した。気が向いた時に連絡すれば、未来がわかるというものではないのだ。基本的な傾向は示せても、詳細までは無理なのだ。年に一、二度見てもらうのはいいとしても、ダイアナは毎週のように見てもらっていた。霊媒的予言や透視が彼女の人生にかなり影響を与えることを彼女は認めていたが、つまりは、ダイアナは霊能力に取り付かれたのだった。

霊媒師や霊能者、占星術師が言うことに決して頼ることなく、自分の人生の責任は、自分で背負わなければならない、と説明したが、彼女は聞かなかった。確かに霊媒師たちに頼っていれば、たまにあることだが、予言が間違った時に、自分を責める代わりに霊媒師を非難できた。これが彼女なりのやり方で、ダイアナはうまくやってのけていた。

とくに当たらなかったことといえば、占星術師も霊媒師たちも、だれ一人として離婚を予言した者がいなかったことだ。彼らは皆チャールズとよりを戻すだろうと言ったが、実際、彼らは皆、ダイアナが望むことしか言わなかったのだ。そして、ただ一人、私だけがこう言った。「現実を見なさい。あなたたちの結婚生活はもう終わってしまっているのよ。よりを戻すには遅すぎるわ」。

あのパノラマ・インタビュー［訳註：一九九五年一一月、BBCのドキュメンタリー番組「パノラマ」で放映されたダイアナ妃の単独インタビュー］のあと、ロイヤル・ファミリーが台本なしでマスコミの会見に応じたり、不倫問題、拒食症などプライベートな話を公言することが、どれほど異例なことかをダイアナにわからせた。真実は苦痛をもたらすけれども、中途半端な真実や嘘はあなたに痛みを残すだけでなく、深い幻滅感をもたらすのだと、私は言った。

しかし、彼女はそういったことをやめなかった。

どんなに多くの治療を施しても、決して彼女を苦しめる痛みを和らげることはできなかったし、苦しみを引き起こす幻滅感も減らせなかった。しかし、皮肉にも離婚を経て辿り着いた代替療法のおかげで、彼女はいずれ愛することになる男性と巡りあうことになった。

ハスナット・カーンである。

3……チャールズ

結婚がベッドの中でうまくいかなくなることは、よくあることだ。ダイアナの場合もそうだった。私たちは、このことについて何時間も話し合った。彼女の小さなリビングルームの床に座って紅茶を延々と飲みながら、またはセッションの途中で、あるいはランチやディナーをとりながら、時には電話で何時間でも話をした。

話しはじめるまで時間がかかったが、最終的に話したいという欲求を抑えることはできず、ダイアナは思いのたけを語った。女性なら特別なことではなく、包み隠さず正直になることで、長年彼女の心を絶えず苦しめてきた壊れた関係への罪悪感、困惑から自分を救いたかったのだ。チャールズとの結婚生活が終わってしまった不満や失望が詳しく語られた。ダイアナは、ある日カモミールティーをおかわりしながら言った。問題は、チャールズが女というものを、まったくわかっていないことにある、と。さらに、もし自分がもっと歳をとっていて、経験豊富だったら、この問題への取り組み方も違っていたかもしれない、と言った。しかし、結婚した当時、彼女は二十歳で、まだ男性を知らなかった。何がお互い足りないかがわかるまで、二人の関係は非常に不満に満ちていて、修復は不可能だった。チャールズはあまりに知識がないため妻を満足させられず、その救いを愛人に求めた。一方ダイアナは、肉体的快楽をほかに求め、また正当化していた。それは非常にありふれた話で、何百万というカップルが同じ問題に直面するのよ、と彼女に話した。そのことを証明するために、私は離婚の統計を調べた。

それを理解することは、ダイアナには難しかった。彼女は希望と期待に満ちあふれて結婚したのだ。「チャールズと一緒だった時、私がいつもどんな気持ちだったかわかる?」と、私に言った。「いつも不安で落ち着かなくて……。十代の感情は蝶のようにふわふわと彷徨《さまよ》っていたわ」。チャールズは優しく思いやりのある求婚者だった、と彼女は言った。そしてすっかりそのロマンスに思いを馳せていたのだ。

「ほんとうに魅力的な王子様だったわ」

付き合いはじめは、お互いラヴレターを交わし、ダイアナはほんとうに彼に心を開いていた。彼女はとても情熱的で、チャールズと一緒にいる時、どれだけ心が弾み、どんなに首ったけで、これから過ごす人生をいかに楽しみにしているかを、彼に伝えずにはいられなかった。

しかし、結婚式が近づくにつれて、彼女は不安を抱くようになった。かなり早い時期に、カミラ・ボウルズの存在を知り、彼女に固執するようになった。私はダイアナにこう言った。「ねえ、聞いて。私はあなたよりも少し年上だからわかるんだけど、チャールズは二十代初めにカミラと永遠の恋に落ちたのよ。そして、それはあなたにとって、彼の弱みを握っているってことなのよ。しかも、それは永遠に続くの。考えようによっては気楽なことじゃないの」。私は、そう言ってダイアナの不安に応えた。

それは何年も前のことであるにせよ、ダイアナは容易に受け入れるわけにはいかなかったし、できなかった。ダイアナは、カミラのせいでチャールズとのほんとうの結婚生活は存在しないと確信して、その不安を皇太后に打ち明けたことがあった。それは、ダイアナが婚約時代、しばらく皇太后と一緒にクラレンスハウスに滞在していた時だった。また、自分の祖母ルース・レディ・ファーモイと母親フランセス・シャンド・キッドにも打ち明けたが、彼女たちは口を揃えて「それはマリッジ・ブルーだから心配ないわ。すぐ治るわよ」とダイアナに告げた。彼女たちの関心は、チャールズに対するダイアナの疑念ではなく、とにかくこの結婚式の歴史的重要性に向けられていた。だから、「あまり考え過ぎないで。ただの思い過ごしよ」と言い続けた。

ダイアナは、姉のセーラにも相談しようとしたが、彼女は話を聞かなかった。セーラは一度だけチャールズとデートしたことがあったので、「私に嫉妬しているの」とダイアナは言った。

そんななかで、父のスペンサー伯爵だけが思いやりを持って娘に接した。「私たちは結婚話を進めているけど、もし何かうまくいかないことがあったら、私はいつでも力になるよ」とダイアナに言った。少しは父の言葉で安心できたが、結婚式が近づくにつれて、ますます神経過敏になり、ダイアナの心は落ち着かなかった。疑念がもとで過食症が始まり、何度もドレスの丈をつめ直した。ドレス・デザイナーのディヴィット&エリザベス・エマニエル夫妻は結婚式当日の朝も最終調整していた。ダイアナは、「あのドレスは大好きよ」と思い出にふけり、セント・ポール大聖堂の通路を歩きはじめてよろけるまで、ドレスのトレイン（裾）がどれほど長く重いのか知らなかったと言った。あの日のダイアナは素敵だった。「ガタガタ震えていたわ。結婚なんてしたくなかった。式の前日、ベッドに横たわって考えたわ。いまならまだやめられる、ってね……」そうダイアナは告げた。

祭壇に向かって歩いている時、彼女は群集の中にカミラを見つけた。チャールズがカミラを招待していたのだ。「私は怒りで頭がおかしくなりそうだったわ。そのまま身を翻して逃げてしまいたかった」と言い、もし度胸があったら、映画「卒業」でキャサリン・ロスが演じた女性のように、ドレスをぐいっと持ち上げて教会から飛び出したかもしれない、と続けた。そして、逃げ出そうとしたら、ドレスのトレインに絡まってしまうわ、と想像して笑った。式の間、おもしろくて噴き出しそうな光景がいくつもあったと言い、たとえばおかしな帽子を被った招待客の女性たちがいたり、ダイアナがうっかりチャールズの名前の順番を間違えそうになったことなどだった。「おかしな光景を見ているしかなかったわ。そうしないと、いまにもワッと泣きだしてしまいそうだった。まるで生け贄《にえ》の子羊みたいに」とダイアナは語った。

その気持ちは、新婚旅行でより一層大きく膨らんだ。チャールズは結婚式前夜、カミラに会っていたとダイアナは直感した。「証拠はあるわ」と言った。それが何かは明かさなかったが、新婚旅行でロイヤル・ヨット・ブリタニカに滞在していた時、チャールズが〝C〟の文字が絡み合ったカフスボタンを身につけていることに気づいたのだ。カミラが贈ったものだった。疑いが確信に変わったダイアナは、「あなたは、私と結婚したのよ。それなのに、なぜそれを身につけるの？」とチャールズに言い寄った。

それは結婚生活の不幸な始まりであり、正式に結婚が成立する前からも、この結婚は波乱を含んでいた。チャールズは話好きではなかった。活発なダイアナは、出かけていろんなことをしたかったが、なぜかチャールズはそうしたことに生きる喜びを持ち合わせていないようだった。「私は歌ったり踊ったり楽しいことがしたかった。でも、彼が望むことは、のんびりと本を読んで、日光浴をすることだったの」。また、チャールズは、エジプトのサダト大統領のような高位な人たちに自分を印象づけることに熱心で、船上晩餐会で新妻の機嫌をとるよりも、招待客の高官たちへの応対のほうが大事なようにダイアナの目には映った。

「なんだか八十歳のおじいちゃんと一緒にいるようで、つまらなかったわ」ダイアナは言った。

飽き飽きして一人で退屈してしまったダイアナは、船上の乗組員たちとおしゃべりをはじめた。それは、チャールズが絶対にしないことで、ロイヤル・ファミリーの儀礼を破った新妻の行為を非難した。彼女が席に戻って、いま聞いた世間話をすると「いったいお前は何をしているんだ？ あんなやつらと話をするな」と彼女を責めたのだ。それにダイアナはこう答えた。「あなたが話をしてくれないなら、私はどうすればいいの？」。

そして、その夜、二人の間に深刻な問題が起こった。当時はまだ性教育が学校の義務科目ではなかったが、ダイアナは性に関する適切な知識があった。婚約期間中のほとんどをバッキンガム宮殿で過ごしたダイアナは、ある激しい雷雨の時に一度チャールズのベッドに潜り込んだことがあった。その時はキスだけだったので、結婚初夜は期待していた。

「押し流される感情や、一つになる感動についての本をいっぱい読んでいたのに、現実はまったく違ったの。すぐに終わって、私はただそこに寝転がりながら静かに考えていたわ。もうおしまい？ これが、世間でいう素晴らしいことなの……？ ってね」と彼女は詳述した。

それは、ただ失望をもたらしただけの痛みを伴う経験に過ぎなかった。不愉快で期待を裏切られた思いだった。その後もチャールズとの性生活は期待するようなものではなかった。ベッドの彼は素っ気なく、テクニックもぞんざいで、ただ私の体と〝する〟だけ、とダイアナは言った。

新婚旅行からバルモラル城に戻ると、問題はさらに悪化していった。そこにはエリザベス女王、エリザベス皇太后、フィリップ殿下、マーガレット王女と彼女の子どものディヴィットにサラ、そしてアンドリュー王子、エドワード王子もいた。まだ新婚旅行中というのに、今度は家族でお出かけとなった。ダイアナは、大勢の共通の話題もない人たちに同行して、辺鄙《へんぴ》な田舎《いなか》町へ出かけるよりも、五つ星ホテルに滞在したかった。ロイヤル・ファミリーの日課は格式ばって古臭いものばかりで、ダイアナは霧雨や雨の中を長時間散歩するのは嫌だった。スコットランドは寒い日が多いのに、イギリス王室では、たとえ寒くても暖房は絶対にいれなかった。皆ディナーのために正装するのだが、ダイアナの望みはもう一枚セーターを着て火の前に座ることだった。「部屋から出ると、だれかがすぐに後ろで電気を消すのよ」。

チャールズは、射撃や釣り、荒野の散策を好んだが、ダイアナはどれも大嫌いで、よく泣いた。チャールズはそんな彼女をどう扱っていいかわからなかったが、彼女はただ抱きしめて欲しかったのだ。途方に暮れたチャールズが精神科医に助けを求めると、医師はダイアナを安心して過ごせるロンドンに連れて帰ることを提案したのに、彼は従わなかった。代わりにバルモラル城にダイアナの友だちを招待することにした。

キャロリン・プライドは、ダイアナと共同生活をしていた仲よしで、正式に数日間の滞在を許された。それでも、ダイアナの症状はよくならなかった。すでにこの時、ダイアナは感じていたのだ。この結婚が間違いだった、と。

しかし、彼女が明らかに不幸であっても、チャールズからの夫としての要求が減ることはなく、結婚して二カ月も経たない九月、悲惨な結婚生活でありながらも、ダイアナは妊娠した。過食症に加えて、今度はつわりに苦しむことになった。「それはひどい状態だったわ」と言った。

一人目の子を妊娠していた時に、ダイアナはサンドリンガムにあるノース・エンドの階段から飛び降りたことがあった。サンドリンガムは、お正月の休暇を利用してロイヤル・ファミリーが揃う場所だったが、新しくファミリーになったこの哀れな皇太子妃も同行したのだ。お腹の子にダメージを与える危険性はあったが、罪悪感はなかった。もちろん子どもは欲しかったが、とにかく注意を引きたかったのだとダイアナは認めた。ただチャールズに、抱きしめて愛していると言って欲しかったのだ。でも、彼がしたことは、賞賛の言葉をかけただけだった。

ダイアナが言う、チャールズの〝感情保持〟は、彼の幼少期に原因があると語った。なぜ彼がダイアナにそんな態度をとるのか、納得するための手がかりを求めて、チャールズの生い立ちを分析したがった。ダイアナの推測では、もしチャールズが普通に育てられていたら、もっと彼自身の感情を——そして妻の感情も——うまくコントロールできたはずだった。しかし彼は、昔ながらの皇太子教育を施され、両親から直接愛情を受けたことがなかった。乳母がいくら愛情を持って接しても、ほんとうの親にキスして抱きしめられるのとはまったく違う、というのがダイアナの見解だった。チャールズは両親に会っても、抱擁はせず、ただ握手するだけ。そこに、彼が妻にスキンシップをうまく図れない理由があると考え、「チャールズが愛について学んだことは、握手することだけだったのよ」とダイアナは言った。

昔なら問題はなかっただろうが、そんな表現の仕方では現代女性に愛情は伝わらない。ダイアナは本や雑誌を読んで知っていたから、もっと愛情を示して欲しかった。背中や肩を叩くような賞賛の仕方や、握手など求めていなかった。自分にすべてを捧げてくれるような男性に、ひたすら愛されたかった。

ダイアナが男性にあまりに多くを求めるので、あなたの要望に応えられる男性はいないわ、と警告したが、彼女の話を聞いていると、時々ほんとうに幼く感じた。実際、あの頃のダイアナはまだ子どもだった。彼女にとってチャールズは初めてのボーイフレンドで、自分が期待したとおりに事が運ばなくなると、どうしていいかわからなくなってしまうのだった。いつも彼女は言っていた。「彼も、もっと努力できたはずだった」と。そんな彼女にチャールズが向けたものは、無関心と激しい非難だった。

ウインザー家の男性は短気で知られているが、チャールズも例外ではなかった。ダイアナを怒る時は大声で叫び、自分をコントロールできなかった。小さい時から完全に甘やかされてきたせいだ、とダイアナは言った。皇太后はいつも彼を甘やかし、王室に仕える人びとは彼のご機嫌をとり、彼が大人になった時、彼の周りには逆らう者はだれ一人いなかった。その結果、だれかが彼に異議を申し立てようものならば、急にカッとなって物を投げはじめるのだ。彼はよく身近にあるものをひっつかんだので、まれに怪我人が出たが、そうなると新聞沙汰になることを恐れてわなわなと床に倒れ込んだという。もしそれがほんとうなら、ダイアナはそんなチャールズを見て楽しんだだろう。

時々チャールズは、ダイアナに対しても癇癪《かんしゃく》を起こした。そんな時、彼女は自分を守るため、黙ってその場を去るのだが、その態度がますます彼を怒らせた。あとになって彼は必ず謝罪するのだが、チャールズが癇癪を起こすごとにストレスは募り「私はいつも爆発寸前だった」とダイアナは言った。

抑えきれなくなってくると、彼女はナイフやフォークなどで自分を傷つけはじめた。体に起こる痛みなんて、心の痛みとはまったく比較にならなかった、と彼女は言った。そして、火山の噴火にたとえて、まるで溶岩が体から噴き出しているようだった、と説明した。それは溶岩ではなく、彼女自身の血であり、同時に激しい感情の痛みと欲求不満が流れ出ていたのだ。

チャールズは、そんなおそろしい行為にふける彼女を理解できなかったし、彼がそれまで直面したどんなことよりも度を越していた。自傷行為は、同じような境遇の人間にしか理解できないことだと、ダイアナは言った。妻の自傷行為に後ずさりするだけだったチャールズだが、彼がもっとこの行為について理解していれば、ダイアナへの対応も違っていただろうと私は思う。これは、彼が原因で引き起こされた深刻なうつ病というより、むしろ、単に注目されたいという感傷的な叫びであったと、私は解釈している。

ウイリアムの誕生によって、ダイアナの精神的な面は改善されたかもしれなかった。母性とは、大きなリスクを負っても、自分自身の幸せよりも大切な命を育み、慈しむという深く根ざした人間の本能を呼び起こすものだからだ。ダイアナは、〝生命の奇跡〟と言って心から喜んだ。チャールズは陣痛の間、とても思いやりある夫だった。出産すべてに付き添わなかったことは、大きく報道されているが、それは彼にはどうしていいかがわからなかったからだった。それでも、彼がパディントンにあるセントメリーズ病院にいたことにはダイアナも感謝した。

ところが、彼らが長男と一緒にハイグローヴに戻ると、二人はすぐに昔の問題に直面した。当初はグロスターシャーのテッドベリー近くにあるこの邸宅を彼女は好んだ。グロスターシャーは、ウエールズが貴族の邸宅を築いた場所で、ダイアナは妻として、また女主人としての責務を果たそうと一生懸命だった。でも彼女はすぐに、ここは〝彼の家〟であることを悟った。チャールズは、彼女がロイヤル・ファミリーになる前の古い友だちに興味があって、招待することを勧めたがダイアナは自分の新しい境遇に自信が持てず、招待することをやめた。彼女がもてなさなければならなかったのは、〝夫の友人〟であり、そのほとんどをダイアナは好きになれなかった。彼らは年寄りで冴えないし、紳士ぶった気取り屋としか思えなかったからだ。また、彼らにとって未来の国王である、チャールズのすべてに賛同する態度も気に入らなかった。おかしなことでも、間違っていても、彼らは賛成だった。もし彼の言うことに、たとえば、ダイアナが嫌いなキジ狩りに反対しようものなら、彼らは即チャールズの味方をして、ダイアナをつまらない馬鹿な人間に仕立てあげ、彼女の家であるはずの館からつまはじきにするのだった。

二人が、その広大な、四一〇エーカー（約五〇万坪）はあるハイグローヴの大邸宅から外出すると、また新たな問題が生じた。王位継承者であるチャールズは常に注目の的だったが、いまや人びとの関心はダイアナにあった。新聞、雑誌に掲載されるのはダイアナの写真であり、チャールズではなかった。ダイアナが言うように、それは彼女のせいではなかったが、夫を悩ませることになった。「私に嫉妬していたの」と、彼女は言った。

関係が破綻《はたん》すると、いい思い出さえも消し去りたいものだが、ダイアナはお互い幸せな時期があったことを正直に認めた。子どもっぽいが、二人には笑いのセンスがあって、チャールズは時にダイアナを笑わせて喜ばせた。彼は、ピーター・セラーズとスパイク・ミリガンの、一九五〇年代の人気ラジオ番組「The Goons（間抜けなやつら）」を真似て彼女をおもしろがらせた。また破廉恥《はれんち》なジョークを言って彼女を楽しませたりした。ダイアナは、当時腸内洗浄に夢中だったので、下半身の話題には興味があった。しかし、どんなに陽気に笑っても、二人の結婚生活に影響を与えている根本的亀裂を繕うことはできなかった。二人の関心事は、どのように王子を育てるか、だけであった。チャールズは、彼の乳母だったマーベル・アンダーソンを呼び戻すことを望んだ。チャールズが子ども時代、唯一ほんとうの愛情を示してくれた人だった。一方ダイアナは、乳母をまったく必要としていなかった。彼女には、実母の離婚後、世話を任された女性たちの嫌な思い出しかなかったからだ。ある女性は木のスプーンで彼女の頭を叩いたし、また別の女性はダイアナと弟チャールズの頭をぶつけたりした。だから、ダイアナはウイリアムに、自分が子どもの頃に与えられなかった愛情や思いやりのすべてを捧げたいとチャールズに言った。

しかし、乳母をつけるのが王室のやり方だとチャールズは主張した。ダイアナは、あなたを育てたお母様はいい母親だったのか、と反論した。遡れば、皇太后も娘たちの教育を乳母にほとんど任せっきりだった。どんなに訓練されていようが、優秀な乳母だろうが、彼女らは決して母親の愛情を与えることはできない、とダイアナは考えていた。

ダイアナの意見は、結局受け入れられず、チャールズは乳母とその代役も雇うことにした。自分の子どもだというのに、子育てに彼女の意見はまったく通らず、無視され、ダイアナは深刻なうつ状態に陥っていった。そのためダイアナはできるだけウイリアムと過ごすことに専念し、またウイリアムこそ暗い感情に支配される彼女の唯一の光だと思っていた。

ハリー王子の誕生は、さらに関係を悪化させた。そのうえ、彼女は産後うつに悩まされ、状態はますますひどくなった。彼女はうつのために、乳母たちが自分たち親子の仲を引き裂こうとしていると考え、乳母たちをひどく嫌った。彼女は一日のすべてをウイリアムとハリーに捧げたが、のちに彼女は、もっと夫のことを考えるべきだったと認めた。

ダイアナは結婚生活をもう一度見直そうとした。チャールズと二人きりの時、彼を誘うようにセクシーなダンスを試みたが、夫はのってこないどころか、真面目な態度でやめさせるのだった。

「ハリーが生まれるまでに、結婚生活は終わっていたの」と、ダイアナは深いため息を漏らした。

ウイリアムが生まれる前は、王室以外の人間を歓迎しなかったロイヤル・ファミリーも、少なくともダイアナには興味を示していた。エリザベス女王は、ダイアナの発言に耳を傾ける努力をし、励ましの言葉をかけた。ところが、いざ世継ぎ二人を出産し、王室存続が確保されれば、もはや自分への関心は失せるだろうと、ダイアナは想像していた。

バルモラルにいた頃よりも、ダイアナの症状は悪化し、医師はチャールズに、ロンドンに連れて帰り、今度こそ入院して治療を受けるべきだと述べた。ダイアナの弟、姉たち、母親も含めて、スペンサー一家がダイアナの治療に参加した。

ダイアナは、自分が精神病院に送られるのではないかと心配した。そうなれば、ファミリーの面目をつぶさないように、二度と外に出ることは許されないだろうと考えた。チャールズは、ダイアナ自身が治療を受けることに同意していると思っていた。一方、ダイアナは、治療を拒否する理由を見つけることができないでいた。ロイヤル・ファミリーやスペンサー家に、ダイアナのことを〝おかしい〟と言ったのは、チャールズだったからだ。

父のスペンサー伯爵だけがダイアナの味方で、「もし、入院したくないなら拒否して自宅で受けているセラピーを続けなさい」と言った。だから、彼女は「入院しない」と断固繰り返した。

ダイアナが拒否したことで、ロイヤル・ファミリーに残された唯一の選択肢は、精神保護法のもとに彼女を強制的に〝入院させる〟ことだったが、その準備ができていなかった。この君主制国家は、国民の支持を無視することができず、ダイアナが〝会社〟と呼んだロイヤル・ファミリーに嫁いでから、彼女がぞんざいに扱われてきたことに批判が高まっていた。ロイヤル・ファミリーのせいでプリンセスが精神病になりかけているとか、施設に入れてしまうべきだ、ということがニュースになった時の激しい抗議を恐れていた。

ダイアナが主張を曲げなかったのは正解だった。私たちは、彼女の人生におけるこのおそろしいトラウマ的期間について延々と話し合い、彼女は絶望で理性を失った時期があったことを認めた。しかし、こうなった原因は、産後のうつが原因であることは一目瞭然だった。また、一夜にして一般人から世界で最も有名な女性になったことも関係していた。けれどもこの問題の核心は、夫が妻を理解できず、彼女の要求に応えられなかったことだった。

ほとんどの女性と同様に、性は精神的な問題だった。もし、愛されていると彼女が感じていれば、肉体的にも満足で幸せだった。でも、浮気されているかもしれないのに、喜ぶふりなどできなかった。不信感と疑念が、二人の関係を蝕《むしば》んでいった。

ダイアナは、チャールズが自分だけのものだと感じたことなど一度もなかった。いつも彼は少し距離を置いていて、彼女が決して触れることのできない部分があった。ダイアナには、しっかり守られているという安心感もなければ、真の愛情を味わったことがなかった。二人の間には、まるで見えない溝があるようだった。近づけば近づくほど彼は遠ざかっていくように感じられ、抱きしめられても本気とは思えなかった。言い争うこと、その時だけが二人の感情を解き放つ機会だったが、それが終われば次の言い争いまで別々の時間を過ごしているようなものだった。

チャールズが、彼女の期待に応えることはなかった。ダイアナは、彼女を大切にして、支えてくれると思った男性と結婚したつもりだったが、実際はそうではなかった。まるで自分が愛に飢えたガラクタのように思えた。一方、彼は物事が面倒になると、彼女が美しくあろうと努めようが、やけになってほかの男性に向かおうが、いっさい気にとめなかった。次第に彼女は、自分が結婚した相手は自分がほんとうに望んだ男性だったのだろうか、と自問自答するようになり、さらに冷静さを失っていった。

言い争っては涙を流し、触れ合うこともなくなっていったが、それでも彼女は夫を愛し続けた。彼女にとっては初めて愛した人であり、それは深い意味を持っていた。そして何が起ころうとも、彼なりに自分を愛してくれると信じていた。だが、彼の裏切り行為はどうしても許しがたかった。

結婚生活のあらゆるところに、カミラの存在が影のように潜んでいた。チャールズがカミラとの関係を復活させたと知った時、ダイアナは〝みぞおちにパンチを食らった〟ような衝撃を受け、脱力感を覚えてショック状態に陥った。そして、涙とともに激しい怒りが湧いてきたのだった。

カミラの存在を忘れようとしても、それは無理だった。結婚当初、チャールズはとんでもない提案をダイアナにした。話し相手がいなかった彼女に、カミラと友だちになることを勧めたのだ。その頃は、夫の提案なら、どんなことでも聞こうとしていたので、彼女は同意した。しかし、それはほんの短期間だけに終わった。というのも、カミラに話したことが、すべてチャールズに筒抜けだったからだ。その後、どうしてカミラを呼ばなくなったのか、とチャールズが尋ねるので、あなたの愛人と親しくなるつもりはさらさらない、と激怒した。そして、もし妻を愛しているなら愛人を呼ばないで、と言った。その思いは、どんな女性でも同じだろう。

そんなことがあっても、彼はまったく気にしていなかった。その後ハイグローヴで、ダイアナは内線電話を取り上げて、チャールズとカミラの会話を聞いてしまった。彼女は完全に正気を失い、なんとか結婚生活を続けようという思いは消えた。深い屈辱感でいっぱいだった。

ダイアナは、カミラを〝ロットワイラー〟（ドイツの大型犬の一種）と呼びはじめた。「だって、彼女、犬みたいなんだもの。一度だれかに噛みついたら、絶対離さないのよ」と言った。

ダイアナは、カミラとの関係のことでチャールズに詰め寄ったが、夫は答えをはぐらかし、肯定も否定もしなかった。そのうち口ごもるようになり、質問に答えなくなった。問題の対処の仕方は子どもじみていて、二人には解決する術《すべ》がなかった。彼はただ沈黙することで、問題から逃げようとした。やがて、ダイアナは深夜、カミラに無言電話をするようになり、彼女が出るとすぐに電話を切った。チャールズと〝彼の女〟への言葉も態度も冷ややかなものになっていった。気にしていないわ、という態度に出て、ほかの男に救いを求めるようになったが、ダイアナは心の奥深くまで傷ついていた。「どうすればそんな馬鹿になれるの？　騙《だま》され続ければいい、っていうわけ？」と、彼女は自分に問い続けた。

ダイアナはかなりの混乱状態に陥り、一九九八年に使用可能になったプロザックのような抗うつ剤を含む薬物治療を受けながら、子どもの養育で夫と争い、外に出ては笑顔で公務をこなしながら、「夫は不倫しているの？」と思い悩んだ。神経がたかぶって、結果多くの仕事をキャンセルしたが、それでも出席しようとする姿勢には驚きだった。ほかの女性なら、自宅で涙にくれるだろうが、彼女が切り抜けられたのは、虐待を受けた女性のケアをする訪問団体のお陰だった。

チャールズは決して暴力は振るわなかったが、これは精神的虐待といえた。ダイアナは、ほかの女性と話すことで、自分に起きたことを理解し、こんな状況に陥っているのは自分だけじゃないことを知った。また、彼女たちの問題を正しく認識することで、より自分自身を理解することができるようになった。

出会ったほとんどの女性は、夫と離れて生活していた。ダイアナはというと、やむを得ず進むしかないままロイヤル・ファミリーの罠《わな》にはまり込み、夫婦という形にとどまり、苦しみ続けていた。苦しみから逃れるために彼女が選んだ方法が、愛人を見つけることだった。一九八六年、ハリーが生まれて二年後、赤毛の元英国近衛将校ジェームズ・ヒューイットと不倫関係になった。その頃からチャールズとダイアナは事実上別居生活を始めた。チャールズはできるだけ多くの時間をカミラと過ごすようになり、ダイアナは自分の時間を息子たちに捧げ、時々ヒューイットと人目を忍んで会った。こんな生活を続けていたのは、チャールズがロイヤル・ファミリーとしての体裁を保とうとしたためだった。

一方、ダイアナは偽りの生活など望んでいなかった。彼女が望んでいたのは、依然として、ただ一人の男性に愛されること、それだけで、そんな相手と一緒にのちの人生を過ごしたいと願っていた。一九九二年のインド旅行が、偽りの皇太子夫妻像にとどめを刺すこととなった。ダイアナは衰弱しきって、強い孤独感のなかにいたのだ。「ああ、私の人生はもう終わりだわ、って感じたの」と当時を振り返った。ポロ競技の観戦中、チャールズがキスしようとした時、彼女はわざと顔を背けた。そんな見せかけだけの素振りにうんざりしたからだった。「彼はカメラの前で演じたのよ」と、腹を立てて言った。

チャールズになんとか声明を出して欲しかったのだ。そのために、ダイアナは一芝居打った。それがインド旅行、タージ・マハールの前で撮った、ダイアナ一人の写真だった。彼女がどんなに疎外感を感じているか世界中の人に見て欲しかったのだ。愛されていない妻であることを訴えるためにダイアナが利用したのは、最愛の妻に献身的な愛情を捧げた一人の王のモニュメントだった。

それだけでは終わらなかった。ダイアナは、さらに強力な武器をひそかに準備していた。それが、アンドリュー・モートンが書いた『ダイアナ妃の真実』だった。これは、彼女が背負った問題や夫の残酷な仕打ちを綴った強烈な記録だった。この本は仲介人を通じて行なわれたインタビューが元になっており、マスコミが〝ウエールズ戦争〟と呼んだ事柄がどんなものかということを本人が描写していた。彼女は編集にも協力し、完璧に仕上げたと言った。

本が出版された時、ダイアナはとても興奮した。自分のことを悪く言うチャールズの友人たちに事実を知らしめ、自分自身の言葉で世間に真実を公表したかった、と私に語った。その一方でロイヤル・ファミリーの反応を恐れてもいた。チャールズはショックで力を失ったが、そんなことよりエリザベス女王の怒りをダイアナは恐れていた。

そのためダイアナは、いっさいの関与を否定しようとして、彼女について書かれていることの調査を友人にさせて、自分は知らぬ顔を通した。しかし、記述があまりにも綿密で詳細だったために、ダイアナは責任を逃れることはできなかった。これにより、ロイヤル・ファミリーの一員として、常にやさしさと思いやりを見せていた義母エリザベス女王との間に亀裂が生じた。

またしてもダイアナは、自制心を失った。物事を適切に考えられなくなり、衝動的に行動し、夫を激しく非難した。振り返ってみれば、彼女には二つの思いがあったのだ。自分がしたことは正しかったという思いと、それまでの信頼関係を壊したことへの後悔の思いだった。とてもいい友人を〝永遠〟になくし、エリザベス女王の善意も失った。女王は、ロイヤル・ファミリーとダイアナの間で生じた問題を、うまくとりもってくれた唯一の人物だった。つまり、ダイアナにとってあまりにも残念な結果を招いたのだ。三カ月前に父親を亡くしていた彼女は、ほんとうに一人ぼっちになってしまった。

晩年のスペンサー伯爵は、脳卒中のため無愛想で無神経になってしまったが、彼女はそんな父であっても常に信頼を寄せていた。何か問題が起こると共感してくれた、ただ一人の人物だったのだから。伯爵は、かつて女王の馬番をしたことがあったので、娘の義母がどんな人かを知っていた。またスペンサー家の血筋は一六世紀まで遡ることができ、その歴史の重みが彼女の支えでもあった。ダイアナはどんな男性よりも父親を愛し、伯爵もまた娘の愛に報いた。とはいっても、いつも優しいわけではなく、時には厳しい態度で接し、娘が窮地に陥ると的確なアドバイスをしたものだった。ダイアナは、そんな父のことを「絶対、私を裏切らなかった」と言い、ロイヤル・ファミリーの生活でうつ状態になって辛かった自分を守ってくれる〝安全ネット〟だったと語った。

結婚生活が破綻した時、周りからは、夫の不義には目をつぶり、体裁は守り、自分のことより家族のことを考えて行動するように忠告された。それをまったく古めかしいやり方だとして、スペンサー伯爵は納得せず、ダイアナに、荷物をまとめて家を出なさいとは言わないが、子どもたちのためにも自分のためにも、自分でいいと思ったことはなんでもしなさい、と言った。

父の死を知らされたのは、オーストリアのリゾート地レッヒへスキー旅行に出かけていた時だった。ダイアナは愕然《がくぜん》とし、すぐに一人で英国に帰国した。訃報を伝えた王室関係者は、チャールズ皇太子と同伴するよう説得したが、父の葬儀をロイヤル・ファミリーのショーにして欲しくなかったのだ。彼女は耳を貸さず、自分で出入国の手続きを済ませた。自分だけでこの深い悲しみを受けとめたかったからだ。

以来、ダイアナが父のことを考えない日はなかった。彼女はしきりに父の話をし、父とコンタクトがとりたくて、霊媒師のもとにも行った。父を亡くして、正気を失っていた。父のことを〝私の支え〟と呼んだが、あとにも先にも、彼女の支えは彼一人だった。ダイアナは精神的なよりどころを失ったのだった。

結婚生活は最終段階を迎えた。彼女は結婚生活を続けようと努力したが、問題が多すぎて解決に至ることはなかった。ダイアナは自分がどうすればいいのかわからなくなり、その感情をチャールズさえも理解できなかった。結婚生活は崩壊し、ダイアナは支えの父なしで離婚のすべてに立ち向かうしかなかった。

4……危険な情事

無意識だったかもしれないが、ダイアナはいつも交際相手にナイーヴな男を選んでいた。そして、男たちも彼女に惹《ひ》きつけられた。ところが、そんな男たちは支配的で、女性の感情をたくみに操った。ダイアナはあらゆる意味において、幼いところがあり、相手の気を引くためならなんでもした。意図的な悪意はまるでなく、意地っ張りで感情的で、でも、自分の気持ちに報いてくれる愛情深い人を切実に求めた。それがありのままの彼女だった。おのれのコンプレックスを取り繕う男たちに惹かれやすく、またそういった男たちは精神的に危うい女性に魅力を感じた。そうしてダイアナは、数年間絶えることなくさまざまな問題を抱えることになった。

私は精神科医ではないが、彼女が私に語った内容からして、ダイアナの中には〝孤独な六歳の少女〟が永遠に存在しているようだった。ダイアナの心に居座るその少女は、二度と帰らぬ母親をドアの前で待ち続けながら、気持ちが通じ合わなかった父親に認められることを心から望んでいた。ダイアナがどんなに努力しても、また精神療法を何度受けても、「見捨てられた」という感情を拭い去ることはできなかった。そのため、本来ならもっと賢く立ち回れたのに、ダイアナはよりどころを男たちに求めてしまったのだ。

ダイアナの弟は、かつて姉に向かって「男はスリムな女性にしか魅力を感じないものだ」と忠告したが、彼女の異性交際には実際なんの役にも立たなかった。ダイアナは弟より二歳年上で、幼い頃は、弟に人形のドレスや、熊のぬいぐるみの衣装を着せて遊んだものだった。弟は当時、まさにダイアナにとって愛らしいぬいぐるみのような存在だった。弟の存在が彼女の母性を引き出したのだ。でも、弟が十二歳になると、もうそんな遊びはしなくなってしまった。弟は時々ダイアナをからかうようになり、彼女の心は傷つくのだった。

ダイアナは、十六歳でやっと初潮を迎えた。その頃すでにチョコレートを思いきり食べては、あとでわざと吐いていたと、当時のことを詳しく私に話してくれた。私もかつて過食症に陥ったことがあったので、それが女性の体にどんなに悪い影響を与えるのか、ということを二人で長時間話し合った。ダイアナは、過食症のため月経周期がひどく乱れたようだった。弟チャールズの言葉はダイアナにつきまとい、結果悩める思春期を送ることになった。こうして不幸にも、弟の一言によって、ふくよかな女性らしさを否定するようになってしまった。

このような過去があると、一般的な女性の多くは男性を避けてしまうこともあるだろう。ダイアナも、当初避けていた部分があったが、精神的なダメージを抱えていたにもかかわらず、男性との交際を望み、女友だちといるよりも断然男友だちと一緒にいるほうを好んだ。ダイアナは、女性よりも男性から、とくに結婚後ウエールズ皇太子妃としての地位を通じて巡りあった男性から多くのことを学べると考えていた。彼らは、女性たちより率直で、精神的にも安定しているので、自分の足りないところを補ってくれると考えていた。

その一方で、自分が母親に見捨てられた経験から、女性に対して強い不信感を抱くようになっていた。それが、ダイアナが女友だちと疎遠になる最大の理由だった。自分の母親が突然自分のもとから去ったように、ダイアナも突然、女友だちとの関係を絶ってしまうところがあった。

ダイアナの性格上、男性にとても魅力を感じ、おおいに期待していたことがあげられた。自分の好きなタイプの男性に出会うと、意図的に気を引くような振る舞いをし、自分をアピールする術を知っていた。そうすることで、彼女自身も楽しんでいたのだった。

実際、気が向くと、かなり挑発的な態度をとるのも平気だった。イングランド南部にある町のジャーナリスト役を映画で演じた、シャロン・ストーンさながらに振る舞うこともあったほどだ。

ある日、ダイアナがハリ治療を受ける準備していた時のことだった。ダイアナは、ライムグリーンの短いニットスカートに下着兼用のタイツをはいていた。治療のため、そのタイツを脱ぐ必要があったのだが、映画「氷の微笑」のシャロン・ストーンのように脚を組み替えたのだった。

こういった行為は、彼女にとって親しくなる手段であって、ほんとうに淫《みだ》らな行為に興味があったからではなかった。

チャールズ皇太子と結婚することで、ダイアナはずっと望んでいた〝安定〟を初めて得られると思ったのだが、その望みは断たれ、結局彼女は別のところに〝安定〟を求めてしまったのだ。それは当然のことではあったが、結果的に思いがけない危険と苦悩を次々ともたらすこととなった。

チャールズとの結婚生活が破綻してから、最初にダイアナが惹かれた男性は、彼女の護衛を任命された王室警護担当官、バリー・マナキーだった。彼は、ダイアナと親しくなって、職務以上の任務を果たすことになった。職務上、彼は常にダイアナの身近にいて、そのうち王室内で彼女の心配事や秘密を打ち明けられる親友となった。たとえば、新聞に掲載するダイアナの写真を一緒に選んだりした。マナキーは、いつもダイアナを賞賛し、彼女が孤独に陥ったり、落ち込んだ時に慰めてくれた。彼女が絶望に打ちひしがれて泣きだした時、抱きしめて慰めたのは夫のチャールズではなく、マナキーだった。ダイアナは、涙で流れ落ちたマスカラで、マナキーのシャツをよく汚したものだった。

マナキーは、ずんぐりした体型で髪も薄く、既婚者だったので、愛人としてだれもが想像するようなタイプではなかった。でも宮殿は、小さな村さながらに、皇太子妃とボディガードがただならぬ仲だという噂が広まっていった。当然のなりゆきで、噂は皇太子の個人護衛官コリン・トリミングの耳にも入った。トリミングは職務上、断固として個人的な関わりは避けるべしという厳しい態度をとっていて、ダイアナは、そんな彼を威圧的だからと嫌っていた。まるで警察国家で監視されているようだったと言っていたが、事実トリミングはダイアナの行動すべてを把握していた。

ある日、トリミングは、部屋で涙にむせぶダイアナをマナキーが抱きしめているところを目撃した。自分が統括している警察部隊に属する部下が、服務規程を破っていると判断すると、即刻チャールズにこの事実を告げた。

ダイアナと彼女の側近が〝親しすぎる〟と問題にされたのは、これが初めてではなかった。チャールズと婚約して間もなく、ダイアナがバッキンガム宮殿に移り住んだ時、ハンサムなマーク・シンプソンが侍従として任命された。ある晩、チャールズがオペラ鑑賞から戻り、「おやすみ」を言おうとダイアナの部屋に立ち寄ると、シンプソンとダイアナが二人でベッドに腰かけておしゃべりをしていた。皇太子は、身分をわきまえぬ振る舞いを自分に対する侮辱と受け取り、腹を立てて、間もなくシンプソンをバッキンガム宮殿から追い出して、アン王女に仕えさせた。シンプソンは二〇〇〇年に亡くなったのだが、じつは彼は同性愛者だった。それにも関わらず、年配の王室関係者たちは、ダイアナと彼が関係していたという根拠なき噂を信じた。

ダイアナとマナキーの関係は、噂というよりもっと実態のあるものだった。ダイアナは、彼のことを〝私の恋人〟と呼び、本人曰く、まったく不謹慎な話だが、彼をあからさまに誘惑していたという。たとえば、体にフィットしたイブニングドレスを着て、ボディラインに沿って自分の手を這《は》わせ、伏せ目がちに挑発するように「この服装で大丈夫かしら？」と尋ねたという。マナキーは、たいてい「私はもうあなたの虜《とりこ》になってしまいそうです」と答え、ダイアナは、まるで映画女優にでもなったように「もう実際、あなたは私の虜でしょう」と応じていたのだった。

こういった二人のきわどい会話は、常に噂を生む原因になり、ダイアナのスピーチセラピスト（言語療法士）のピーター・セッテレンが録画したビデオが放映されるきっかけにもなった。ビデオの中で、ダイアナは「私は彼がそばにいるだけで幸せを感じたし、信じられないかもしれないけれど、彼とならすべてを捨てて、喜んで駆け落ちしたでしょう。彼も、この意見にいつも『いい考えだ』と同意してくれたわ」と語っている。また、ダイアナはほんのわずかだが、ジェームズ・ヒューイット少佐についても語っていた。ちょうどこの時期、ダイアナは彼と頻繁に会っていた。

彼女は、時々突飛なことを口にしては、相手が驚くのを楽しんだ。まさにダイアナの性格的特徴なのだが、マナキーとの件については、やはり度を越して厄介な事態を招いてしまったと言えるだろう。ダイアナは、相手を思い愛することと、恋愛関係に落ちる、ということとは違った状況であり、マナキーとは性的関係はなかったときっぱり語っている。彼女は、自分の恋愛関係を詳細に話す時は、いつも率直だったから、マナキーとの関係に嘘はない。

だからといって、マナキーに惹かれていなかったわけではない。ダイアナは、警護官であるマナキーへの愛情を隠すことはしなかった。時々ダイアナは、「彼を愛しているの」と私に言った。そして「彼は私の親友で、なんの制限も遠慮もなく話せる相手なの。素晴らしい男性で、父か兄のような存在、でも愛人ではないわ」と説明した。

私は彼女の言葉を信じた。しかし、王室という閉ざされた世界では、体裁が非常に大事で、明らかにマナキーがダイアナと親しくなりすぎたとだれもが感じはじめた矢先、彼は解雇された。そして一年後の一九八七年、エセックス州サウスウッドで、マナキーがスズキのオートバイの後部座席に相乗りしていた時、突如横道から飛び出してきたフォード社製のフェイエスタに激突されて亡くなった。

ダイアナ妃と警護官マナキーの密通の噂は、チャールズをひどく打ちのめし、これがふたたびカミラ・パーカー・ボウルズのもとに走らせるきっかけになった、とメディアで広く報じられた。ダイアナは「それは別の話よ」と言った。生まれつき猜疑《さいぎ》心の強い性格のダイアナは、日頃からチャールズのポケットや書類カバンを探っていて、その時すでにチャールズとカミラが一線を越えた関係だという明らかな証拠を発見していた。それは、耐え難い事実だった。チャールズは、しばしば日曜日の夜、カミラと会うため、護衛官同伴でこっそり抜け出した。ダイアナが問いただすと、チャールズはその話題を即座にはねつけた。このような皇太子の態度は、事態をさらに悪化させるだけだった。

ダイアナが言うには、チャールズは、自分の不倫にまったく問題意識を持たなかったくせに、嫉妬深い性格ゆえに、自分の妻が同じように自由な振る舞いをすることは、とうてい許せなかったのだ。だからチャールズは、ダイアナと親しくなったマナキーを、ある人物を通して片付けるよう命じたのではないかと思う、とまで言った。

私は、「そんな突拍子もない、馬鹿げたことは言わないように」と釘を刺したが、彼女は聞く耳を持たなかった。「実際、私と彼の間には何もなかったわ。でも、私は彼のすべてを信用していて、なんでも打ち明けていたの。政治や王室の内情、チャールズのことも含めて。彼は、あまりにも多くを知りすぎてしまったんだわ」。

ダイアナは、その後もずっとマナキーの死の悲しみを乗り越えることができずに、数年経っても彼の遺灰が撒かれたロンドンの火葬場をこっそり訪れていた。また、彼女はマナキーが亡くなった事故に関して、英国諜報機関をずっと非難し続けた。「何か証拠でもあるの？」という私の問いに、「あるわ」と答えたが、結局私には証拠を見せなかった。

マナキーの悲惨な出来事が、彼女の心に傷を残し、彼女を怯えさせ、感情を不安定にさせたのは事実だった。そして、ジェームズ・ヒューイット少佐がつけこむチャンスとなったのだ。

ヒューイットとダイアナが初めて出会ったのは、一九八六年のことだった。彼女はすぐに恋に落ちた。当時マナキーは、まだダイアナの警護に就いていて、若い騎兵隊将校ヒューイットとの付き合いに反対し、ダイアナに警告した。マナキーは、ヒューイットが何か悪事をもくろんでいるのではないかと疑っており、それはのちに現実となったが、ダイアナはそういうマナキーの意見を拒絶した。彼女は自分がいいと思ったことに干渉されたことにたいへん苛《いら》立ち、不快に感じたからだった。一方、ヒューイット少佐は、少なくとも初めのうちはダイアナにとても親切だった。

「彼はとても素晴らしい人だったの」と、ダイアナは語った。少佐は、彼女に乗馬を教え、親切に振る舞い、彼女が語る言葉すべてに魅了されている様子で、ダイアナへの気遣いも惜しまなかった。少佐は冗談が得意で、よくダイアナを笑わせた。ダイアナは、彼が大好きだった。思うに、ダイアナにとって、セックスアピールの強い男性と二人きりになる、という経験は、少佐が初めてだったのだ。

いざダイアナを誘惑する段になると、ヒューイットはとても手馴れていて、ゆっくりと時間をかけた。最初のうちは、スキンシップに重点をおき、徐々に彼女を誘惑していった。ダイアナは、彼と関係をもつ前から、そんな月に一度程度のヒューイットの行為にすら、うっとり夢心地になるほどだったので、もっと深い仲になることにまったく恐怖心はなかったと言った。

それはダイアナにとって、生まれて初めての快感だったようで、すっかり少佐との熱情に溺《おぼ》れてしまった。二人の行為は特別に情熱的で、ヒューイットは彼女に生まれて初めてオーラルセックスというものをさせようとした。

たとえ距離的に離れていようと、二人の情熱は冷めなかった。ヒューイットにくどかれてテレフォンセックスも経験した。ダイアナは、夫チャールズとのセックスしか知らなかったので、ヒューイットの淫らな話にはかなり戸惑った。のちにチャールズとカミラの電話での性的な会話が録音されてスキャンダルになったが、そのおかしな〝カミラゲート〟テープ事件では、皇太子が「私は一度タンポンというものに生まれ変わってみたい」などと発言しており、チャールズが卑猥《ひわい》な会話を嫌っていたわけではなかったようだが、妻であるダイアナには常に上品で礼儀正しかった。

ヒューイットとの関係はかなり特殊で、ダイアナが私に語った話は、まるでポルノ雑誌のストーリーのようだった。ダイアナはのちに「彼は私を、性の奴隷のように扱ったのよ」と言った。

ヒューイットは、ダイアナに特別な服装をさせることはなかったが、一時は彼の要求ならどんなことでもする覚悟だった、と認めた。完全にヒューイットの性の虜のような状態だったので、少佐が最初の湾岸戦争で中東に従軍した時、とてもセクシーな内容の手紙を書いてしまったと告白した。聞いたその内容は、かなり露骨な描写だった。彼とのセックスはほんとうに激しく情熱的で、ベッドの興奮が恋しくて、その思いを率直に手紙にしたのだという。もっといい別の人物を愛人にすることもできたのに、当時の彼女に、燃えるような熱情を初めて感じさせたのはヒューイット少佐であり、初めて経験する彼との激情のなかで、ダイアナは持っていた分別を捨て去ったのだ。とにかく、生まれて初めての経験のさなかに、少佐が戦地に送られた時、彼女は思いを書かずにはいられなかった。

その時のダイアナは、心からヒューイット少佐を愛している、と確信していた。

ダイアナは、ロンドンにある宝飾アクセサリーの老舗アスプレイで、洋服やダイヤモンドのタイピン、高級腕時計などをヒューイット少佐のために買い、高級デパートのハーヴィー・ニコルズで少佐が靴下や下着を自由に買えるように、店のカードを渡した。彼女はチャールズを捨てて、ヒューイットと家庭を持つことを夢に描いていたと語った。ダイアナは、自分の身上に起こっていることが信じられなかった。

だれだって、ダイアナの行動を批判的に考えたくなるだろう。事実、彼女は十分その非難を受けてきた。とくに夫であるチャールズの友人や取り巻きから。

チャールズがダイアナに皇太子妃という地位を与えた人物で、彼女が二人の立派な子どもたちの母親であるという事実を理由に、彼らは、ダイアナがもっとしっかり落ち着いて、忠実に妻の役割を果たし、与えられたものにもっと感謝すべきだという意見を持っていた。

一方、その他多くの人びとは、ダイアナもほかの女性と同じように成長することや、自分探しをする権利はあると信じていたし、私もそれに同感だった。確かに皇太子妃という立場はあるが、それ以前に、自分の感情、願望、要求を持った一人の女性だった。ダイアナが、性的に満たされていない二十五歳の女性だということに、当時、多くの女性が共感した。

彼女の過ちは、ジェームズ・ヒューイット少佐を選んでしまったことだった。それは彼がハンサムで洗練されていたからではなく、彼女がいかに世間知らずであったかを露呈する結果となった。ダイアナは、ヒューイットの下劣な性質を見抜けなかったのだ。

ダイアナにとって、この現実を認めるにはかなり時間がかかったが、二人の間には、寝室以外での知的な会話がまったくできないという問題があった。ダイアナは、彼といろいろなことを分かち合い、語り合おうとしたものの、ヒューイットにしてみると彼女が長々と何をしゃべっているのか理解できなかった。ダイアナが最終的に認めたことだが、つまりは「彼の頭脳は下半身、ズボンの中にしかないの」ということだった。ダイアナは、彼との関係を長く続けることには耐えられなかった。彼女はのちにこう語った。ヒューイットという男は、肉体的なこと以外はまるで編み物の目みたいに単一で特徴がない、つまらない人物だった、と。

これは、ダイアナが探し求めていた愛ではなかった。真剣にお互いを唯一の交際相手とし、責任を持つことを望んだが、彼はこれに応えなかったし、その努力さえしなかった。

ダイアナは、疑ぐり深い性格だったので、時々相手を詮索した。もちろん、人として決して誇れることではなかったが……。

いずれにせよ、ヒューイットに対する疑惑が、彼女の直感通り正しかったことがのちに証明されることになった。ダイアナは、彼のポケットを探り、中からほかの女性の電話番号を見つけた。その背信行為を問いただすと、彼は否定したが、ダイアナは既に嘘を見破っていた。ダイアナは、自分の部屋に取り付けられた電話盗聴器を取り外すためのスタッフを数人雇っており、そのスタッフを使ってヒューイットの身辺調査をさせた。ダイアナは、「彼らは、写真も含めて詳しいレポートを作成したわ」と打ち明けた。

彼女がヒューイットについて話す時はいつも取り乱した。顔は紅潮し、下唇を噛みしめ、目には涙さえにじませた。私は、「ヒューイットのために涙を流すなんて、そんな価値さえない男よ」とダイアナに言い放ち、「彼はあなたの愛を、ただただ、金銭面で利用しただけよ。彼のために自由に大金を使えるようにしたから、勘定はすべてあなたの口座から落ちることになったし、ヒューイットはあなたと出会ったことで、とうてい実現不可能な贅沢な暮らしをはじめることができたわ。そして、度々あなたに花を贈る以外に、彼は一銭も払わなかったし、おまけにあなたと付き合っている間にほかの女性とデートを重ねていたのよ」。私ははっきりと事実をダイアナに告げた。

私は、ダイアナに対して、極めて率直で厳しい態度に出た。「ヒューイットは、あなたをほんとうに愛してなんかいなかったのよ。彼はあなたを利用しただけで、愛していたなんてあり得ない。これを人生の苦い経験として受けとめて、二度と同じ過ちを繰り返さないで欲しい」と。

ダイアナが最も憤慨したのは、ヒューイットが自分を利用し、裏切ったそのやり方だった。ヒューイットがほかの女性からもプレゼントをもらっていたことを知って、ダイアナは裏切られた気持ちになった。この事実を知り、彼女は自分自身をとても恥ずかしく感じた。また、「ヒューイットは非常にお金がかかる男だった」とも不満を漏らした。

金銭的にどれだけ高くついたかは、すぐに明白になった。というのは、ダイアナにセクシュアルな手紙を書かせた張本人はヒューイットその人だったからだ。ダイアナが二人の関係を清算しようとした時、手紙の返却を頼んだが、彼は拒否した。何度懇願しても駄目だった。ヒューイットは、自我と自惚《うぬぼ》れを満足させるためにダイアナを巧みに操ろうとするだけの、浅はかで弱い男だった。その手紙で、彼はダイアナを支配しようとしたのだった。

ダイアナが書いた手紙は、私が〝ジゴロ〟とみたこの男、ヒューイットの収入源でもあった。明らかに手紙の著作権はダイアナのものだが、ヒューイットは手紙を所有し続けた。一九九四年、著書『ドクトル・ジバゴ』が認められノーベル賞が授与されるはずだったのを辞退したボリス・パステルナークの親戚、アンナ・パステルナークが『恋に落ちたプリンセス』を執筆する際に、ヒューイットは協力して数十万ポンドと噂される高額の見返りの報酬と引き替えた。

ダイアナは、愕然とした。その本は、まさにヒューイットの明らかな裏切り行為の象徴だった。本が出版された日の朝九時、私に会いに来たダイアナの顔はあまりに激しく泣いたせいで紅潮していた。ヒューイットが二人の関係を世間に公表し、彼女を裏切り、そのうえ、真実を告げなかったことに激しい怒りを露わにした。「いままで私が彼に与えたすべてを返して欲しい」と泣いた。「どうしてこんなひどいことができるの？　二人の関係はプライベートなことで、表沙汰にされるべきことではないのに。彼はお金のために私を世間に売り渡したのよ。こんなことあってはならないことだわ」と、私に何度も涙ながらに訴えた。

また、彼女は非常に汚い言葉で彼を罵《ののし》った。たとえば、「彼のペニスなんかつぶれればいいのよ！」というような言葉だった。

私は彼女を慰めながら、カモミールティーをいれた。そして、彼女は少し落ち着くと私に言った。

「もう二度と彼の名前なんか聞きたくないわ」。

その頃、ダイアナはオリバー・ホアと度々会うような間柄になっていた。一時彼女を虜にしたヒューイットの性的魅力はもはや失われたのだ。しかし、ヒューイットのほうは、そう簡単にダイアナから離れるつもりなどなかった。世界で最も有名な女性を落としたのだから、それを手放す気などさらさらなかった。彼は、執拗《しつよう》に彼女に電話をかけ続けた。一方、ダイアナは、その電話を無視するどころか、恐れていた。というのも、ダイアナが送ったあの厄介な手紙をヒューイットがまだ握っていて、彼女を束縛し操る道具として、巧みに利用していたからだ。

絶望のなか、ダイアナはいまや嫌悪すべき男から手紙を取り返すには、お金で買い戻すしかないという結論に達した。そうするうち、ヒューイットがダイアナにわざとセクシャルな手紙を書かせたのは、ゆくゆく金になると考えていたからに違いないと確信した。私もその通りだと思った。

あの手紙が売却されるとなれば、ほかのだれでもなく、自分がなんとしても入手しなくては、とダイアナは決心した。手紙の内容があまりにも露骨すぎて、他人には絶対に見られたくなかったからだった。ちょうどチャールズと離婚調停の最中で、もし手紙の内容が公開されるようなことがあれば、ウイリアム王子、ハリー王子の親権を失ってしまうかもしれない、と恐れてもいた。

何度も電話で面倒なやりとりを重ね、仲裁者の助けを借りて、ヒューイットと直接会って手紙を買い戻すことに同意した。

条件はヒューイットが決め、手紙の譲渡をスペインで行なうことを要求してきた。取り引きは現金で、ということだった。

ダイアナと私は、この条件について話し合った。私は、彼の行動すべてが、ただただ不快で、汚い言葉で罵倒《ばとう》してやるしか仕方がない、下劣なやつだと言い放った。

彼女もまた、同意見だった。ダイアナは、こうなってしまった愚かな自分に腹を立てたが、同時にヒューイットのおぞましい裏切りに私と同じく激怒していた。私は、ヒューイットはまったく信用できない男だから、これからしようとしている取り引きはかなり危険だと忠告した。そして何より驚いたのは、ダイアナがヒューイットに支払うと承諾した金額だった。

ヒューイットは、二五万ポンドを要求しており、ダイアナはその額を支払うつもりだと言った。私はびっくりして「気はたしかなの？　そんな高額を支払うなら、なぜ法的手段をとらないの？」と尋ねた。

ダイアナは私の言葉には耳を貸さず、とても感情的になっていて、理性的な判断ができない状況だった。「スペインへ行って支払いを済ませないといけないの。それがヒューイットと縁を切る唯一の方法だから」と言い張った。

ダイアナの親しい友人で、裕福な投資銀行家の妻スージー・カセム夫人が同伴した。あとで聞いた話では、現金は大型鞄に入れ、ダイアナが自分で運んだということだった。空港で有名人を狙ってうろつきまわるカメラマンたちの目を避けるため、ダイアナは変装用のカツラをかぶっていた。それなのに、変装は飛行機の中で見破られ、失敗に終わった。しかもヒューイットが指定したホテルに着くと、すでにカメラマンたちが包囲していた。その夜、ダイアナは憤激して、私に電話してきた。ヒューイットに電話したら、パパラッチがあちこちにいて会えない、と言われたというのだ。これらのカメラマンたちからいくらかの報酬を受け取り、ダイアナが来る情報をばらしたのは、ヒューイット本人だと確信していた。

私はダイアナに、冷静になって落ち着くように言って、状況が悪くならないうちに一刻も早くそこを立ち去るように伝えた。私の提案に従い、彼女はホテルの支配人に電話した。支配人はとても協力的で頼りになる人物で、翌朝タクシーをホテルの裏口につけさせると、ダイアナを空港までまっすぐ送らせた。ダイアナは、結局ヒューイットに会うことなく、持参したお金を持ったまま、一八時間後にはロンドンに戻った。

彼女は私にその現金、紙幣を見せることはなかったが、私はダイアナが実際にその多額の現金を持ってスペインに飛んだことを疑わなかった。彼女は、私がいままでに出会った人びとの中でも、とりわけせっかちで向こう見ずな気質だったし、彼女にはその大金が意味する重要性、影響力、そしてその金額がほかの人びとにとってどれほど大きな価値があるかなど、理解できなかった。

ダイアナは、お金の入手先も明らかにしなかった。彼女には父親からもらった遺産があったが、二五万ポンドもの大金を銀行から引き出して持ち歩くという行為は、いくら皇太子妃であっても考えられなかった。当時、チャールズはダイアナに渡す手当てを出し惜しみしており、その出どころがチャールズであるはずもなかった。私の想像では、ダイアナはチャールズと離婚する際に、彼女が要求する一七〇〇万ポンドの額がチャールズから支払われるという条件のもとに、富豪の友人から借りたのだと思った。

ダイアナの気持ちを深く傷つけ、彼女を食いものにしたのは、その大金に関する問題ではなく、ヒューイット自身だった。ダイアナはロンドンに帰ると、すぐに電話をかけてきて、ケンジントン宮殿に来て欲しい、と頼んだ。私は宮殿に行き、二人で夜遅くまで話し込んだ。彼女の怒りは相当なもので、ひどい悪態をつき、「あいつのあそこをチョン切ってやりたいわ」とまで口にしたほどだった。冗談ではなく本気で、憤怒のあまり、ヒューイットを誘拐してケンジントン宮殿に連れてきて、彼を縛りつけて去勢するという計画まで考えつくほどだった。ただただ興奮して、狂気じみた話をするばかりだったが、もし仮にその晩ヒューイットが突然部屋に入ってきたなら、ダイアナは意気揚々と実行したに違いなかった。

呆れたことに、ヒューイットはダイアナの怒りや軽蔑を少しも恐れず、平然としていた。彼女に電話してきては、会う約束を取りつけ、その都度、要求額を吊り上げた。最終的に五〇万ポンドを要求してきたが、その時点になって、ダイアナはヒューイットがただ残酷なゲームを楽しんでいるだけで、手紙を返す気などさらさらないことに気がついた。ダイアナは、もう彼からの電話に出るのをやめ、彼がおのずと〝惨めで哀れな人生〟に堕《お》ちていくままに放っておくことにした。一方、ダイアナは自分自身を立ち直らせるために、前向きにあらゆる仕事に取り組みはじめた。

ところが、いくら努力しても、ダイアナはジェームズ・ヒューイットから完全に自由になることはできなかった。ヒューイットは、「ダイアナ自身が『じつはマナキーと肉体関係があった』と言った」と公表すると言って脅した。それは事実ではなかった。じつに軽蔑すべき、紳士とはいえない言動だったが、ダイアナは無視するしかなかった。

しかし、ダイアナを一番動揺させたのは、彼女の第二王子の実父にまつわる噂だった。残念なことに、その噂をダイアナに教えたのは、この私だった。ダイアナは、人びとが彼女にどんな意見をもっているか、いつも私に尋ねたものだった。そして、ある日、私は意を決して、深呼吸して、ハリー王子の父親がヒューイットだという噂が広まっている事実を告げた。

ダイアナは「どうしてそんな噂が広まっていることをだれも教えてくれないの？」と訊いたので、

私は私自身もそうだったが「人びとは、あなたにはいい話しかしたがらないからよ」と答えた。

彼女は確かに、そんな噂は聞きたくなかっただろうが、話を非常に真剣に受けとめた。そして、「もし、時期をきっちり調べれば、ヒューイットがハリーとはなんの関係もないことがはっきりするはずなのに」と言った。自分がそこまで愚かな人間だと思われていることを、はなはだしい侮辱と受け取った。ダイアナは言った。

「ハリー王子がウインザー家の人間であることは明白よ。髪や目の色はスペンサー家の血筋だけど、彼はチャールズの目を受け継いでいるわ」と。だが、この件をはっきりさせるためにも血液検査をすべきだという声もあって、ダイアナはそれに従い、事実はダイアナが言ったとおりの結果となった。また、ヒューイット自身も、彼が父親であるという噂は、常に否定していた。

噂話は、フィリップ殿下の耳にも届き、既によくなかったダイアナと義父との関係をますます悪化させた。ダイアナは、フィリップ殿下のことを、〝情け知らずで、弱いものいじめをするタイプ〟と語った。晩年、ダイアナに接する殿下の態度は、まさに彼女の言葉どおりだった。フィリップ殿下は、彼女に定期的に手紙を書いていて、なかにはほんとうに意地悪で不愉快な内容のものが何通かあった。

ケンジントン宮殿の一階にあるリビングで、私とダイアナがゆっくりくつろいでいる時、ダイアナは私に何通かの手紙を見せてくれたことがある。ダイアナは、髪の毛にカラーリングスプレー液を吹きつけ、水色などさまざまな色のマニキュアを試し塗りしながら、私と二人で手紙を読んだ。彼女は、手書きの文字からその人物の特徴や性格を読み取る、筆跡学に興味があって、それに関する本を参考に手紙の文字を探った。

ダイアナは、書類や思い出の品をたくさん溜め込んでいて、これまでに受け取ったラヴレター、噂になった悪評高き録音テープなどを、箪笥《たんす》の引き出しの洋服の下などに隠していた。また、寝室には小さな隠し穴のようなものもあった。私たちがじっくり見ていたその手紙は、ビニール製のフォルダーにきれいに整理されて、飾りのついた革製の箱型ファイルに保管されていた。

もし、これらの手紙を見ている最中に、執事のポール・バレルが部屋にお茶を持って入ってきたなら、ダイアナはその箱をすぐに閉じただろう。彼には、絶対秘密だった。そして、彼がこの部屋を去れば、また開けたことだろう。

手紙の多くはチャールズからのもので、私たちは、彼の手書きの字体が何を意味するのか解明しようと騒々しく話し合って過ごした。しかし、その参考文献には、彼のクモのように奇妙で細長い字体のサンプルがなく、私たちは途中であきらめるしかなかった。そして、ダイアナは、また別のフォルダーを取り出した。

そのファイルには、フィリップ殿下の手紙が保管されていた。ほとんどがタイプされ、最後に彼のサインがあった。そのうちの一通に、いかにも不快な内容の追伸文が手書きされたものがあった。ダイアナはそれを見せて、どう思うか感想を求めた。ぶっきらぼうな〝ダイアナ〟という文字で始まり、ずけずけとした彼女への批判が続いていた。内容は、ダイアナがふしだらな女性だ、ということだった。彼女が唯一望んだのは、妻、そして母になることで、実際にそうであった。ただ、結婚生活で見いだせなかった心の支えをほかの場所に求めたのは、息子たちが生まれてからのことだった。フィリップ殿下は、そんなダイアナを情け容赦なく非難した。

私が最も驚いたのは、フィリップ殿下の別の手紙で、そこには、ダイアナは王子の母親としてふさわしくない、との忠告が記されていた。血のつながった孫二人の実母にあたるダイアナに、そんなことを伝えるなんて、信じられなかったし、冷酷さを感じた。

フィリップ殿下の主張によれば、義理の娘であるダイアナには、常に同情的な気持ちで書いていたとのことだったが、ほんとうだとは思えなかった。私は、実際に彼の手紙を読み、かなり思いやりに欠ける言葉で書かれていると思ったのだ。ダイアナに手紙の感想を訊かれて、私には、返す言葉がなかった。

その夜、おそらくダイアナ以上に、私自身がショックを受けていたと思われる。彼女にとっては、手紙を受け取ってからしばらく時間が経過してこともあり、当初の怒りや心の傷は少しずつ和らいでいたように思えた。しかし、これらの手紙の内容は、私にはまったく新しい衝撃であり、まるでレンガの壁に激突したかのように感じた。その後、これらの手紙がどうなったかは知る由《よし》もないが、おそらくダイアナの母、フランセス・シャンド・キッドによって、しっかりシュレッダーにかけられたのではないかと思う。彼女は、ダイアナの死後、思い出を守るため、多くの書類や手紙を処分した。あるいは、王室の公文書保管室のどこかにあるのかもしれない。

どういう事情であれ、私はこれらの手紙の内容を確実に把握しているつもりだ。なぜならば、私は実際に、これらの手紙を読んだのだから。

5……オリバー・ホア

〝男好きの女性〟というダイアナの評判は、オリバー・ホアとの情事に端を発している。彼は、教養があり、博識でとてもハンサムだった。しかし、またここで、ダイアナは愚かな選択をしてしまった。

ヒューイットはダイアナを騙した、人を蔑《さげす》むような男だった。そして、ホアは既婚者だった。その事実がダイアナの評判を落とした。

私がダイアナに、既婚者の男性と関係を持ったことをどう思っているか尋ねると、彼女は「あやまちだった」と答えた。しかしダイアナは、ホアは妻を愛していなかったし、妻と別れて駆け落ちして、新しい人生をイタリアで一緒にはじめる約束をした、と言い、彼との関係を正当化しようとした。そんな彼の言葉を簡単に信じてしまうほど、世間知らずの女性だったのだ。

私は、ダイアナに、そんな言葉は男性なら不倫相手にだれでも口にすることで、古典的な女たらしの台詞だ、と伝えた。

それでも彼女は、完全に彼が自分を選び結婚すると固く信じていた。私は、現実的に考えるように、繰り返し言い聞かせた。ホアは、裕福な女性と結婚しているし、子どもも三人いる。彼のような男性は、皆同様に、妻や子どもと別れると口にしても、それを実行するはずがなかった。

この時の私たちは、大きく意見が食い違った。ダイアナはいつもと同様に、自分の耳に心地よいことしか聞こうとしなかった。実現の可能性は低かったが、彼女の望みはホア夫人になることだった。ダイアナは、占星術師や予言者、霊媒師などを訪ねては、自分とホアが結婚する運命かどうかを訊き、可能性がある、という結果に狂喜した。

ダイアナは、霊媒師たちが話した内容を教えてくれた。彼らがなんと言おうと、オリバー・ホアはただ口先だけの約束をしているだけ、と私は言ったが、彼女は〝そんなことはない〟と言い張った。それでも私は「まったくうわべだけの約束だ」と言い続けた。

ダイアナは、ホアと結婚すると言って譲らなかった。私は、いつもの機知に欠けたぶっきらぼうな言い方で、「そうね。この世の中には、豚が空を飛ぶってこともあるかもしれないわ」と言った。彼女は顔を紅潮させ、歯軋《はぎし》りをはじめた。ダイアナは私の発言にすっかり腹を立て、私たちは激しく口論し、彼女は私とのすべての約束をキャンセルした。数日後、クリニックで再会した時、私は、彼女にどうしても伝えたいことがあったので、だれもいない部屋に来るように伝えた。もし私との関係に問題があるなら、面と向かって伝えて欲しい、と言った。私はきっぱりと「幻想を与えるような空言を語るもつもりもなければ、嘘もつきたくない。夢や幻も見て欲しくない。ホアは、あなたを騙しているのよ」と、伝えたのだった。

その通り、ホアはダイアナを裏切っていた。彼は、ダイアナを誘惑した。そして、もしホアが「妻と別れる」と嘘さえつかなければ、彼女は彼との交際を続けなかっただろう。ホアは、茶色の瞳を持ち、同じくダークカラーの髪はくせ毛で、ダイアナが彼を魅力的だと感じたのは無理もなかった。それに、人の心を捉えるような仕草を自然と身につけていて、ダイアナはホアのことを、すべての女性をうっとりさせることができる男性だ、と表現した。

ホアは、ダイアナに関心を持つ数年前から、チャールズの取り巻きの一人だった。オリバー・ホアの名前が、ロンドンの社交界に初めて出たのは、ハモーシュ・アゾディーボウラーという大金持ちのイラン人女性の秘蔵っ子としてであった。この女性は、チェスターにあるアーガスタス・ジョンという画家の古いスタジオで豪奢に暮らしていた。彼女は、テヘランにホアを同伴し、そこでホアはイスラム芸術と神秘的宗派の一つ、スーフィズムに興味を持つようになった。ロンドンに戻ったあと、ホアはクリスティーズ美術競売商のイスラム担当のヘッドになり、一九七六年にはダイアン・デ・ヴォルドナーというフランスの石油大企業の相続人にあたる女性と結婚して、ベルグラビアに自分の店を出し、東洋美術のディーラーとしてのキャリアをスタートさせた。

ウインザー城で開かれたパーティで、ホアは初めて、チャールズとダイアナに出会った。きっかけは彼の妻で、妻の母親はエリザベス女王の友人だったのだ。ホアとチャールズはどちらもイスラム芸術、東洋の神秘主義に興味があったので、すぐに打ち解けた。ダイアナは、難解な夫の興味の対象には否定的で、時々夫の友人たちがなんとも年寄りじみてつまらない、と不満をこぼしていた。ホアは、ダイアナより一六歳年上で、彼女がまったく知識も興味もない難解な分野の専門家だったが、二人の関係にはまったく問題にならなかった。ホアは、知的で男性としてダイアナが尊敬する性質を持っていた。ホアの父親は役人で、息子をイートン・カレッジへ行かせるために、資金を苦労して捻出した。そうして、ホアは大学で国際人として通用する上品な振る舞い方を身につけた。ホアは非常にセクシーな男であった。ダイアナの結婚生活にひびが入りはじめた一九八〇年後半、そしてヒューイットとの関係が終わった頃、ダイアナはオリバー・ホアと頻繁に会うようになった。ホアはダイアナに、イスラム芸術について多くを教え、スーフィズムについても手引きした。ホアは、奪えるものはすべて奪おうとしたヒューイットとは違い、お金やプレゼントを欲しがることはなかった。

ホアとの関係は、それまでダイアナが経験した男たちとの付き合いとは逆で、アンティークのブレスレットやペルシャ絨毯《じゅうたん》などを含めて、プレゼントするのは、もっぱら彼のほうで、これにはダイアナはたいへん気をよくしていた。ただホアにとって、ダイアナは、決して初めての浮気相手ではなかった。何年もの間、ポリーペック服飾チェーン店の前オーナーの妻である、美しいトルコ生まれの女性、アイーシャ・ナディルがホアの不倫相手だった。私が思うには、ホアにとって、皇太子妃というのが、それまでと違ったタイプで魅力的な不倫相手だったのではないだろうか。二人の女性の違いは、ナディル夫人はホアを寝室の訪問者として時々受け入れることで満足していたのに対して、ダイアナはホアを独占したがったという点にあった。ダイアナは、太古の昔から女が常套手段で使う、結婚のための切り札〝妊娠〟という手段は使いたくなかったので、バースコントロール用のピルを服用していた。それ以外ならどんな手段を用いてでも、彼を独占したいと望んでいたようだった。まもなくホアは、事態がもはや自分の手に負えない状況に陥っていることを悟った。

当初ダイアナは、ホアの妻の名前が自分と似ているから、たとえ彼が寝言で私の名前を呼んでも、奥さんはきっと自分のことだと思うに違いない、と冗談を言っていた。

けれども、ダイアナは生まれつき極端に独占欲が強い性質だったので、すぐに愛人のホアが別の女性とベッドをともにしていることに耐えられなくなった。法律上ダイアナは、次期イギリス国王の妻。しかし奇妙なことに、既婚男性の愛人という立場にあり、長い歴史上の愛人たちがいつもそうだったように、やはり愛人という立場に不満を抱いていた。

このため二人は、たいへんドラマティックな関係を作りあげていった。ある日、ダイアナがヘイル・クリニックに現われた時、彼女の足や腕にはフォークで傷つけた痕跡があった。彼女は、一九八二年に初めて自傷行為に及び、人生の重圧に耐えられないと感じると、自分を傷つけるというおそろしい行為を続けていた。私は、精一杯アドバイスをした。自分を傷つける代わりに、その傷を心に思い描いて、それを文章にしたり、絵にしたり、ピアノの鍵盤にそのイメージをたたきつけたりすることで、自傷行為を断ち切る、というものだった。のちに彼女は、自分のなかに溜まっているプレッシャーを解放するには、スポーツジムでこなすカリキュラムを強化させることだと気づくまで、私のアドバイスに従った。この方法はうまくいって、彼女は自傷行為をやめることができた。でも彼女の体に残った傷痕は、ホアとの情事がいかに彼女を苦悩させていたかを、明白に物語っていた。

ダイアナの部屋を訪れていた時、電話でのホアとの会話を聞くことになった。私は、ホアが「いますぐにでも妻のもとを去る」という約束をしながら、ダイアナに言い訳をし、懇願しているのを耳にした。ダイアナは、しばしば泣き叫び、懇願し、会話は堂々巡りを繰り返した。

一方でホアは、自宅でも妻から責められていた。妻は、夫が皇太子妃と関係を持っていることにすぐ気づいたのだった。ホアはそのことをダイアナに伝え、それが原因でいつも妻と激しい口論をする、と言うのだ。そうなると彼は、何日間もダイアナに電話をかけたり、会ったりすることはできなかった。そして、この状況が、より一層ダイアナの心をかき乱した。次に会った時、たいてい彼女はホアに詰め寄って、どうして、私とずっと一緒にいることができず、いまだに妻と生活しているのか、と泣いて責めるのだった。

つまりホアは、ダイアナと妻の両方から激しく責められていた。結果的には、ホアは自分でこのような事態を招いた愚か者で、そうでなければ皆彼に同情しただろう。ホアには言い訳はできなかった。この事態を自ら招き、自分の手に負えなくなった時、ただなす術もなく、途方に暮れるしかなかった。ダイアナが、人生で出会った多くの男性と同じく、彼も気の弱い男だった。

チャールズと同様に、ホアは自分の妻の感情さえ抑えきれず、またダイアナの精神的要求にも応じられなかった。二人は頻繁に会っていたが、ホアはその約束をすっぽかすことが多くなってきた。ダイアナは、ホアがどこにいるかとあちこち捜し回り、だれかほかの女性、とくに妻と一緒ではないかと考えて狼狽《ろうばい》し、冷静さを失った。

実際に二人が会うとなると、ダイアナはホアに延々と離婚を迫り、彼は耐え切れずにその場を去る、といった状況だった。

最終的には、ホアは限界に達して、妻とダイアナの両方に会うことをやめ、一九九三年の終わりには、夫婦で住んでいたケンジントンの家を離れて、ロンドンのビクトリア駅から道路を挟んですぐの場所にある、自分の店の近くの友人のアパートに移り住んだ。とはいえ、ホアがそこに住んだのは、わずか二カ月ほどだった。経済的実権を握っていたのがホア夫人だったので、結局ホアは家に戻ることになった。

ホア夫妻の和解が、ダイアナとホアとの関係に終わりを告げるものとなった。ホアは、女性をまるで戦利品か記念品のトロフィーのように考えていた。だから、彼にとってダイアナは、手放したくない究極のトロフィーだった。

ダイアナが、このような精神的苦痛、疾風怒濤の状況におかれている頃、彼女の身に危険が迫っていた。メディアが、この事態をかぎつけたのだ。それは、すでに複雑だった状況を、さらに悪化させる結果となった。ホアとダイアナは、付き合いはじめた頃は、ロンドンのナイツブリッジにあるボーションプレイス通りの〝サンロレンツォ〟みたいなレストランで、堂々と一緒に昼食をとりながら会った。レストランのオーナーは、マラという女性で、二人が食事をしたあと、密会するためのアパートを持っていた。また、ダイアナは深夜時々、隣接するマーガレット王女の敷地の庭からケンジントン宮殿に、ホアをこっそり招きいれた。ダイアナを警護するように任命されていた警護官たちは、ホアのことを嫌っていた。ホアが傲慢で思い上がった、自惚れの強い人物と見下していたが、このことには決して立ち入らなかった。皇太子妃のプライベートな生活に干渉するのは、警護官の職務ではなかったからだ。

一方、新聞社には警護官のようなモラルは当然なく、ダイアナがカメラマンを避けようとすればするほど、彼らはダイアナとホアの写真を撮るのに必死になり、まさにつばぜりあいを展開した。やがてホアは、頭から毛布をかぶって、こっそりケンジントン宮殿を出入りするようになった。それは、彼にとって、みっともない馬鹿げたことだった。その頃には、ホアとダイアナの騒動は、ケンジントン宮殿内でも、そこから二〜三マイル離れたホアの自宅でも問題になっており、マスコミの恰好の餌食となっていた。

ホア夫人が、どのようにして夫の不倫を知ったのか、私にはわからないが、密やかに噂されていたことが新聞に派手に載った以上は、嫌でも夫の不品行を知らざるを得ない状況だった。夫人に同情した。彼女にとっては、ただただ不名誉なことだった。ホア夫人は資産家だったから、自分から夫に最終通告を出せただろうし、もしその通告が効果的でなかったら、離婚訴訟を起こすこともできたのだ。いずれにしても、白黒はっきりさせる事態になっただろう。しかし、彼女はそのようなことはしなかった。代わりに、この出来事をすっかり水に流したのだ。私に言わせれば、ホア夫人のこのような態度は、夫の不品行に加担、共謀したも同然に思えた。

また、ダイアナの一連の迷惑電話については、最初に迷惑電話を受けたのはダイアナのほうだった。それは、彼女の携帯電話や宮殿の電話が、真夜中に鳴りだしたことから始まった。受話器をとると電話は切れてしまう、そんな状況だった。「もしもし、どなたでしょうか?」と電話に出ると、一方的に電話は切れた。ダイアナは、この嫌がらせ電話のために、ひどく心のバランスを失っていたので、私は、迷惑電話の被害を受けている、と警察に通報するようにアドバイスした。

ダイアナは、これを拒否し、逆にだれがかけているのかを突きとめる方法はないか、と尋ねてきた。私は、一四七一番［訳註：最後にかかってきた相手の電話番号を知らせてくれるサービス番号］にダイヤルするように言い、彼女はその電話の主を突きとめたのだった。

ダイアナは、非常に憤慨した。その匿名電話はわずか二〜三日のことだったが、これがきっかけで、今度は自分が迷惑電話をかけようと思い立った。彼女は、ホア家に昼夜問わずに、迷惑電話をかけはじめた。時には自分の携帯からもしたが、ほとんどはケンジントン宮殿の近くにある公衆電話からかけた。

ダイアナ自身は、ほんの数回迷惑電話をかけただけだ、と言い張ったが、失意のどん底だったから実際何回かけたかは覚えていなかった。ダイアナは、新しいテクノロジーについてあまり詳しくなかった。私たちは、電話について長々と会話したものだが、私自身が新しい携帯電話を買って初めて、だれかに電話する時に自分の番号を非通知にすることができることを知ったのだった。私は、大急ぎでケンジントン宮殿に行き、ダイアナに、どうやって非通知で電話をかけるのかを教えたが、時すでに遅し、だった。その頃には、ダイアナはすっかりホアに夢中で、彼のことで頭を悩ませていたからだ。ダイアナは、車であちこち運転して回り、ベルグラビアにある彼の店の前に駐車して待ち伏せしたり、また、ある夜は、ホア家の外に車を停め、明かりが消えるまで寝室の窓をずっと見つめていたこともあった。涙を流しながらケンジントン宮殿に戻る前に、またホアに無言電話をかけ、ホアか夫人が電話に出れば切り、すぐにまた電話をかけてはだれかが出れば切る、という行為を繰り返した。ダイアナは、リダイヤルボタンを押し続けた。あまりにも迷惑電話がかかってくるため、夫人はホアにその電話の発信元を突きとめるように警察に連絡するよう指示した。そして警察は、発信元がダイアナの携帯電話や、ケンジントン宮殿近くの公衆電話であることを突きとめたのだった。ダイアナは、自分が告訴される危険にあることを知った。

私が携帯電話の扱いをダイアナに教えたことで、私までが無意識のうちに彼女の共犯者となっていた。私は、確かに不愉快な状況に立たされたのだが、この件に関しては、罪の意識を感じなかった。オリバー・ホアは、私の友人をずっと傷つけてきた。ホアは、すぐにでも離婚するつもりだ、とダイアナに言ったが、それはまったくの嘘だった。ダイアナの気持ちを弄《もてあそ》び、思わせぶりな態度をとり続けたのだ。私は、女性に嘘をつく男性は大嫌いだ。男性が女性に嘘をつく、ということは許されざる罪である。とくに二人がとても親密な関係であればなおさらそうだ。ホアがダイアナにした仕打ちを考えれば、ダイアナがかけた迷惑電話など比較にならない些細なことだ。とはいえ、明らかに、だれもが事態をそのように考えるはずはなかった。ダイアナは、真剣に、すべてを立て直し、身を落ち着かせるべき重大な転機に立たされていた。

それどころか、ダイアナは、自分自身を世間の笑いものにしてしまったのだ。これは、チャールズの仲間たちの思うつぼだった。なかには、ダイアナの精神状態を疑う者までいた。ダイアナは、ただ、自分は恋をしている、と純粋に信じていた一人の女性だった。私は、彼女が自分の気持ちを大げさに話しているのかもしれない、とも考えたが、明らかにダイアナはホアにすっかり心を奪われ、夢中になってしまっていた。事態がその後、どのような波紋を呼ぶかなど、立ちどまって冷静に考えることもなく、感情に押し流され、愚かな行為に及んでしまった女性は、世の中ダイアナだけではないだろう。

しかし、どのような思いも心酔も、やがては冷めていくものだ。ホアが妻のもとに戻ったあと、ダイアナはホアの本心に気がつきはじめた。ホアは、次第に信頼できない男となり、時に彼は精神が不安定になったり、異常に高揚することもあって、ダイアナは彼がドラッグをやっているのではないか、と心配した時期もあった。そして二人の関係に終わりをもたらしたのは、ホアがまた新たな愛人を見つけたのではないかという、ダイアナの疑心が原因だった。

嫉妬心の強いダイアナは、ある日店を出た彼を尾行し、ダイアナの知らない場所に行くのを突きとめた。ホアに直接電話をかけ、別の女性に会っているのではないか、と攻め立てた。ホアは、何も悪いことはしていないと否定したが、ダイアナはその言葉を信じられず「嘘つき」と非難した。そして〝妻と別れる〟約束を守らないことをなじった。それは、ダイアナの言う通り事実だった。

私は、ダイアナに「ほんとうによかった。あなたもやっと事実を論理的に考えられるようになったのね。あんなタイプの男とは、金輪際、恋愛関係になるべきじゃないわ」と言った。

恋愛や情事について、私はダイアナと討論し、お互い率直に意見を述べた。たとえば、私のボーイフレンドが私を落ち込ませるような行為をした時、ダイアナは彼が私にはふさわしくないと言い、そんな男とは付き合わないほうがいいし、いくら私が夢見たところで、彼とは元通りにはならない、と意見を述べた。そして、私の感情がいったん落ち着き、冷静になってみると、ダイアナの意見がまったく正しかったことを知った。

一方、私がダイアナに意見したのは、慰めの言葉ではなく、彼女の置かれている非常に個人的な、感情に左右される複雑な状況を、第三者の立場から語った。ダイアナは「私のことを、まるで自分のことのように真剣に考えてくれる友人を持つことは、大きな助けになる。どんなに受け入れがたい事実であっても、私がそれ以上傷つくことから守ってくれる」と、私が真実を語っていることを認めてくれた。いったん私の考えに同意すると、彼女はゆるがなかった。しかしホアは、ダイアナをあきらめたくなかったので、彼女に電話をかけ続けた。ダイアナは、ホアの声を聞くと、すぐに受話器をガチャンと荒々しく切り、その後電話番号を変更した。

「一度、私の気持ちが〝おしまい〟となれば、もうそれは完全におしまいなのよ」と、ダイアナは言った。

ホアとの情事は、言うまでもなくダイアナの評判を傷つけた。だが幸か不幸か、皇太子夫妻の結婚生活の破綻という事実は、ダイアナを最悪の評判から救い、同情を集めて世論の高まりを招いた。皇太子との結婚生活の大半が不幸であり、その落胆ぶりは数百万という世界中の人びとが認めていたことだった。アンドリュー・モートンの著書『ダイアナ妃の真実』は、ダイアナが直面していた衝動的で胸が痛むような出来事をあからさまにし、その結果、王室の名声と威信は傷つけられた。

ダイアナ妃は、世間で多くの人びとが認める以上に成熟した人格者だった。世間が認めようとしなかった点は、ダイアナも欲求や願望を持ったごく普通の一人の女性だという事実だった。この事実によって、世間はダイアナを〝冷酷無悲な王室の親類縁者たちによって、絶望の淵に追いやられた無実の犠牲者〟とイメージしたが、生身のダイアナはそうではなかった。

三年前の大晦日に、ジェームズ・ギルビーとのプライベートな会話が録音された、いわゆる〝スクイジゲート〟［訳注：ドロドロした内容が録音されたテープの意］が公開されたあと、大衆の反応がいかに変化したかを経験した。

ジェームズ・ギルビーは、ワイン商の息子で、ローマ・カトリックの地位の高い神父、アルフレッド・ギルビーの甥にあたった。その伯父は、ただ一人、ローマ法王からミサの儀式をラテン語で取り仕切ることを許された人物だった。ダイアナとヒューイットの情事が終わった時、彼女の精神的支えとなったのがジェームズ・ギルビーであった。彼は、ダイアナが自分の傷ついた気持ちをモートンの著書で世間に公表すると決意した際に、それを支持した。当時ダイアナは、ウエストロンドンにあるギルビーのフラットに頻繁に出入りしていた。その告白テープは、二人の関係が単なる友だちの関係を超えていることをほのめかしていた。会話中に、多くの性的内容を暗示させるものがあったからだ。

私がダイアナにギルビーとの関係を尋ねたところ、彼女は何も特別な関係はない、ときっぱり断言した。この時のダイアナの反応は、まるでビル・クリントン元大統領がモニカ・ヴィンスキーとの関係を尋ねられたときの反対弁論のように感じられた。クリントンが直面していた苦境と問題には、ダイアナはたいへん強い関心があった。彼女は、クリントンのことを、少しもセクシーとは思わなかったが、彼の肉体ってどうなっているのかしら、と私に訊いたりしたものだった。

ダイアナは、ギルビーとは決して性的関係を持たなかったから純粋な関係だったと否定し続けた。実際にダイアナが一番心配したことは、どのようにそのテープが録音されたか、ということだった。彼女は、王室関係者たちが、自分の名声を傷つけることを望んでいる、と信じていた。たとえば、チャールズ皇太子の取り巻きたち、そしてますますダイアナに強い反感を持ったバッキンガム宮殿の識者（相談役、顧問）たちをあげた。とりわけ、ホアとの関係、そしてダイアナの無言電話の一件などが、批判をいっそう強めることになった。そうして、その後、ウイル・カーリングとの関係が持ち上がったのだった。

ダイアナは、このイングランドのラグビーチームのキャプテンとは、チェルシーのハーバークラブジムで出会った。カーリングは、ダイアナにとっては悩みを打ち明けることができる人物の一人であった。彼のお蔭でダイアナは自分の外見に一層自信を持つことができるようになったのだ。というのも、彼女の肩は貧相で骨ばっていて、ダイアナは自分の体型にまったく自信がなかった。そんなダイアナに、カーリングが特別なウエイトプログラムを課すと、じきに、ダイアナはジャケットに肩パットを入れて大きく見せる必要がなくなった。

ウイリアムとハリーの両王子は、カーリングがスポーツ界の偉大なヒーローの一人なので、当然普通の若者と同じように興奮したし、ダイアナは彼との時間を楽しく過ごした。とにかく、ダイアナにとっては、カーリングとはとても気さくに話ができたということが、大事なポイントだった。

ただ今回だけは、それまでと違って自分が利用されることもなく、反対に相手を利用したのはダイアナのほうだった。彼女は、自分の体のラインをさらに磨きたいと思っていたので、そのためにはカーリングのアドバイスが最高だと信じていた。確かに、彼の指導は抜群だった。何よりダイアナが、自分の体型に初めて満足したのだから。そして、カーリング自身も、皇太子妃のトレーナーであることにたいへん満足していたと私は思う。

しかしながら、ホアと同様、カーリングも既婚者だった。そのため、二人の噂がすぐに広まりはじめた。当初ダイアナは、二人の純粋な友情に厄介な問題はないと噂を否定していた。カーリングも同じだった。不倫関係にあるとささやかれても、何か発言すれば、逆に問題を大きくすることになる、とダイアナは考え、あえて無視した。そのくせダイアナは、噂をおもしろがっていたことも事実だった。

ところが、カーリングの妻ジュリアはそういうわけにいかなかった。一九九五年九月、カーリング夫妻がもうすぐ離婚することが明らかになった時、ジュリアはその責任をダイアナのせいにした。ジュリアは、「結婚生活を守ろうと努力したが、それ以上に私たちの生活を壊そうとする人物がいた。彼女には、同様なことが以前にもあったが、二度とこのような事態を引き起こさぬようにお願いします」と発言。それは、最近あったオリバー・ホアとのスキャンダルを思い起こさせた。カーリング夫妻の結婚生活が破綻すると、マスコミはジュリア・カーリングの味方をした。その年、「サン」誌はダイアナに〝男好き〟というレッテルを貼り、さらに彼女を〝家庭を略奪し、崩壊させる女性〟と表した。またある新聞社は、ウイル・カーリングのことを、〝退屈なお姫さまの単なる戦利品か？〟という見出しで問いかけた。

ダイアナは、依然として冷静沈着で、そのようなマスコミの批判にも動じなかった。彼女は、カーリングの妻ジュリアに対して、少しも後ろめたさを感じていなかった。ダイアナは、もしジュリアがそのような被害意識をずっと持ち続けるのであれば、それはジュリア自身に問題がある、と言った。また、だれかと友人関係にあることは、不倫関係とはまったく違う、と述べた。カーリングは、ダイアナに体型への自信を植えつけた。ただそれだけのことだった。いくら妻が何を考えようとも、ダイアナにとってはその程度の人物だった。

しかしながら、オリバー・ホアとの一件だけでなく、ジュリア・カーリングの発言によって、世間の人びとがダイアナを誤解したのは事実だった。

テレビ番組「パノラマ」で、あの有名なインタビューに答える決意をしたのは、こういった誤解を解き、ふたたび世間を自分の見方につけようとする試みだった。ダイアナは、自分が取り組んでいる慈善事業について考えて欲しかった。そして、マーティン・バシールがこの番組の話を持ちかけた時、彼はダイアナに、まさしく彼女が望んでいる名誉挽回の約束をした。彼は、この番組では、ダイアナが行なっている慈善事業に焦点を絞る、と言った。

ケンジントン宮殿のリビングで、バシールが、ダイアナの人道的な活動によってどんなに素晴らしい番組になるかと詳しく説明していた時、偶然にも私もその場に居合わせていた。ダイアナは、とても興奮しながら、バシールとの打ち合わせから出てきた。自分が金髪のふしだらな男好きと見られずに、一生懸命に慈善事業に取り組んでいる人物として表現されることをとても喜んでいた。その番組を通じて、ダイアナが取り組んできた骨の折れる仕事が、価値あるものとして認められるのだ、と考えていた。「ついに、私の慈善事業が人びとに真剣に受けとめられ、認められるのよ」と言い、私たちは長い時間をかけて、おもにどの慈善事業を取り上げるべきか話し合った。

その後、また私とダイアナはつまらない喧嘩が原因で、二〜三週間連絡を取らなかった。今回の仲たがいは、予約が原因だった。ある朝、彼女は恐ろしく動揺した様子で、私にすぐに会いたいと電話してきた。私は、その日は車椅子を利用している病気の患者の予約が入っていることを説明した。その患者の予約は、かなり前から入っていて、診察に際しての介護スタッフも特別手配し、診察室も特別な部屋を用意していた。

ダイアナには悪いと思ったが、どうすることもできなかった。私は入っている予約を優先させるしかなかったが、ダイアナは非常に腹を立て、私の話を聞こうともしなかった。彼女は、なんでも思い通りになることに慣れていたので、私の立場がわからなかったのだ。私は、ダイアナのそんな振る舞いに慣れていたし、彼女は友人だから、たいして気にしなかった。それから一九九五年一一月に「パノラマ」でダイアナ妃のインタビューが放映されるまで、口をきくことはなかった。

私は、その番組を自宅で見て思った。これは最悪の過ちだ、と。番組の構成は質が悪く、全体的に粗悪だった。

翌朝、ダイアナは私に電話をかけてきた。いつものことだが、仲たがいしても彼女は自分から謝ることはなく、代わりにまるで何事もなかったかのように会話をはじめた。それが彼女のやり方だった。その時も、彼女はまず「おはよう。ご機嫌いかが?」と挨拶し、いま電話で話しても大丈夫かどうか訊いた。それから、彼女が話したかった本題に入った。あの番組を見たかどうかを尋ね、私が見たと答えると、意見を求めた。

私は、率直な意見が聞きたいか、それとも耳障りのいい話が聞きたいか確認した。ダイアナは、率直な意見を欲したので、私は遠慮なく「まったく、馬鹿げたことをしてしまったものだわ」と言った。私はさらに続けて、「あんなに白目ばかり見せると、まるで悪名高い殺人者マイラ・ヒドリー［訳註：イギリスで有名な殺人犯］みたいだし、番組構成もひどいし、自分自身の後悔と哀れみだらけの、じつに安っぽいお粗末な内容だった」と意見した。

こんなことを伝えるのは、私にとっても辛いことだったが、その頃にはお互いいいことばかり言い合うのではなくて、本音で語り合うことこそ友情の基盤だと考えていたので、ダイアナは私の意見を受け入れた。私に新聞を買ってきて欲しいと言い、街の人びとの反応も聞きたがった。私は、スーパーマーケットに出かけて、戻るとすぐにケンジントン宮殿のダイアナに電話した。国民のほとんどがその番組を見ていて、反応はあまりよくなかった。

「あなたの人気が五〇パーセントも落ちたって、知ってた?」

ダイアナは、私がはっきりした性格であることはわかっていたので、この言葉と事実をしっかり受けとめた。私は、すでにやってしまったことは仕方ないから、今後どうするべきか、だれのアドバイスを受け入れるべきかを考えたほうがいいとつけ足した。

私は、バシールに対して、ほんとうに腹が立った。ダイアナ本人が言うように、当時彼女は不倫騒動などで非常に不安定な精神状態だった。そして、バシールを前に、すべてを話してしまったのだ。私は、バシールがダイアナのそういった精神状態につけこんだに違いないと思った。一週間後、すべての事実関係から、ダイアナは状況を把握した。私は、「番組が焦点を当てて、プログラムの中心になるといっていた慈善事業の話題はどうなったの?」と尋ねた。ダイアナは、私を見つめ、後悔と恥ずかしさ、怒りが入り乱れた感情を顔に出した。そして一〇分後、私たちの会話が別の話題に移った時、私に向かってこう言った。「まったく、あなたの言う通りよ」と。

のちにダイアナは、バシールとはずっと非公式に話をしていて、その時に彼から「不倫についてもカメラの前で話してみてはどうかな?」と言われていたことを打ち明けた。もし、私がその場に居合わせていたら、バシールの誘いを断り、最初に同意した慈善事業の話題に終始するよう忠告しただろう。しかし、そのころ私たちは、愚かにも仲たがいしていたのだ。結果ダイアナは、バシールの提案通り、カメラの前ですべてを包み隠さず話すことを承諾し、インタビューでヒューイットとの不倫を認め、チャールズ皇太子のことにも触れてしまい、彼の国王継承への能力を疑問視する事態を招いてしまった。

その晩、用意周到に準備されていたような、ダイアナのインタビューをテレビで見た多くの国民は、これは意図的に計画されたイギリス王室に対する非難、攻撃に違いないと思った。最終的には、ダイアナはこのインタビューのすべてを悔やんだ。過去を清算して、未来のために心機一転して新しいスタートを切ろうとした、まさにその時、この番組によってダイアナの私生活は公衆の面前に赤裸々にさらされたのだった。

6……最愛の息子たち

ダイアナは、母親としての役割をとても真剣に考えていた。ウイリアム王子とハリー王子の体調が悪かったり、悲しんでいるときには、彼らを安心させ元気づけていたし、恵まれない人びとに気遣うことの大切さを繰り返し教えていた。そして、性について、最初に話をしたのも、チャールズではなくダイアナだった。

もちろん、彼らが成長する過程において、問題がまったくなかったわけではなかった。どんな親でも子育てに苦労するように、二人のやんちゃな少年の世話は、時には頭に血が上ることもあったようだ。

実際、ある時、ウイリアム王子がかなり怒って、母親のダイアナを突き飛ばすこともあった。有名な母親をもつ息子、というプレッシャーがあったのだ。でも、このような出来事はまだ序の口だった。

ダイアナは私にいつも、ウイリアムとハリーの両王子がいかに普通の子どもたちと同じような少年時代を楽しめるかということに、どれほど母親として決意し意志を強く持っているかを話した。「二人には、父チャールズが経験したような苦しみを味わわせたくないの。少年時代の経験によって、チャールズがどんな人間になってしまったか、あなたにはわかるでしょう」と述べた。

しかし、ダイアナがどんなに努力しても、いつも現実とのジレンマに悩まされていた。二人の王子が、王室の取り巻きに囲まれている時は、決して〝普通〟扱いされなかったからだ。二人は事実、裕福であり、特権と称号を与えられており、ウイリアム王子の場合は国王となるべくして生まれてきたのだから、生まれつき〝普通〟ではあり得なかった。

単に子どもたちとの楽しい時間をともにするというよりも、王室の伝統に従って礼儀作法を重視して育てるべきだ、というチャールズの考えには、果たしてチャールズ本人が納得していたかどうか疑問だった。いま考えると、ダイアナは正しかった。ハリー王子が犯した失敗は、思いがけない落とし穴のようなものだった。ハリーは辛い経験をしたが、価値ある人生のレッスンを受けたのだ。善悪というものは、いかに人を傷つけずにすむか、そしていかに自分の行動に責任を持つか、という経験を通して初めて学べるものだ。これは、私とダイアナが長時間にわたり論議したことで、こうした経験が人格の成長を促すという意見の一致をみた。

ダイアナは、一番いい子育てを自分なりに考えていた。子どもたちを〝マイボーイズ〟(私の息子たち)と呼んで、チャールズが受けたような無慈悲で模範と規律で束縛された育児には猛反対だった。というのも、チャールズが感情を率直に表わせない原因は彼の育ちにあると思っていたからだ。ダイアナは、とにかく息子たちには、王室の外で同年代のほかの子どもたちと同じような生活を楽しんでもらいたかった。

ロイヤル・ファミリーのあつれきはあったにしても、ダイアナは見事に自分の意見を通し、息子たちが王室の制約から、比較的解放されるような生活ができるようにした。チャールズ皇太子は、息子たちを俗世間から隔離して、いわゆる象牙の塔の伝統ある王室の制約にのっとった暮らしを希望した。それはエリザベス女王の希望でもあった。女王は、自分が過ごしたエドワード朝と現代が同じであるかのように振る舞うのが好きだったが、言うまでもなく、この教育方針は時代遅れだった。

ハリー王子が、ほかの多くの若者たちと同じように出来心でドラッグを試した時、新聞は一面で報じた。また、ナチの腕章をつけてパーティに参加したことによる騒ぎもあった。これらは愚かで無神経な行動だったが、もし彼が王子でなければ、ここまで書きたてられることはなかったはずだ。少年というのは、たいてい馬鹿げたことをするものだ。しかし、彼は王子であり、当然ながら、世間の注目を浴びてしまうこととなった。

ハリー王子が友人の誕生日パーティで、ナチスドイツのアフリカ軍団を率いたロンメル陸軍元帥の軍服で現われた時も、彼に悪意はなかったと思われる。ハリー王子はウイリアム同様、ダイアナの子で、母親がそうであるように、人の気持ちをわざと傷つけることは決してなかった。二人は、ダイアナのよい性質をたくさん受け継ぎ、他人への思いやりに満ちていた。これは、ダイアナが彼らに伝えたもので、二人の王子はほんとうに魅力的な好青年だと、私は思っている。

ダイアナは、息子たちに向けられる世間からの批判や非難をつねに覚悟していて、準備は万端だった。息子たちには「他人がなんと言おうが、自分たちが愛され、望まれているということがわかっていれば、関係ないのよ」と伝えていた。その言葉通り、二人は、多くの人びとから愛され、望まれていた。

私が、ハリー王子に初めて会ったのは、ちょうど彼の体調が悪く、ラドグローブの私立小学校を早退してケンジントン宮殿に戻った日のことだった。ハリーは当時十歳で、ダイアナの膝に乗って、首に両腕を巻きつけ、肩に頭を心地よさそうにのせて、親指をしゃぶっていた。

挨拶すると、ハリー王子は、ウイリアム王子と一緒ではなく、こうして一人でママといるのがすごく好きなんだ、と話してくれた。それは、母親を独り占めできるという理由からだった。体調はよくなかったが、ハリー王子は、私が何をしているのか、などたくさんの質問をしてきた。そんなところは、ダイアナとよく似ていた。

帰宅後、ダイアナは電話をかけてきて、ハリーがいかに観察力を持っているかをうれしそうに話した。というのも、ハリーはダイアナに教えられたわけでもないのに、私が猫やキャンドル、水晶といったものが好きだろうと言ったというのだ。それは、確かであったが、たぶんある程度ダイアナがヒントを与えたのだろうと感じたが、彼女はハリーの能力に大喜びだった。ハリーは、ほんとうに愛らしく、勇敢でスポーツが得意な少年だった。でも、医者にかかるまでは、読み書きが困難な失語症に悩まされていた。彼自身、それをとても恥ずかしく思っていたので、ダイアナも気がかりではあったが、ハリーに自信をつけさせるようあらゆる努力をしていた。

一方、ウイリアム王子に関しては、ダイアナは、こういった心配とは無縁で、ウイリアムはイートン校に合格するほど十分賢い少年だった。この有名校は、高い教育水準を誇っており、入試でウイリアム王子が非常に優秀な成績を修めたことをダイアナは誇りに思っていた。彼女は、母親らしい喜びを体いっぱいに表現し、「彼はほんとうによくやったわ。素晴らしいでしょう」と、私に語った。

しかし、ウイリアム王子は、ダイアナがそんなふうに息子のことで熱くなると、母親をからかった。ハリー王子も同じだった。二人にはユーモアのセンスがあって、人をからかうのが好きだった。とくにウイリアム王子はチャールズ皇太子の声色を真似るのが得意で、だれかに電話してはおもしろがっていた。私も一度このいたずらに引っかかったことがあった。

ある日、ウイリアム王子は自宅から私に電話をかけると、まるでコメディアンのように、チャールズ皇太子の真似をして、早口で「いったい、私の妻とはどのようにして知り合ったのだ？・」と詰問をはじめた。

当時、ウイリアム王子は私のことをすでによく知っており、私の仕事や身に起こっていることを知った上で質問してきたので、私はかなりうろたえてしまった。最初、電話をしてきたのは、患者の夫だと思い込んで応対していたのだが、彼が「チャールズだ」と言った時には、ほんとうにびっくりした。「どういうことなの？・なぜ、皇太子が私のところに電話してくるの？・」と。

その瞬間、ウイリアム王子は耐え切れず急に笑いだし、その背後でクスクス笑っているダイアナの声が聞こえた。とにかく似ているので、だれでも目をつぶって聞けば、チャールズ皇太子が話す時に、横に引き締められる口もとや顎の様子をも容易に想像できた。最初、事態がよく呑み込めなかったのは、私がチャールズ皇太子の声をはっきり知らなかったからだ。そのため状況に気づくのが少々遅れたのだった。

ほかにもかなり多くの人びとが、ウイリアム王子にしてやられたものだ。彼は、実際ほんとうにうまく人をからかった。おそらく、ダイアナが始終携帯電話で話している影響か、彼も少々電話中毒気味だった。私との最初の会話も電話だったが、彼は一日中でも電話で話せるほど電話魔だったと思われる。

ある日、私がダイアナに電話をかけると、たまたまウイリアム王子が受話器を取り、「どなたですか？・」と尋ねた。私も「どちら様でしょうか？・」と聞き返したら、「ぼくはウイリアムです。母とお話がしたいのですか?」と訊くので、「はい」と答えると、「母は留守です」と言った。普通なら会話はそれで終わるものだが、ウイリアム王子は電話を切りたがらなかった。彼は私の名前を尋ねると、どのようにして母と知り合ったのか、どこに住んでいるのか、なぜ犬ではなく猫が好きなのか、子どもがいるのかどうか、未婚か既婚か、どうして結婚しないのか、何が原因なのか、私の両親のこと、そして私の父母はまだ一緒にいるのかなど、とにかく質問攻めにしてきた。

私に霊能者か霊媒師か、と尋ねるので、「私は霊媒師ではなく、人の悩みを癒したり、治療したりする仕事をしているが、普通の人にはわからないことも察知できる」と説明した。それを聞くと、ウイリアム王子はかなり興奮して自分の将来について聞きたがった。「あなたのような年齢で、未来や将来について心配する必要はまったくない。あなたは若すぎる」と説明したが、彼は、「そんなことはない」と納得しなかった。

私たちは、その後四〇分ほど会話したが、彼のような年代の若者から、これほど矢継ぎ早に質問されたのは、不思議な経験だった。そして私の忠告にもかかわらず、彼は自分の未来について真剣に聞きたがった。

ウイリアム王子本人は、将来王になることにはまったく興味がなかったようだが、ダイアナは彼が将来素晴らしい国王になるだろうと考えていた。彼はむしろ、国王という地位を恐れていたのだ。彼はふたご座で、この星座の人物は雄弁で、好奇心、探究心に満ちているが、若い時期にいかに退屈することなく、興味の焦点を絞り、集中するかを学ぶことが重要だ。ダイアナが、ウイリアム王子について星占いをした結果、彼のホロスコープ上におけるしし座の配置から、特別な地位をもつ星のもとに生まれ、偉業を達成する運命が授けられている、と出た。私は、子どもには将来や運勢を従前に知らせるべきではない、という考えで、それはダイアナも同じだった。彼女は息子の運命を聞いて初めは喜んでいたが、ウイリアム王子が、ダイアナの慕う霊媒師リタ・ロジャースに自分で直接電話をし、占いを頼んでいることを知ると、不快に感じた。でも彼女は、ウイリアム王子に占いをやめるようには言わなかった。なぜなら、彼のその性格は、ダイアナから受け継いだものだったからだ。

ウイリアム王子は、大人が恥ずかしい思いをすることがあるほど、聡明な青年だった。ごく普通の十代の青年ではなく、いつも年齢より大人びた印象を感じさせた。そのため、ダイアナはウイリアムにとても率直に接した。「私は、息子たちに隠し事はしないの」というダイアナの態度によって、彼らは実年齢以上の知恵を身につけたのだろう。

ダイアナは、二人の王子を必ず慈善事業に伴った。王子たちを連れてホスピスに行き、エイズ患者と会わせることで、一緒にいるだけでは感染しないことを体験させた。ダイアナは、息子たちとは別世界の、いわば正反対の人びとのいる世界があるのだと教えることの重要性を感じていたので、二人をホームレスの人びとに会わせたり、衣類や食料品の寄付にも彼らを同行させた。こういった行動は、ウイリアム王子とハリー王子に、ロイヤル・ファミリーとしての自覚を植えつけていった。

こうした不運な人びとの中には、過去から逃れるために、自らいまの生活を選択した人がいるのだとダイアナが教えると、二人の王子、とくにウイリアム王子は非常にショックを受けた。なぜそんなことになったのか、何が彼らを路上生活に追いやったのかということを、彼は知りたがった。この経験は彼にとても大きな影響を与え、ＢＢＣが一九九七年に行なった王室に関する討論会において、ウイリアム王子は「宮殿を売却して得たお金で、ホームレスのための住宅を建設したり、あるいは宮殿を家のない人に解放してはどうか」と、とても快活で雄弁に意見を述べた。

ちょうどその頃、ダイアナは有料割り増し料金の電話を利用していたので、ウイリアムは母親に「高い電話代にお金を無駄にするくらいなら、ぼくにお金を渡して欲しい。ぼくならもっと有益にお金が使えると思うんだけど」と言うのだった。

じつは、ダイアナがかけていた電話というのは、息子たちが受け継ぐ制度についての反対投票の電話だった。彼女は、君主制廃止の票を増やすために、電話のリダイヤルボタンを押し続けていたのだ。ダイアナは、将来の王を息子に持つ、皇太子妃の立場にいながら、個人的にこの制度に確固たる反対意見を持っていた。私とダイアナは、ウイリアム王子の将来について、多くを語り合った。私は、彼がとても創造性に富んでいるので、芸術方面がよいのではと示唆したが、ダイアナはきっぱり否定し、ビジネスの分野で生計を立てるべきだ、と明言した。彼女は、ウイリアム王子が世界中で最も裕福な男性の一人になると運命づけられていることを理解していないのか、将来の〝生計を立てる〟ことにこだわった。

時には、二人の王子に摩擦が生じた。いつも何かと競い合っていたが、その競争は皇太后によってさらに激化した。皇太后は、長男ウイリアム王子には惜しげもなく愛情を注ぐ一方で、弟のハリー王子を気遣うことはほとんどなかったからだ。ハリー王子が、なかなか自信を持てなかったのは、こういったことにも起因していた。そのため、ダイアナは、ハリー王子にたくさんの愛情をもって接することに努力した。

二人の王子は、心からダイアナを慕い、崇拝していて、友人が〝母親がダイアナ妃〟であることをうらやましがるのを喜んだ。母親たちの中には垢抜《あかぬ》けない人もいたが、ダイアナはとても魅力的な美人で、彼らの自慢だった。ダイアナは、ウイリアム王子に、女の子とキスをした経験があるか、とか、それはどんなふうだったか、など質問して彼を狼狽させたりした。とにかく、ダイアナは息子のすべて、とくに異性とのことをとても知りたがった。

王子たちが幼い頃は、彼らの愛情はすべてダイアナに向けられていた。ある時、ウイリアム王子が「もしなんでも自由にできるなら、ぼくはママと結婚するんだ」と言うと、ハリー王子が「違う。ママはぼくと結婚するんだ」と言って二人が言い争ったことがあったと、ダイアナは教えてくれた。結局、ウイリアム王子が、「ぼくら二人のうち一人だけが自由にできるんだ。それは長男のぼくの権利だ。なんたってぼくは未来の国王なんだから。だから、ぼくが決めるんだ」と言い張って争いは終わったとのことだった。

ウイリアム王子がもう少し成長すると、ダイアナが実際に会った映画女優について興味を示し、「彼女たちはスクリーンで見るように、ほんとうにきれいなの?」と質問したり、サインをねだることもあった。彼は、モデルのシンディ・クロフォードに夢中で、ケンジントン宮殿の自分のベッドに彼女のポスターを飾っていた。ダイアナは、息子の熱狂ぶりを見て、シンディ・クロフォードを宮殿のお茶会に誘ったが、実際本人を前にすると、ウイリアム王子はすっかりあがってしまい、真っ赤になってほとんど何も話せなかった。

また、ダイアナが彼のベッドの下に、女性のヌード雑誌が隠してあるのを見つけた時も、ウイリアム王子は狼狽した。ダイアナは、わざと怒ったふりをして、「こういった雑誌の隠し場所に、ベッドの下を選ぶとは賢くないわねえ」と言ったという。しかし、ダイアナは、この事実をひそかに喜んでいて、私には「うれしいことに、王室のほかの殿方と違って、普通の血の通った少年だわ」

と言った。

息子たちに性に関することを教えることは、ダイアナにとって大きな不安だった。話題をどう切りだすのがいいのか、と訊いてきたが、私にもわからなかった。私の場合、そういったことは学校の友だちから学んだものだったが、彼らにはそういうことはないだろうから。そして、彼らが年齢のわりに、そういったことをあまり知らないということがわかって、私は驚いた。ダイアナの努力にもかかわらず、やはり彼らは特別な世界に住んでいたのだ。チャールズ皇太子は、こうした話題を避けていたので、結局、ダイアナが彼らに説明することになったが、それはいい結果となった。

ダイアナは、息子たちに率直に話をはじめた。「いまから赤ちゃんがどこから生まれてくるか、説明するわね」と。ウイリアム王子は、とても冷静に受けとめて、ダイアナにいろいろ質問したが、ハリー王子は、事実を知ってかなりショックを受けたようだった。

ダイアナは、とにかく〝愛情〟の大切さをわからせることに努力した。一人の男性が、ある女性と出会い、愛し合った結果、子どもが生まれるのだ、と説明した。また、時には、人は愛情なく関係を持ち、望まぬ子どもを持ったり、最悪の結果では、あまりにも若い年齢で子どもを持ってしまって、精神的に母親になりきれずにアルコールや中毒や薬物の毒になるケースもあると説明した。ダイアナは、児童心理学の本を読んでいたので、性行為が単なる遊びではなく、責任を伴うものだと教えるには、倫理や道徳的責任を重点的に説明することが大切だとわかっていた。

とても扱いにくい話題ではあったが、ダイアナはうまく役割を果たした。「良識の問題よ」と、ダイアナは言った。彼女が、とくに心配していたのは、ダイアナとチャールズとの確執が、息子たちの結婚観を傷つけやしないか、ということだった。彼女は、それはとても心配して、自分はいまでもチャールズ皇太子を愛しているし、彼もまた同じだが、彼は愛情表現がうまくなくて苦悩している、と一生懸命説明した。

そうはいっても、ウイリアム王子は、それを信じられない時期があった。イートン校に入学した頃、ダイアナはラグビー選手のウイル・カーリングとの関係でマスコミに追われていた。そして、あの最悪の番組「パノラマ」のインタビューは、ウイリアム王子をひどく落ち込ませたのだった。彼は、家に戻ってくると、かんかんに怒って、母親といっさい口を利かなかった。ダイアナが、無断であんな番組のインタビューに応じたということ、父チャールズを悪く言ったこと、またヒューイットについて話したことにも怒っていた。そして、テレビ番組ですべてを赤裸々に告白し、それが放映されたことに嫌悪を感じていた。友人たちにからかわれるのは目に見えていたし、実際、彼は笑いものになってしまった。その番組によって、母親だけでなく、自分までもが世間の笑いものになったと感じたのだった。

とにかく、ウイリアム王子は、ダイアナに対してとても憤慨し、とうとう泣き叫びはじめた。ダイアナはすぐに抱きしめようとしたが、彼は思いっきり払いのけた。

翌朝、ウイリアム王子はダイアナの寝室にやって来て、花束を差し出した。しかし、ダイアナは、ウイリアムはあの番組の一件を一生許さないだろうと感じていた。それからというもの、ダイアナの顔には絶望感が漂っていた。その後も絶えず、「なんてことをしてしまったの。もう息子との関係は修復できないの?」と、私に尋ね続けた。

ダイアナは、息子たちのことを、何より気にかけていた。そこで、今後はウイリアム王子に、現在何が起こっていて、何が起ころうとしているかを、なんでも話すことを約束した。そして、ダイアナの惜しみなく与える愛あるキスや抱擁の助けも借りて、彼の怒りはおさまっていった。

でも残念ながら、両王子が心から望んでいた〝幸福で、精神的にも結ばれた家族〟の実現を果たすことはできなかった。一九九五年、ダイアナが、息子たちにどんなクリスマスプレゼントが欲しいかと尋ねると、二人はそろって、「パパとママが昔のように仲よくしてくれること」と言った。それはまさしくダイアナ自身も望んでいたことだっただけに、その言葉を息子たちから聞くと、彼女は号泣した。

7……離婚

ダイアナは、一度もチャールズと本気で別れたいとは思ったことはなく、皇太子との関係がまさか離婚という形で終わるとは思っていなかった。

一九九五年一二月一八日、女王陛下からの手紙を受け取ると、ダイアナは衝撃のあまり呆然とした。それには、「国家の最善の利益のために、……。早期の離婚が望ましい」とあった。

ダイアナは、この手紙を命令と受け取り、じつにひどい扱いだと思った。彼女の悲しみは、肉体的苦痛と言ってもいいほどだった。朝、ダイアナは、その手紙を受け取ると、私に電話をかけてきて、「どんな人物であろうとも、こんなことを人に命令する権利はないはずよ。こういうことは、当人同士に任せるべきでしょ！」と、涙ながらに繰り返し訴えた。

私は、すぐにケンジントン宮殿に向かった。ダイアナは、その日いくつかの予定があったが、それらをこなせる状態ではなかった。あまりにも動揺がひどかったからだ。私たちは、ハーブティーをいれ、話をするためにダイアナの小さなリビングルームへ行った。

ダイアナは、彼女が言う〝このような災難〟が、なぜ突然自分に降りかかったのか理解できなかった。というのも、ここ数カ月もの間、ダイアナが占い師に将来のことを尋ねると、彼らは皆「結婚は持ち直す」と言っていて、それをすっかり信じていたからだった。「こんなことが起こるはずないわ。彼らは、私とチャールズはよりが戻ると言ったのよ」と、ダイアナは何度も繰り返した。

私は、最初から占い師を信じてはいけない、と忠告してきた。自分の人生で起きることに責任をとるのは、自分自身なのだ、と。ダイアナが私にチャールズとのことで相談してきた時、もはや二人の間の溝は深く、ダメージを修復することは難しい、と言い続けてきた。でもダイアナは、それをまだ受け入れたくなかった。ダイアナは、いわば〝占い中毒〟になっていた。占い師が告げるすべてを真実と思い込み、結果、その占い師に自分の行動を任せてしまっていたのだ。そして彼らの予言が外れると、ダイアナはひどく動揺した。

期待するように言われていた未来を突然奪われたダイアナは、否認という態度に出た。女王陛下からの手紙を持っていながら、それを無視しておいて、最後には救ってもらおうとしていた。

ダイアナが、もし一歩下がって、自分の置かれている状況を把握できていたなら、いざしらず、すべては修復不可能であり、たとえ占い師が何を言ったとしても、この事実は変えられなかった。正式にチャールズと別居して、三年と三日が経っていた。ダイアナは、それを何時間何分という具合に数えていた。和解の可能性があると言われながらも、今日まで何一つ変わらなかったのだ。むしろ、二人の関係はさらに疎遠となり、二人の違いがはっきりとしてしまっていた。

そのうえ、一触即発の大きな騒動がティギー・レッジバークに関して起こった。ティギーは、別居後、ウイリアム王子とハリー王子の世話役としてチャールズに雇われた女性で、以前アン王女の侍女だった人物の娘だった。ティギーは、陽気でにぎやかな明朗快活な性格で、ユーモアのセンスも抜群だったため、王子たちともすぐ仲よくなれた。両王子は父親と平日過ごし、週末はダイアナと過ごしていたが、たぶんチャールズとティギーがとても仲がよく、寝室にも出入りしている、ということをダイアナに告げたのであろう。王子たちに、まったく悪意はなかった。ダイアナが出ていくと、チャールズは以前ほど神経質ではなくなり、ハイグローヴ邸での家事にも、あまりうるさく言わなくなった。それをダイアナは、チャールズとティギーが不倫関係だからだ、と受け取ったのだった。すでに漂っていた悪意に満ちた雰囲気をさらに悪化させることになってしまった。

「二人が何をしているのか、わかっているわよ」。ダイアナはそう言って、朝刊に載ったティギーの写真を指した。ティギーが、ダイヤモンドで作られたプリンス・オブ・ウエールズの紋章入りのブローチをつけている写真だった。「これがどうかしたの？」と私が訊くと、ダイアナは「チャールズは、そんなに気前のいい人じゃないわ。知っているでしょ、シモーヌ。彼は自分の恋人にしか、こんなダイヤモンドのブローチはあげないわ。いつだって二人の女性が必要な人なんだわ」と、怒りで体を震わせ、上気した顔で言った。その日の彼女は、外出用の濃紺のピンストライプ柄のスーツをスマートに着こなしていたが、とてもエレガントな雰囲気ではなかった。

　私は、ティギーを知らなかったし、どんな人か見当もつかなかったから、できることといえば、ダイアナの話を聞くことだけだった。ダイアナとは朝から午後三時まで一緒にいたが、ティギーについての終わりのない話に付き合いながらも、ダイアナを落ち着かせようと無駄な努力をした。ある時は、ダイアナは絶望のあまり、ルーン文字が刻まれた占いの石を取り出してカーペットに投げつけ、「チャールズはティギーと不倫関係なの？」とその石に向かって尋ねた。しかし、石はわけのわからない答えを示しただけだった。

　もっともダイアナを怒らせたのは、ティギーと王子たちとの関係だった。ティギーが王子たちを〝マイベイビー〟と呼んでいる、という記事を読んだダイアナは、われを忘れるほど怒り狂った。ひどい言葉をまくし立て、怒り心頭で喋りまくった。

「あの子たちは、私の子どもよ。ティギーの子じゃないわ。彼女にあの子たちのことを、私のベイビーなんて呼ぶ権利はないわ」と。

チャールズとダイアナの間に割り込んだうえに、母親の地位さえも奪ったことで、ダイアナはティギーを心底嫌った。いまにも激突しそうだった。そしてそれは、とうとう、皇太子夫妻の別居とは関係なく、毎年スタッフのために開催されるクリスマス・パーティ会場、ロンドンのハイドパークコーナーにあるザ・レーンズボロ・ホテルで起こった。ダイアナが女王陛下から手紙を受け取る四日前、一二月一四日のことだった。

私には、何が起こるかわかっていた。なぜなら、その数日前に、ダイアナは自分が突きとめたことを私に知らせるために、ケンジントン宮殿に呼んでいたからだ。ダイアナは、私の都合も考えず、朝九時に電話してきて、「お願い、すぐ来てちょうだい。あなたに話があるの」と言った。「そんなの無理よ。いまから起きて、紅茶を飲んで、お風呂に入らなければならないのよ」。するとダイアナが「ここにあなたの紅茶をすべて用意するわ」と言うので、「じゃあ、お風呂は?」「お風呂もここで入ればいいわ」と。でも、私は断った。

ダイアナは、とても自由奔放な性格で、話をするためなら自分がバスタブで入浴している時でも、私をよくバスルームに呼んだ。噂話やおしゃべりに夢中になると、会話が途切れないように、トイレにさえ私について来て、と頼むほどだった。彼女は平気だったかもしれないが、私は絶対に嫌だった。お風呂に入りながら話をしたいとは思わなかった。

一時間後、ケンジントン宮殿に到着すると、ダイアナは電話の時よりもさらに張り詰めている様子だった。私にしつこいくらい紅茶をすすめ、リビングの床に座ると、私たちは大きなかわいいカバのぬいぐるみにもたれた。

「ティギーのことで話があるの。彼女は、私の人生をぶち壊して、私から王子たちを引き離そうとしているのよ」と、ダイアナは言った。私はなんとか彼女を説得しようとして、「ティギーがチャールズと関係を持ったとしても、何が悪いの。王子たちは、チャールズの子どもではあるけど、ティギーの子じゃないし」と。

それでも彼女の怒りは、収まらなかった。ダイアナは、「あなたの王室の恋人は、いまだれかと関係があるわ」とカミラに密告するつもりだ、と言った。それは、女性としての優しい助言ではなく、パーカー・ボウルズ夫人であるカミラを傷つけるためだった。私は、とにかく焦っては駄目だと注意し、真実かどうかわかるまでは何を言っても無駄だ、と言い聞かせた。するとダイアナは、ティギーがチャールズの子を身ごもっていた、と言うのだ。ダイアナはすでに、このことを大勢の人に話し、自分の仕掛けたいたずらを喜び、ティギーが自分を傷つけただけ、彼女を傷つけようとしていた。そして、それがその年のクリスマス・パーティの席で起きたのだ。ダイアナは、ティギーのところへ向かい、こう言い放った。

「赤ちゃん、ほんとうに残念だったこと」

ダイアナは、ティギーがチャールズの子を堕したということを、ほのめかしたのだった。

ティギーは、当たり前のことだが、たいへん動揺し憤慨した。彼女は弁護士を通じて、正式な謝罪を求める書状をロバート・フェローズに送った。フェローズは、女王陛下の秘書で、ダイアナの義兄でもあった。書状は、女王陛下の手紙と一緒にダイアナに届けられたが、ダイアナは無視した。自分のしたことに完全な勝利感を覚えたからだった。

「信じて。私の言っていることは、間違ってなんかないわ」

ダイアナは、優秀な探偵だった。常に、自分が知りたいことを突きとめることに、労を惜しまなかった。でも今回は明らかにやりすぎだった。そうやって自分をさらなる窮地に追い込んでしまったのだ。ダイアナは、自分の感情におもむくまま推測し、それを真実だと思い込んでしまった。ダイアナがチャールズと別居していること、そしてダイアナ自身も恋人をつくったことを指摘しても無駄だった。

ダイアナはまったく聞く耳を持たず、自分が恋人をつくったのは、カミラと不倫しているチャールズへの復讐だ、というのが彼女の主張だった。ダイアナはもちろん、私にもわかっていた。ダイアナにはすべてを包みこむような愛情が必要であり、それは彼女にとって食べ物や水のようになくてはならないものだった。そして、チャールズから与えられる以上を、彼女は欲したのだった。

ダイアナが必要としていた精神的な支えを、チャールズが与えられないからといって、ダイアナがそれをほかに求めていいという話ではない。チャールズは、不貞に対して時代遅れで男性優位な考えを持っており、自分がしたいことをするのはよしとして、ダイアナは家にいて従順な妻を演じるべきだと考えた。一方、ダイアナは、それに従うつもりはなかった。ダイアナは、当然、チャールズが主張している自由と同じだけ、自分も自由を享受する資格がある、と思っていると私は感じた。しかし、ダイアナが実際に行動に移せば、それはチャールズに、カミラと過ごす時間をさらに増やす機会と口実を与えるだけだった。

こうした事実が、ダイアナをさらに混乱させていた。ダイアナは、感情的に間違った方法を選んで、混乱状態のなかで自分を責めはじめた。私はそれまで、彼女ほど反省ばかりしている人を知らなかった。ダイアナ自身、自分の感情をコントロールすることができていたならば、すべてうまくいったに違いないし、もし結婚した時、もう少し大人になっていたならば、結婚によって明らかになった問題にも、もっとうまく対処できたに違いない、と言い続けた。さらにダイアナは、自分の子ども時代のしつけられ方や母親に原因があると言って、自分を責めた。

とりわけ彼女が何度も繰り返し口にしたのは、もし自分がもっと痩せていたら、チャールズはもっと自分に魅力を感じ、何もかもうまくいったに違いない、ということだった。これが、ダイアナが大人になってからも、ずっと苦しんでいた過食症のことであり、亡くなる一年ほど前までずっとこの過食症からは逃れることができなかった。彼女は、どんなに運動しても、食事に気をつけても、素晴らしいプロポーションを維持していても、鏡に映る自分を見ては太っていると感じていた。彼女にとって太っていることは、醜いことだった。だから、自分がもっと痩せていて、彼女の言うもっと〝魅力的〟であったならば、チャールズは不倫に走らなかった、とダイアナは本気で思っていた。私がどんなに、そんなことは絶対ない、と言っても聞かなかった。

どんな未来が待ち受けているかを知るための占いの石なのに、ダイアナはその意味を読み間違えてしまっていた。占いの文字は、ダイアナに道を示すだけだ。結局、すでに難しい状況をさらに悪化させたのは、ダイアナ自身の行動だった。ダイアナは、「パノラマ」（BBCの特別番組）のインタビューで、どれほどひどい扱いを受けてきたか世間に公表することで、どうにかしてチャールズと復縁できるのではないかと考えたのだった。

ダイアナは、いいように踊らされていた。マーティン・バシールは、ダイアナへのインタビューというチャンスを得て、それに全力を注いだ。バシールは、ダイアナをおだて、皇太子妃が話してもいいこと以上のことを口にさせた。ダイアナが親善大使や〝人びとの心の女王〟になりたい、と言ったのは、慈善事業を通じて世界中の人びとを助けるチャンスを与えてもらえるのであれば、という意味合いだった。それなのに、多くの人びとには、憲法で定められている、まぎれもない女王陛下に帰属する権利をダイアナが主張したかのように受け取られたのだった。

女王陛下は、明らかにダイアナの常軌を逸した行動に我慢できなくなり、ダイアナの言動は王室にとって害になると感じたのだ。私は、女王陛下の立場になって、私の思いをダイアナに述べた。つまり、インタビューはまぎれもなく失敗だった、と。ところがダイアナは、自分で引き起こしたこの舌禍についてまったく理解していなかった。だからこそ、義母からの離婚勧告の手紙を受け取って驚いたのだった。

ダイアナの気分は、怒りと絶望の繰り返しだった。

「まず私に話す前に、政府と英国国教会に相談するなんて、陛下はよくそんなことができたわね！私の気持ちはどうなるの？　これは〝私〟の結婚であって、他人には関係ないことよ！　王室なんてどうでもいい。〝私の家族〟と〝私〟の息子たちはどうなるの？」と、叫び続けたかと思えば、急に落ち込んで「これで終わりよね。私の結婚を立て直す最後のチャンスが奪われたわ」と、力なくつぶやき、突然泣きだすのだった。ダイアナは、ウインザー城にいる女王陛下に電話をかけて、長時間話をした。ダイアナは、こんな事態になっても、まだ自分はチャールズとよりを戻したいと願い、それはウイリアム王子とハリー王子のためであり、まだ夫を愛しているからだ、と伝えた。真剣にやり直したいのだ、と。これは、ダイアナにとっても、義理の娘の苦境に同情する女王陛下にとっても、つらい不幸な状況だった。そして意外なことに、その後チャールズがダイアナに送った手紙を見ると、チャールズにとっても非常に辛いことのようだった。その手紙は、後悔と思いやりの言葉にあふれたもので、彼にとってこの状況がいかに惨めで悲しいものであるかが書かれていた。その頃すでにお互いに話すことはほとんどなかったが、女王陛下からの離婚命令は、二人にとって衝撃だった。ダイアナは私に、チャールズのミミズのような読みにくい字で書かれた手紙を見せてくれた。文面から、ダイアナと同様、チャールズも離婚命令に完全に打ちのめされ、結婚の終焉に打ちひしがれていることが感じとれた。

この手紙が、チャールズからダイアナへの最後の愛情ある言葉となった。離婚交渉が本格的に始まり、弁護士が加わると、たいていそうであるように、ふたたび激しい泥仕合となった。一九九六年初めには、事態はさらに険悪になっていた。ダイアナは、ケンジントン宮殿に届けられた棚一段分もある法律書類を受け取ってショックを受けた。その朝、私に電話してきたダイアナは、ヒステリーを起こしていた。

ダイアナの弁護士、アンソニー・ジュリアスの事務所から送られてきたばかりの書類は、全部で二冊あって、一冊は四インチ（約八センチメートル）ほどの厚みがあった。私が到着した時には、ダイアナは明らかに書類のすべてに目を通していた。なぜなら、どこのページを開けばいいかを心得ていたからだ。ダイアナは、該当箇所を指差して、「ここを見て！」と叫んだ。

私は、ダイアナが震えているのを感じたので、抱きしめて慰めようとした。ジュリアス弁護士が強気で厳しい態度に出るのは、離婚訴訟では当たり前のことで、その後お互いが最終的な妥協案にたどりつくのだ、とダイアナに説明した。

「これが最終決定ではないのよ。離婚の場合は、こういったことは当たり前なのよ。交渉の一過程にすぎないの」とダイアナに言った。でもダイアナは、手を引っ込めて「違うわ！」と叫び、私も「そうなのよ！」と返した。

ダイアナは、まるで世界の終わりがきたかのように感じていた。がたがたと震えていたので、落ち着かせるためにカモミールティーを作ってあげたが、あまり効果はなかった。ダイアナは、ステンレスのキッチンの上に肘をつき、手で頭を抱え込むと、怒りと絶望で歯軋りをした。

書類に並べられた離婚条件は、確かに厳しいものだった。相手側は、もしダイアナが、公務で海外に出かけることを希望するのであれば、特別の許可を得なければならないとしていた。私はダイアナに、怒っていても何も得られないし、叫んでも仕方がない、と言った。遅かれ早かれ、自分がしたいように行動することは許されなくなるし、女王陛下ではなく、チャールズと法廷で対峙しなければならない、という事実を受けとめなければならないのだった。

「あきらめることね。お金を稼ぐために普通の仕事に就くことも許されないし、親善大使にもなれないでしょう。行動も制限されるわ」と、私は言った。

「彼らは、私を意のままに操りたいのよ」

「もちろんそうでしょう。だって彼らにとってあなたは、制御できない大砲みたいなものだから」

私がそう言うと、ダイアナも納得して、この考え方をおもしろがった。

しかし、彼女がほんとうに怯えていたことは、息子たちが自分から引き離されてしまうかもしれない、ということだった。それは、王室の権威を脅かそうものならばどうなるか、ということを警告するものだった。ダイアナは結婚によって有名になり、王室としての役割を与えられた。そしていま、ダイアナは自分が傍観者の立場にいて、自分になす術もないことを悟ったのだ。それどころか、母親としての権利さえも、疑わしいものになってしまった。

ダイアナは、当初深く考えることもなく、自分には絶対に子どもたちの養育権があると思っていた。だが、ウイリアム王子は王位継承者だ（そして、ハリー王子はその次の）。この事実によって、ダイアナの思惑は外れた。王室は、ダイアナが離婚条件を簡単に受け入れるとは思っていなかった。チャールズとの間に生まれた子どもたちは、ダイアナだけの子に決してならない。これこそが王族の人生であり、ダイアナが常に受け入れていた事実だった。それなのに書類はそれ以上のことを要求していたのだ。それゆえダイアナは、ある程度妥協しなければ、息子たちから引き離され、永久に会うことができなくなるのだと思った。

もちろん、ダイアナがそれを受け入れるはずがない。彼女は窮地に追い込まれ、自分の人生が、自分自身から剝奪されるように感じ呆然とした。チャールズの支持者たちは、ダイアナが最終的に折れれば、王室のやり方に従い行動すると考えていたが、ダイアナは拒否した。それが、自分をますます窮地に追いやってしまったのだと、ダイアナは言った。あまりにも単純で、明らかに時代遅れだった。英国はもはや、敬意を表して帽子を脱いで敬礼するような社会——つまり、敬意を払って服従することが、個人の権利より優先される社会ではない。私は、もし最悪の事態になったら、いつでもこの件を欧州人権裁判所に持ち込める、とダイアナに言った。ダイアナはこの裁判所を知らなかったので、母親や女性の権利が認められないようなら頼ることができるところだと説明した。ダイアナは、それは素晴らしい考えだと思い、もしチャールズの弁護士団が、脅迫のような内容を実行したならば、ダイアナはきっとこの裁判所に訴えたことだろう。

チャールズ側の弁護士も、それがわかっていたと思われた。のちに、その要求は静かに引き下げられた。

　ほかにもさまざまな問題を議論しなければならなかった。私たちは、昼夜を問わず、ダイアナのリビングルームやキッチンで身を寄せ合い、問題について話し合った。ダイアナ付きの料理長の特製パスタ、あるいは私が持ち寄ったイタリア料理のテイクアウトを食べながら過ごす日が何日も続いた。毎日何らかの問題が起こり、ダイアナはそれをチャールズのせいにしようとしたが、私はむしろチャールズの弁護士、フィオーナ・シャクルトンのせいだと言った。

　チャールズが、ダイアナに都合のいい要求をするはずはなかった。離婚訴訟中、チャールズはダイアナへの手当てを減らし、彼女が使った金額について、異議を唱えるようになった。一九九四年、チャールズの友人が、ダイアナの年間支出額について『デイリー・エクスプレス』のコラムニスト、ロス・ベンソンに情報を漏らした。それによると、ダイアナの年間支出額は、衣装代九万一〇〇〇ポンド、美容代九五〇〇ポンドを含む、一万六〇〇〇〇ポンドにのぼる、とされた。皇太子がもはや妻の〝贅沢〟とみなしていた費用を払う気が失せたのは明らかだった。弁護士同士が値段交渉をはじめた頃、ダイアナは結婚して初めて予算内でやりくりせざるを得なくなっていた。

　幸運にもダイアナは、ほとんどの衣服をデザイナーから無料で提供してもらっていた。それはダイアナが着ることによる宣伝効果のお返しだった。だが、私にはそんなふうに気前よくサービスをする余裕はなかった。するとダイアナは気分を害して、私にこれ以上ヒーリング療法の費用は支払えない、と言った。ダイアナに対するヒーリング療法は、もともとへイル・クリニックで行ない、のちにケンジントン宮殿で行なうようになっていた。私が、数カ月分の治療費の請求書を送ると、ダイアナは電話をかけてきて文句を言った。私としてはかなり値引きして請求したつもりだったが、彼女が思っていた支払い額を超えていたようだった。私は「次に会う時に話しましょう」と応じたが、ダイアナは宮殿にすぐ来るように言い張った。

私が到着すると、ダイアナは階段の上に立って、請求書をひらひらさせながら言った。

「これは高すぎるわ。チャールズは、私の財布の紐をしめているのよ」

請求額は六〇〇ポンドで、ダイアナにとってたいした金額ではないはずだった。でも私にとっては大金だった。だからといって、彼女に言い返すなんて私にはできなかった。友情はお金より価値あるものだとわかっていたから、請求書をダイアナから取り上げると、破って「友情は何より大切だけど、治療にはお金が必要だわ」と言った。ダイアナは後悔しながら、その埋め合わせとして、私に、箱に入ったままの未使用のステレオセットをあげる、と言った。

「もう、ステレオセットは持っているわ」

「じゃあ、お部屋を移動する時にでも聞けるように、別の部屋に置いたらどうかしら」

私の住まいは、ダイアナのリビングに入りきる広さだったから、二つも必要なかった。すると、彼女はほかに欲しいものはないか、と訊くので、私は籠のなかにあるテラコッタの植木鉢に入った五本芯の香りつきろうそくが一つ欲しい、と頼んだ。

一方、電話会社は、ダイアナの値下げ要求を快く受け入れはしなかった。電話代全額を請求してきたのだ。請求金額はとてつもなく高く、五〇〇〇ポンド以上になることもあり、ある月は一万ポンドにものぼった。チャールズは、ダイアナがどうやって、こんなにも電話代に金をかけられるのか、理解できなかった。ダイアナ自身も理解できなかった。何しろ、彼女のお金に対する知識や感覚は世間とはかなりずれていたからだ。電話は、彼女にとって精神安定剤のようなもので、外と自分とをつなぐ命綱だった。それに大金を払わなくてはならなくなった。私が提案した解決策は、友だちに電話したい時、その電話にかけなおしてもらうようお願いすることだった。試しに私との電話でやってみると、私の電話代はみるみる膨らんで、私はダイアナと話すべきか、あるいはもう切ると言うべきか、という残念な結末を迎えた。

チャールズは、一度もダイアナの支出について真剣に考えたこともなかったし、結局あきらめてしまった。だからといって、ダイアナにプレッシャーをかけることをやめたわけではなかった。それも当然で、王位継承者として、彼には守るべき地位があったからだ。そのチャールズのやり方がダイアナをよけい憤慨させることになり、彼女は興奮を鎮めるためにまた睡眠薬に頼りはじめた。

王室付き弁護士団は、トニー・アームストロング゠ジョーンズがマーガレット王女と離婚した時のように、またはマーク・フィリップ大尉がアン王女と離婚した時と同様に、ダイアナを脅かそうとした。トニーとマークの両者とも、ダイアナにしっかり自分の立場を守って、あとに引かないように忠告し、ダイアナもそれに従ったが状況はかなり厳しかった。ティギーの一件は苦々しいしこりとして残り、ウイリアムとハリーの将来についての騒動は、ダイアナに大きな苦痛を与えた。こうした状況にあっても、まだ愛している夫が、なぜダイアナの命ともいえる子どもたちを交渉の手段に利用するのか、ダイアナには理解できなかった。チャールズの非情さに、彼女は苦しんだ。

これは、ダイアナが、いかに浮世離れしているかを表わしていた。あまりにも世間知らずのうちに皇太子妃になったため、人間関係は妥協がすべてだ、ということを学ぶ機会がなかった。ダイアナは、夢見るロマンチストで、非現実的で、愛や結婚に対して子どものような期待を持っていた。こうしたうぶなところが、理想の男性像をチャールズに求めてしまったのだった。ダイアナは、一日二四時間、三六五日、いつでも自分のために身も心も捧げてくれる男性を求めていた。私は、男性であろうが、女性であろうが、どこにもそんな人はいないし、皆自分の生活があるのだから無理だ、と言ったが、ダイアナは納得しなかった。

途方に暮れながらもダイアナは、チャールズが自分と子どもたちがいないことが寂しくなって、カミラを捨てて、戻ってくるという考えにしがみついていた。しかし、その一方では、子どもたちが王室に染まって欲しくないし、乳母や世話係によって過保護に育って欲しくないと強く思っていた。もちろん、両立は不可能だった。もし、チャールズが和解に同意すれば、ウイリアムとハリーの両王子は、否応なく王室の輪に戻されて、王室のやり方に従わなければならないからだ。これこそ、ダイアナが望まないことだった。ところが、彼女は当時この矛盾に気づかなかった。カミラに対するこだわりが、ダイアナ自身の現状を把握する目を曇らせていた。とにかくダイアナは、うまくいかないことすべてをカミラのせいにした。その考えが間違っていることを認めさせるのに、長時間を要した。

「彼女のすべてが悪いわけではないのよね。だって、彼女も私と同じかに座だから。どこか、いいところがあるはずよ」

自分のライバルを控えめながら認めても、それが占星術によるものだとしても、二人の関係が改善することはなかった。

ダイアナが立派だったのは、離婚訴訟において息子たちを決して道具として利用しなかったことだった。人びとは、ダイアナは人を操るのがうまい、と言ったり、ダイアナの言動すべてが地位を必死で守るためだ、と言ったが、本人はそれをひどく嫌っていた。ダイアナは〝ウエールズ家の争い〟と呼ばれるようになったこの争いに、ウイリアムとハリーを巻き添えにしたくなかった。ダイアナは、できるだけ長く両王子と一緒に過ごしたいと思っていた。そして、彼らこそ、彼女の望むように家族をもう一度もとに戻してくれるかもしれない、と考えていたので、チャールズに会うこともやめようとはしなかった。

ダイアナにとっては、チャールズに歩み寄ったつもりでも、チャールズにとってはそういうわけにはいかなかった。ダイアナ同様、彼には彼の権利があり、交渉が長引けば長引くほど、チャールズはますます頑《かたく》なになっていった。この時期、皇太子を扱いにくく感じていたのは、ダイアナだけではなかった。女王陛下もまた同じだった。

女王陛下こそ、皇太子夫妻の混乱した問題に解決策として離婚勧告の手紙を書いた張本人だったが、常によい聞き役に徹し、ダイアナ曰《いわ》く〝たいへん優《すぐ》れた耳〟を持ち続けた。王室のために、また陛下は義理の娘を気に入っていたからこそ、チャールズとダイアナがお互いの違いを認めて、もう一度努力することがふたりにとっての最善策と考えていた。それこそダイアナが望んでいたことで、時々ダイアナは女王陛下に会いに行き、思いを訴えた。ダイアナは、自分がどれほどチャールズを尊敬し、深く愛しているかを伝えた。ダイアナは、それでうまくいくと思っていたようだったが、実際には具体的な解決策など何もなかった。女王陛下がいかに優しく思いやりにあふれていたとしても、陛下は義理の娘と同様に自分の息子にも向き合わなければならなかったからだ。そして、ダイアナよりチャールズのほうが、ずっと難しかった。

ダイアナから聞いた話によれば、チャールズと母親はあまりよい関係ではなかった、という。ダイアナは、目の前で女王陛下とチャールズがひどい口論をしていたのを思い出した。チャールズは怒りを抑えられない性分だったが、母親に向かって叫ぶことはなかった。それでもチャールズは、時々母親に冷たくあたったとダイアナは言った。実際、チャールズは女王陛下に対してかなり無礼な態度をとっていたようだが、それは四十代半ば過ぎても、母親や相談役の意見に従わなければならないことへの反発で、本心では自分の思うように行動したかったからだった。また、その資格が自分にはある、と思っていた。

ダイアナとチャールズは、目を合わせることもなくなり、二つの敵対勢力に分かれてしまっていた。それは、ウインザー家対ウエールズ家という関係の対立であり、ダイアナにとって勝ち目はなかった。ダイアナは、女王陛下からチャールズに、誠実になって、カミラとはもう会わないという条件で、結婚生活をやり直すチャンスを与えて欲しい、と頼んで欲しかった。だが、チャールズはそれを断った。

チャールズは、〝ダイアナと結婚すべきじゃなかった。父母の願いに背いてでも、カミラと結婚すべきだった〟と結論を下したようだった。私は、ダイアナの言葉からそう察知したが、彼はそうはしなかったのだ。ダイアナは言った。「彼は、臆病者なの」。

チャールズはダイアナとの結婚生活を復活させることで、過去の自分をさらけだす気はなかった。彼は、ただカミラと一緒にいたかっただけなのだ。それに気づくまでに二〇年近くかかった。そして、一度こうした結論に達したチャールズは、どんなに母親が忠告しようとも、考えを変えることはなかった。ほかのだれかといること自体、道徳的な過ちなのだ、と彼は主張したのだった。

ダイアナは、結婚生活が完全に終わったことを悟った。そして突然、女王陛下の言うとおり、もう終わりにしなければならない時期がきたのだと気がついた。そう思えるまでは長かったが、結論を出すのは早かった。ダイアナは、一つのことを考えても、すぐまた気が変わる癖があった。だから、いったん結婚生活に終止符を打つとなったら、できる限り王室から離れられるように、最善の妥協案を考えることにした。

最初に提示された金額は、たいした額ではなかった。私は「これでは長くもたないわね」と、ダイアナに言った。

離婚裁判では、妻には最大で夫の資産の半分を与える傾向がある、とダイアナに話した。チャールズは、コーンウォール公領から得られる収入があって、それはかなりの額だった。ダイアナは私に、コーンウォール公領の価値を訊いてきたが、私にはまったくわからなかった。二人で調べた結果、ダイアナは五〇パーセントを要求することを主張することにした。

結局、ダイアナは一七〇〇万ポンドの慰謝料と、五週ごとの週末にウイリアムとハリーに会う権利を得て決着をつけた。しかし、ダイアナはその額に不満だった。いくらダイアナに金銭感覚がないにしても、一七〇〇万ポンドがかなりの額であることはわかっていたが、残りの人生のための保証としては、それ以上を求めた。

ダイアナは、離婚のための弁護士料も支払わねばならず、それは巨額にのぼった。アンソニー・ジュリアス弁護士からの請求書が届いた時、彼女は逆上して叫んだ。

「この請求は、法外だわ!」と。

弁護士とのやり取りでよくあることだが、ダイアナは請求書がきて初めて、その総額の高さに気づいて驚いたのだ。私が、「私の六〇〇ポンドの請求で、文句を言ったわよね」と言うと、それには彼女も笑った。しかし、弁護士費用については笑っていられなかった。

「これって、ぼったくりだわ」とダイアナは主張し、できるなら、もう二度と弁護士とはかかわりたくない、と思った。

離婚合意は、これといって劇的なことではなかった。ダイアナは、チャールズとは比較にならないほどの男性と結婚していた女性が、彼女よりもっと高額の慰謝料をもらっていると言った。その女性たちは、将来、自分の言動も活動も制限されることなく離婚していた。ダイアナは、「HRH」の称号を保持することさえできなかった。離婚合意の一つとして、「HRH」(Her Royal Highness) つまり「妃殿下」の称号を放棄することに同意しなければならなかったのだ。初め、ダイアナは腹を立てていた。

「こうやって、私を王室から追いやるのが彼らのやり方なのよ」

「妃殿下」の称号を剝奪することで、王室はダイアナが王室外の人になったということを、思い知らせようとしたのだった。しかし、ダイアナは服従することなく、いまや王族の階級的には自分より高くなったご近所のケント公爵マイケル王子の妃殿下に、膝を曲げてお辞儀する気などさらさらなかった。

「HRHの称号があろうがなかろうが、あんな嫌な人に敬意を払うつもりはないわ」と、ダイアナは言った。

ダイアナは、世間に対して恥をかかせようとしたこの企てに相当な怒りを覚えたが、それが頂点に達すると、だれに何を言われようが、王室の称号を失ったことを気にすることもなくなった。私たちは話をして、失ったものはたかが三文字にすぎず、いまの世の中ではたいして価値はないという結論に達した。

「何が傷つけられるというの？　どこが痛むというの？　私には子どもたちがいるし、自分の家もあるわ。それに何よりも心強いのは、私が称号を失ったことを息子たちに言ったら、〝マミーは、いつだってマミーだよ〟って」

その言葉こそ、彼女にとってどんな称号より意味のあるものだった。

一九九六年八月二八日、離婚は成立した。ダイアナは、すぐに自分のレターヘッドを、「プリンセス・オブ・ウエールズ・ダイアナ」（ウエールズ公妃ダイアナ）と変えた。彼女は、まだチャールズのことを愛していると言っていたが、彼を失い、一人で生きていくことに対する恐怖心はなくなっていた。やっとすべてが終わり、ダイアナはうれしく思っている、と私は感じた。

8……ドレス売却

私たちが一緒にいる時にいつも着ていた、ジーンズにだぶだぶのTシャツ姿でも、ダイアナの魅力はにじみ出ていた。彼女のスタイルに感心していたのは、私だけではない。ダイアナ自身が憧れていた昔のハリウッドスターのように、世界中の女性が彼女の服装に注目していた。ダイアナには、ファッションを生み出す力があった。それが、胸もとの開いたイブニングドレスであれ、デニムやカジュアルなボンバージャケットであれ、最も有名な〝ダイアナカット〟と呼ばれる髪形にしてもそうだった。

だから、彼女が自分のワードローブのほとんどを売りに出すと決意したのは、ただ何着かを処分するのではなく、はっきりと世間に向かっての独立宣言だった。

多くの人びとが、一九九七年六月にニューヨークのクリスティーズで行なわれたオークションの意味を確かにそう理解した。しかし、こうした人びとには、ダイアナが意図的に昔の服を手放すということが、チャールズとの関係が一気に改善したことを知らせる手段だったということはわからなかった。〝この素晴らしいオークションを思いついたのは、ある人物の考えでした。それは、私たちの息子、ウイリアムです〟と、ダイアナがカタログに書いたのは、そのためだった。この〝私たち〟という言葉が重要だった。ダイアナは、そう書くことで、自分とチャールズがもう一度友だち関係に戻った、ということを世界に知らせようとした。

「どうしてだれも気づいてくれないのかしら?」と、ダイアナは不思議がった。

「だれもそんなふうに見ていないわ」私は、言った。

人びとの興味は、チャールズとダイアナが違いを認めて歩み寄ることよりも、離婚訴訟中のドロドロした話のほうに興味があったからだ。ダイアナがワードローブの大半を売りに出そうとしたのは、お互いまだいがみ合っている証拠として受け取られてしまった。王室関係者たちも、時々古くなった洋服を慈善団体のリサイクルショップに寄付することはあるが、通常はひっそりと匿名で行なわれるものだととらえていた。彼らの考える礼儀作法として、それまで王室の者が衣類を競売にかけたことは一度もなかった。そうしたしきたりを破ったのは、ウイリアム王子だった。この件は、ほんとうに彼から出たアイデアで、だからこそチャールズは大騒ぎもせずに、このオークションを黙認した。

イースター休暇の時、ダイアナたちはカリブ海のバブーダに行ったのだが、そこでウイリアムがこの計画を思いついた。ある日、ビーチでウイリアムがダイアナに言った。

「マミー、たくさん持っている服全部が必要なわけじゃないでしょ? チャリティで売ったらどう?」

ダイアナは、チェアの上で日光浴をしている時でさえ、携帯電話を横に置いていたので、すぐに私に電話をしてきて、「ウイリアムが、こんな素敵なアイデアを思いついたのよ。しかも、手数料は売り上げの一〇パーセントしかいらないんですって」。

もちろん、これは王子の冗談だった。とはいえ、衣装が実際に競売にかけられるまでには、解決しなければならないことがたくさんあった。ウイリアム王子がこの提案をした時、ダイアナとチャールズは女王陛下さえも巻き込んだ激しい離婚騒動のまっただなかにいた。一九九六年四月、ダイアナと王子たちが西インド諸島から戻った一カ月後、バークシャー州ブレイにあるミシュランの星付きレストラン、ウォーターサイド・インで、女王陛下の七十歳の誕生日を祝う晩餐会が予定されていた。女王陛下は、一般のレストランで食事をすることなどめったになかったので、非常に稀有な外出となるはずで、陛下はとても楽しみにしていた。晩餐会は、エドワード王子によって準備され、すべて極秘裡に進められた。ダイアナが、新聞社にこの話を漏らすまでは――。

その後、晩餐会の会場は、ウインザーグレートパークにあるフロッグモーに移され、女王陛下の怒りをおおいに買うこととなった。陛下はこう言い放った。

「ありがとう、ダイアナ。また新たな一日を台なしにしてくれて」

ダイアナに悪気はなかった。陛下の特別な日を台なしにするつもりはなく、あまりにも何もかも真面目にやりすぎる王室を少しからかってみようと思っただけ、と私に言った。

「ねえ、ちょっと。私が何をしたか当ててみて！」

ダイアナは、話の初めにこう言った。

つまり、自分がおもしろいことをしていると思っていたのだ。まるで子どもだった。もし彼女が事態をしっかり捉えることができたならば、これが離婚訴訟で苦しまされていることへの当てつけになると気づいただろう。

一番の争点は、ウイリアムとハリーの将来についてだった。長い間、息子たちを失うかもしれないという不安で怯えていたダイアナは、息子たちの父親と礼儀正しい言葉を交わす気にはなれなかった。

ところが問題が解決し、離婚が成立すると、二人には思っていた以上の共通点があることがわかった。二人を結びつけたのは、ローレンス・バンデ・ポストの死だった。なんにでも影響を受けやすいチャールズは、この年配の賢者からの助言をとても重視していたので、ウイリアム王子の名づけ親の一人でもあったほどだった。ダイアナは、それほど関心はなく、〝大きすぎる影響を及ぼす、時代遅れの人〟とみなしていたが、チャールズが親密だったのを知っていたので、一九九六年一二月にポストが九十歳で亡くなると、チャールズを精一杯慰めようと努力した。

皇太子は、ダイアナの心からの気遣いに感謝し、彼女に同じように思いやりを持って接した。つらい時期は過ぎ、お互いに電話をかけ合うようになった。チャールズは、ケンジントン宮殿に立ち寄るようになり、お茶を飲んだり、おしゃべりをしていくことさえあった。二人は、離婚騒動のなかで、崩れてしまいそうだった関係を修復させた。私がダイアナと電話で話をしていると、彼女はよく話を中断して言った。

「元夫が来ているの」

チャールズは、間もなくダイアナの一番親しいボーイフレンドとなり、ほかの友だちの地位を奪った。ほかのボーイフレンドたちは、もうあまり必要でなくなったのだった。

こうした状況であっても、女王陛下に招待される、毎年クリスマス休暇にサンドリンガムで過ごすロイヤル・ファミリーの集いには、彼女は行く気になれなかった。クリスマスは、ダイアナにとって、いつまでも最悪の季節だった。とくに別居以来、息子たちと一緒に過ごす時間が少なくなってしまっていた。また、クリスマスの行事は、彼女に不幸な記憶を思い出させるので、もともと好きではなかった。

ダイアナの母が、彼女を捨てて、家を出たのがクリスマスのシーズンだった。その時、ダイアナは、ほんの六歳。ずっとこのトラウマを引きずり続けていた。クリスマス休暇が近づくにつれて、ダイアナの心には見捨てられたという思いが甦り、ロイヤル・ファミリーのクリスマスの集いがその痛みを和らげてくれるわけではなかった。

ダイアナは、『クリスマス・キャロル』の主人公スクルージのようなケチではなく、いつも気前がよく、家族や友人にプレゼントすることが大好きだった。私には、ブルガリの手書きのスカーフをくれたが、私はふだんあまりスカーフをしないので、どうしたものか迷っていた。するとダイアナは、額に入れて飾ったらどうかしら、と提案してくれた。数日後には、上機嫌でフォートナム&メイソンの外国産フルーツがいっぱい盛られたバスケットをプレゼントしてくれた。〝あなたのお気に召すものを、食べるなりジュースにするなりしてくださいね。健康的でしょ!〟というメッセージ付きだった。

これは、とてもクリスマスにふさわしい贈り物だった。もしダイアナが、自分自身の手でクリスマスの準備をしたなら、きっと素敵なクリスマスになったに違いない。でもそれは不可能だった。皇太子妃は、一度も自分らしくクリスマスを過ごすことは許されず、結婚以来、女王陛下の家でお客（いつも歓迎されていたわけではない）として振る舞うことを強いられていたので、それをひどく嫌がっていた。ダイアナは、王室関係者たちとの付き合いが苦手だった。皇太后陛下が強要し、女王陛下が受け継いだ古めかしい儀式のような行事に関心がなかったのだ。そして自分に疎外感を抱かせ、寂しい気持ちにさせる、そのぎくしゃくとした堅苦しさが嫌いだった。

離婚が成立すると、ダイアナは王室のクリスマスという〝辛い試練〟にもう従わないと誓った。

その代わり、独身女性に戻って初めてのクリスマスをバブーダ島のホテルで過ごすことにした。そこは、イースターの時、息子たちと訪れた場所だった。ダイアナは、私に一緒に来て欲しいと言って、電話やケンジントン宮殿の床の上なんかではなく、太陽の下で寝転びながら話ができたらどんなに楽しいかと説明した。ダイアナは、私の旅行代を持つとは言わなかったし、もちろん私には高すぎる旅行だったが、すでにほかの約束があったので断るしかなかった。それは、母と妹をクリスマスディナーに誘う約束で、母の具合も悪かったので、私がその時期に海外に行くのは無理だった。いま思えば、古い格言に「その機会は二度と訪れないかもしれない。だから、人生は喜んで受け入れなければならない」とあるが、まさにその通りで、その機会は二度と訪れなかった。

私が一緒に行けなかったので、ダイアナは以前からよく行動をともにした二十七歳のビクトリア・メンダムを連れて行った。でもダイアナからの電話の様子では、今回の旅行はあまり楽しくないようだった。

ダイアナは、泳いだり、テニスをしたり、ビーチで子どもたちと一緒にはしゃぎながら遊んでいたが、ビクトリアの奇妙な食事習慣が気になって嫌だと、何度も電話をかけてきた。

「ビクトリアは、きっと幸せじゃないのね」

「向かいに座った人の食べるものは、一杯の水とグレープフルーツばかり。その前で、自分だけバランスのよい朝食、昼食、夕食をとるのをあなたはどう思う？」

ダイアナは、ビクトリアが痩せていくのに気づいていて、ほんとうなら専門家に相談すべきだと言った。気にならないはずがない。何しろ、摂食障害でずっと悩まされていたのは、ダイアナ本人だったからだ。しかしダイアナは、ビクトリアの場合、根深い医学的な問題というより、執着の表われだと確信した。ビクトリアは、七年間ダイアナに仕え、彼女に心酔していた。そして、自分のヒロインと同じくらい痩せたいと願う〝ダイアナになりたい〟熱狂的ファンだったのだ。

ダイアナは、それが気に入らなかった。二人の関係が、終わりに近づいているのは明らかだった。ダイアナがカリブ海から戻ってきて数日後、ハスナット・カーンに会うために外出したことを、ビクトリアは隠し切れずにマスコミに漏らし、彼女の雇用契約は突然終わりを告げた。

ある日、マスコミは、ダイアナとカーンの噂を嗅ぎつけた。追跡の目をくらますために、ダイアナは私に、イギリスのタブロイド紙『ニュース・オブ・ザ・ワールド』のクライヴ・グッドマンに電話して、彼女がまだオリバー・ホアと付き合っている、と言わせた。グッドマンは、私のことを信用せず、再確認してみる、と言った。ダイアナが不在中だったので、何も知らなかったビクトリアにグッドマンは連絡をとって尋ねた。「皇太子妃は、オリバー・ホアと会っているんですね」。

「いいえ、違います」。

ビクトリアの答えで、グッドマンはやはり相手はカーンだと受けとった。ダイアナは事情を聞いて激怒し、ビクトリアは解雇された。ダイアナは、バブーダへ行った旅費をビクトリアに請求した。なんとも子どもじみた行為だった。何しろ年収二〇〇〇ポンドの給料から支払える額ではないことを、ダイアナは知っていたからだ。最後のひどいダイアナの仕打ちは、なんとなく想像できた。ビクトリアは友人の一人だったが、ダイアナは、遅かれ早かれすべての人との関係を絶つのだった。

「あなたが私をほんとうに傷つける前に、あなたとは別れるの」

これが、ダイアナの考えであり、彼女流の自己防衛の方法だった。ビクトリアは、そうやって苦しめられた多くの一人に過ぎなかった。ビクトリアは、ほんとうに皇太子妃に憧れていたので、とても傷ついた。ダイアナが服をチャリティショップに寄付したり、リサイクルショップに売ったりすれば、ビクトリアはすぐに引き返して、自分のためにその服を買い戻したほどだったのだから。

オークションに出展したドレスを、買えるものならすべて買いたかっただろう。でも、ビクトリアの稼ぎでは無理な話だった。これらのドレスは、ほんとうに見事なものばかりで、値段は跳ね上がり、人びとは多額なお金を準備した。ダイアナは、ドレスを買うのがだれなのかに興味はなかったので、アメリカの女装癖がある人が買うかもしれない、なんて考えてはおもしろがっていた。彼女の関心は、ドレスが高値で売れるかどうかであり、実際とても高額で売買されて、売却額は三二五万ドルにものぼった。そして、そのお金は、エイズ対策基金の活動支援団体に寄付された。

ダイアナは、もともとドレスの値段を知らなかった。ドレスは着るためのものであり、お金の問題ではなかった。たくさんありすぎて、全部を仕分けるのには数日かかった。私たちは、ダイアナがバブーダから帰った翌日から、ドレスの整理に取りかかった。

ドレスは、ケンジントン宮殿の一階にある、とても大きな白塗りの衣装部屋にしまわれていた。入ってすぐに目にするのは、右側の壁にしつらえてある薬棚で、ビタミン剤やミネラルのサプリメントがたくさん常備されていた。

その先に、ワードローブが奥の壁までエル字型に続いていた。左手には大きな鏡があり、テーラーが寸法直しに来た時のためにテーブルと椅子が用意されていた。小さな窓が上方にあったのは、衣装部屋が中庭より階下につくられていたからだ。準備のための在庫確認に三時間はかかった。

数えはしなかったが、その衣装部屋には少なくとも一〇〇着以上のドレスがあった。なかには本物の真珠を使って刺繍が施されたものもあった。あるドレスは、まるでシンデレラの夜会服のようだった。私は、かつてそんな服を見たことがなかった。するとダイアナは、「それは私らしくないわ。そのドレスを着て舞踏会には行けないわよ。かぼちゃになってしまいそうだわ」と言った。

ボロをまとっているダイアナなんて想像できなかったが、おとぎ話にたとえたのは、たとえ冗談だったにせよ、不安の表われだったのだろう。ダイアナは、自分らしさを表現するスタイルを模索していて、ドレスは自分を隠すもう一つの皮膚のようなものだった。

多くのデザイナーが、ダイアナの好みを読み違え、彼女が心から欲しているものには合わせず、自分たちの商品を売るために利用した。たとえば、ジョン・ガリアーノのスケッチは素晴らしかったが、ドレスは好きになれなかった。ガリアーノは、ダイアナに、どれだけダイアナのためにドレスを作りたいと思っているかをしたためたメモと一緒に、数枚のスケッチを送ってきた。一九九六年一二月、ニューヨークのメトロポリタンミュージアムのコスチューム・インスティチュートで毎年開催されるパーティに着ていくドレスが必要だったダイアナは、ガリアーノの申し出に同意した。ダイアナが私に見せてくれたスケッチの中で、彼女が選んだのは、やや固めの絹タフタを使った素敵なデザインだった。ところが、ガリアーノがケンジントン宮殿に仮縫いに持ってきたドレスは、薄いシルク素材で作られているのに気づいた。ダイアナは恥ずかしすぎて、ガリアーノには何も言えなかったが、私には「大間違いだったわ。この服、好きになれないわ」と、がっかりして言った。「きっと、彼は女性が嫌いなんでしょう。この服があなたへの見方だとすれば、ネグリジェを着て、家にいたほうがよっぽどましよ。だって、このドレス、ネグリジェみたいだもの」私は、彼女にそう言った。

このドレスは、ガリアーノがディオールのために作った最初のドレスだった。そしてダイアナのために作った最初で最後のドレスでもあった。ダイアナがこうありたい、と思うような服をガリアーノは理解できなかった。ダイアナは自分のイメージを固めるまでには長い歳月がかかった。そしてダイアナの服の好みで、当時の彼女の人生がわかった。途方に暮れているような少女時代、王室の服装に関する慣習を捨てて流行と華やかさを求めたハリウッド女優のような時代、ジャッキー・オナシスやオードリー・ヘップバーンの洗練された着こなしを真似てシャネルに感化された時代。

たとえば、オークションカタログの三八番は、ダイアナが〝私の「ローマの休日」ドレス〟と呼んだもので、オードリー・ヘップバーンが王宮から逃げ出し、ゆきずりの男性と恋に落ちる王女を演じた映画にぴったりだと思っていた。ダイアナと私は、土曜日の午後に、リビングの壁にはめ込まれた大型テレビで昔の映画をよく見たものだった。ダイアナは、王宮から逃げ出し、一日普通の生活を送ることができた王女をどれだけうらやましく思ったか、私に語った。

七九番は、米国ワシントンのホワイトハウスを初めて訪問し、ジョン・トラボルタと踊った時に着ていたものだった。その時の写真では、ダイアナは喜びにあふれた表情をしていたが、本人はあまり気に入ってなかった。

「もしチャールズとあんなに険悪でなければ、あの夜はもっと幸せな思い出になったのに」

ダイアナがそう思ったとしても、ドレスの価値に影響を及ぼすことはなく、一三万三八三五ポンドという高値で売れたのだった。

七五番は、ダイアナが〝私のハリウッド時代〟と呼んでいた頃に着ていたドレスだ。小さくてタイトな、リタ・ヘイワースが着たら似合いそうなドレスだった。ダイアナは、長いサテンの手袋とダイヤモンドのブレスレットを合わせて、映画『危険な関係』のプレミアに出席した。ダイアナはこのドレスを見つけた時、大喜びしてすぐに着ていたジーンズを脱いで試着した。だが当時に比べ、ダイアナは太ってしまったために、どんなに頑張っても着られなかったので売ることにした。

三一番は、初めから間違いだったものだ。男性のスモーキングジャケット（室内用上着）のようにカットの長い深緑色のドレスで、ダイアナが大嫌いだったバルモラル城での晩餐会で着用したものだった。ダイアナは、スコットランドのハイランド地方が好きになれない都会育ちの娘だった。「動物を殺したりするアウトドア派の人にはいいところでしょうけど、私にとっては散歩以外に何もすることがないところだわ」と、思っていた。ドレスそのものはよかったのだが、背中が大きく開いていて、〝家の中でも一年中凍えるほど寒い〟とダイアナが表現するこの国で着ることは無理だった。ダイアナは、このドレスを処分したくてたまらなかった。

四八番と五九番は、ダイアナが〝カーテン〟と呼んでいたもので、だれかに挨拶するために手を挙げると、袖が広がり胸が見えそうになるからだ。また四八番を着ると、いつも転んでしまいそうだったという。

二三番を着てみると、ダイアナは笑いすぎて倒れそうになった。まるで子どもの誕生日ケーキみたいなドレスで、アイシングとピンクのバラ飾り、ピンクのリボンが一面につけられていた。「よく、こんなドレスを着ていたものね」と、ダイアナは言ったが、ほかにもこうしたドレスはたくさんあった。

ダイアナに、どんな服装をすべきかを教え込んだのは、皇太后陛下だったので、陛下に気に入られるように選んでいた時代のドレスがいくつかあった。王室のカラーに合わせようとして、皇太后陛下のアドバイスをよく聞き、皆が認めてくれそうな服を買っていた。とはいえ〝模倣は心からのへつらい〟というわけにはいかなかった。ダイアナは、「皇太后陛下の趣味はひどすぎるわ。だから、私がこんなにひどくみえるのよ」と、言っていた。

二八番は、私が昔住んでいた家のベッドルームと同じ色のドレスだった。その部屋は、私が派手な青色に塗り替えたのだが、母はそれを見て言った。「次に必要なのは、天井に銀色の星を描くことね。そうすれば、インド料理レストランの完成よ」と。

四三番は、らせん状のホワイトチョコレートのようなドレスだった。古臭くて皇太后っぽいデザインだったので、ダイアナは気に入っていなかった。

年配の女城主も、皇太后の影響をかなり受けていたものだった。現代女性の多くは、特別な時にしか帽子はかぶらないが、ダイアナは王位継承者の妻として常に特別な日々を送っていたため、いつも帽子を着用することを強いられた。それが王室の決まりであり、険しい目で厳しいコメントを出していたのは、この皇太后陛下だった。ダイアナは、ちょっとした自分らしさや流行のスタイルを取り入れようとしていたので、その帽子の箱を開けてかぶってみると、自分がまぬけのように感じてしまったようだった。そして、私にはもっと似合わなかった。

ダイアナは私に「どれでも、好きなのを選んで」と言ってくれたが、ドレスが一着でも増えると私のワードローブはいっぱいになってしまうのだと伝えた。ダイアナと同様、もう着ない七〇年代の服が処分しきれずにたくさんあった。それに、ダイアナのドレスはどれも私には似合わなかったと思う。もし仕立て直したとしても、丸い穴に四角い杭を打つようなもので合うはずがなかった。

「じゃあ、靴はどうかしら?」

ダイアナは、人気靴ブランド、ジミー・チューが彼女のために手作りした、先のとがったローヒールの靴がお気に入りで、イメルダ・マルコス夫人も満足させることができるくらい大量に靴を持っていた。試しに一足はいてみたが合わなかった。「あなたの足は、私より大きいわね」とダイアナは言った。私たちは、おおいにおしゃれを楽しんだが、〝私たちが笑ってしまうようなドレス〟でさえ、ダイアナは、〝私の外見〟と言って、とても大切に扱った。帽子やドレスを試着するたびに、一つ一つきれいに箱にしまい、一着一着をしわにならないようにハンガーにかけ、つぶれないように気を遣った。ビニールで覆われたものは、それぞれきちんと〝息ができる〟ように十分な間隔を空けて置いた。ダイアナは、服にはとても神経質でうるさく、たまに友だちに貸すこともあったが、もしそれがすぐに返ってこなければ、とても腹を立てた。

結婚前に、ダイアナが西ロンドンのアールズコートのアパートで一緒に住んでいた旧友のキャロリン・バーソロミューでさえ、ダイアナの怒りをかうことになった。キャロリンは、結婚式に出席するため、ボレロ付きの特別美しい上等なドレスを借りたまま、長い間返さなかったのだ。ダイアナは苛立ち、そのドレスをオークションに出すと決めて、キャロリンに返して欲しいと電話した。すると、まるでトラックの荷台にでも置き忘れてあったかのようなひどい状態で返ってきたので、ダイアナは激怒した。

「見てよ、このありさまを。彼女、これを一回以上着ているわ」

ダイアナは文句を言った。キャロリンは、ハイストリートのごく普通のクリーニング店に出して返却したが、ダイアナは王室御用達のドライクリーニング専門店にもう一度出し、そのままオークションに出品した。ダイアナは、これ以上、その服とかかわりたくなかったのだ。そしてキャロリンとは、その後しばらく口を利かなかった。

それでも、ワードローブのほとんどのものとの、お別れの時がやってくると、ダイアナは取り乱し涙ぐんだ。ドレスのどれもが、ダイアナの人生の一部を表わし、一人の女性としての成長を象徴するものだったからだ。ダイアナは感傷的になり、すべてに未練があるようだった。だから、私は、ダイアナを勇気づけるためにこう言った。「二度と着ないとわかっているものが、いっぱいあったのよ。すべて処分して、あなたの人生に真剣に取り組む時がきたの。何より、これこそウイリアム王子があなたにして欲しかったことなんでしょう?」。

ダイアナは納得し、処分するドレスの数はどんどん増えていった。選別作業が終わると、私たちは、薬棚に目をやった。上の階でお茶を飲んだあと、ごみ袋を持って衣装部屋に降りると、今度は錠剤やカプセルを捨てることにした。ダイアナには必要のない、何千ポンドもの薬を捨てた。私は、ダイアナにずっと言い続けた。

「これはいらない。これも絶対必要なし。いつも忙しくしているあなたに必要なものは、マルチビタミンとビタミンCね」

過去のものに決別する時期だった。不幸な結婚生活を緩和するために頼っていただけの、こうした薬は、もうダイアナには必要なかった。それに、こうしたドレスも必要なかった。それらを着ていた時代は、もう過去なのだから。ダイアナは、また独身女性に戻ったのだ。ようやく自分の趣味に合ったものを選べるようになったのだ。そして、ダイアナの衣装は、王室のメンバーとして選んでいた頃に比べて、よりシンプルで洗練されていった。

9……もう一度恋に落ちて

皇太子夫妻の離婚判決が下されると、ダイアナは、多くの苦難を乗り越えて一人の自由な女性になれたことを心から喜んだ。ケンジントン宮殿で、ハスナット・カーン医師と一夜を過ごしながら、このことを祝った。この日こそ二人がはじめて結ばれた夜だった。

ダイアナの結婚生活最後の数カ月は、お金についての争いや、ダイアナの称号に関する争い、また国の諜報機関に狙われているという被害妄想的考え、息子たちの親権を失ってしまうかもしれない不安でいっぱいな毎日だった。こうした悩みは、離婚確定と同時に消えてなくなり、ついにハスナットは、ダイアナと一夜をともにすることを受け入れたのだった。

婚姻無効宣言が届けられた午後、私はケンジントン宮殿にいた。ダイアナは、ハスナットがやってくるのを待ちながら、期待と興奮でいっぱいだった。

翌朝、ハスナットが帰ったあとに、私がケンジントン宮殿に行くと、ダイアナはいきいきとした表情で顔に微笑みを浮かべていた。〝おめでとう〟私は、心でそう言った。

これこそ、ダイアナが大きな期待を胸に秘めて、ずっと待ち望んでいたことだった。彼女は、心から好きになった男性との恋が自然に成就するまで待ったのだった。

ダイアナがカーンと知り合って一〇カ月経っていたが、カーンはまだ彼女が結婚しているうちに先走った関係になることを拒否していた。だが障害が取り除かれたいま、カーンは慎み深く保っていた道徳心を気にすることもなくなった。

ダイアナも安心した。どれだけカーンのことを慕っているか、もはや隠そうとはしなかった。そして、私に何度も言った。

「彼は、ほんとうにいい人よ。彼の目は、ほんとうに知的なの。彼こそ私にとって最高の男性よ」

これは遊びの恋ではなかった。ダイアナは、皇太子妃として耐えてきた不幸にもかかわらず、ハスナットとの結婚を望んでいた。イスラム教への改宗も真剣に考えていた。そして何より、彼の子ども、とくに女の子を欲しがった。二人の異なる人種的背景が混ざり合うことで、美しい子どもが生まれるだろうと信じていたのだった。

ダイアナは、その期待が高じて、未婚で出産してもいいとさえ思っていた。

私は、この考えにショックを受け、ダイアナに、「これはドラマ『イーストエンダーズ』の話じゃないのよ。あなたは、未来の英国国王の母でしょ」と、警告した。

ダイアナは悪意に満ちた眼差しで私をにらんだが、私はやめなかった。

「私が言っていることが正しいことぐらい、あなたもわかっているでしょう。それは、あなたには絶対にできないことなのよ」

一九九六年末、ダイアナの友人で資産家の、ジェームズ・ゴールドスミス卿の娘で、パキスタン、クリケット界の伝説的ヒーロー、イムラン・カーン（ハスナット・カーンとは無関係）の妻だったジェマイマは、男児を出産した。ダイアナは、ジェマイマがアジア出身の男性と結婚し、子どもを生んでいるのだから、自分も問題ないはずだ、と言った。

「だけど、ジェマイマは結婚しているわ。未婚で子どもを生むのが流行っているかもしれないけれど、あなたのような地位のある人がすることじゃないわ。もし、結婚していれば話は別だけど。結婚していれば、うまくやっていけるでしょうけど」

実際のところ、ダイアナはこの問題を真剣に考えていたわけではなかった。ハスナットは、イスラム教信者で、女性の振る舞いにはとても厳格な考えを持っていた。けれどダイアナは、それをわざと無視しているようなところがあった。感情に流されていたのだ。ダイアナは、一九九五年、ハスナットに初めて会った時からこんな調子だった。その頃の私は、子宮摘出手術を受けるために、ジョーンズウッドストリートで入院していた。ダイアナは、医学にたいへん興味を持ちはじめていたので、私の病状にも強い関心を寄せた。花を贈ってくれたり、電話をくれて、私の手術について詳しい話が聞きたいからお見舞いに行く、と言った。

しかし、治療が必要だったのは、私だけではなかった。ダイアナのハリ治療師の一人、ウーナ・トフォロの夫ジョーは、心臓病を患っていた。私がセント・ジョーンズ&セント・エリザベス病院に入院した同じ週に、ジョーはチェルシーにある王立ブロンプトン病院に三本の冠動脈心臓バイパス手術のために入院した。ジョーの手術は、有名な心臓外科医マグディ・ヤクーブ卿が執刀した。

ダイアナは夢中になった。手術の技術的な側面について調べ、ヤクーブ医師の手術がどうだったかを知りたがった。ジョーの状態は、私よりもかなり深刻で、ダイアナは彼のそばにいて、手を握り、私たちが一緒に取り組んできたヒーリング療法を試した。そしてヤクーブ医師がジョーの回診に来ると、ダイアナはヤクーブ医師を質問攻めにした。そのたびに、ヤクーブ医師は、とても忍耐強く接してくれる感じのいい人だった。

ダイアナは、病気の友だちをできる限り慰めて、手助けしたいと思っていた。それが彼女だった。

ジョーが受けた治療のすべてを知りたいと思った。その間、ダイアナは自分の中で何かを探し求めていた。そして、ハスナット・カーン医師が回診にやって来た時、ダイアナはそれを見つけた、と確信したのだった。

ハスナット・カーンは、パキスタンのラホール近郊出身の三十六歳の医師で、ロンドンで博士課程修得のため勉強しており、ジョーの心臓手術ではヤクーブ医師の助手を務めた。第一印象は大事なものだが、ダイアナはハスナットを見た瞬間、一目ぼれしてしまった。ハスナットは、ブロンプトン病院の上級専門医で、心臓移植手術が行なわれるヘアフィールド病院でも働くことがあった。患者を思いやり、入院患者への対応も素晴らしく、ほんとうに人びとのために尽くす人物だった。ダイアナが、素晴らしいと思うすべてを備えた男性だった。

のちにダイアナは、ハスナットが病室に入って来て初めてダイアナを見た時、身の置きどころに困っていたようだった、と言った。ハスナットはダイアナに気づくと、気まずい様子で、部屋を出ようか出るまいか決めかねたあと、結局残って自分の仕事をすることにした。ジョーの容態を診たあと、ダイアナの質問には、すべて彼女にわかりやすいように答えた。

次の日、ダイアナはブロンプトン病院をふたたび訪れ、エレベーターでたまたまハスナットに会った。彼は、最初ダイアナの顔を見ようとせず、代わりに自分の靴を見ていたし、ダイアナもうつむいていた。ダイアナは、だれかが気になると、いつも落ち着きをなくすのだが、それは顔が真っ赤になるのを見られたくなかったからだった。

イギリスの病院のエレベーターは、ゆっくり動く。何分かはお互い目を合わさないようにしていたが、やがてダイアナは顔を上げてハスナットに話しかけた。

「移動中、ずっと靴を見ていてはいけないわ」

ハスナットは顔を上げ、二人の目が合った。ダイアナは、あとで思い出しながら言った。

「私の中で、何かがはじけたの。彼の目は、とても温かく癒される感じがしたわ」

それ以来、ダイアナは何があってもブロンプトン病院へ行くようになった。彼女は私に電話をかけてきて謝り、お見舞いに行けなくなったと伝えてきた。その代わりに花を贈ると言うのだ。すぐに私は何が起こったのかわかった。ダイアナには、あなたの人生に近々浅黒い肌のハンサムな男性が現われる夢を見た、と伝えていたが、彼女はただ笑って「そういうことは話さない」と言った。

数カ月のあいだ、ダイアナに会うことはなかった。私は合併症に苦しんでいて、ダイアナと再会した時、彼女は詳しく知りたがった。私のおなかをつつきながら、どう感じるかと訊き、おなかの手術痕を見せて欲しいと言ってきた。私が痕を見せると、ダイアナは震え上がり、見舞いに来なかったことを詫びた。私の容態がこんなに悪いと知っていたなら、買い物に行く代わりに訪ねてきたのに、と話し続けたので、私はさえぎって言った。

「それで、あなたのほうはどうだったの？　あなたの出会った男性は？」

ダイアナは、一気にしゃべりはじめた。その時、初めから居合わせていたウーナは別として、このことは絶対秘密にしていた。

「シモーヌ。彼は〝最高の男性〟よ。とても照れ屋だけど、すごくおもしろい人で、いろいろ考えさせられるのよ」

「何を？」

「私たちの魂について、神についてよ。彼は、私の信念や精神的な信仰について、いろいろ質問してくるの」

ダイアナは、ハスナットにぞっこん惚れこんでいた。彼は、それまでダイアナが付き合ってきたヒューイットやホア、チャールズを含むほかのだれとも違っていた。ジョー・トフォロが王立ブロンプトン病院を退院しても、ダイアナは病院に通い続けた。もともと病院の訪問は、何年も彼女が続けてきたことで、ダイアナの生と死に対する精神的な興味から始まったことだった。病院にはたくさんの孤独な人がいて、その人たちは皆自分の残りの人生に付き合ってくれる人を必要としている、とダイアナは考えていた。だから、いつも面会時間終了後に病院へ行き、慰めや元気づけが必要な患者、とくにだれも面会に来ないような患者とじっくり話をした。

訪問が終わると、ダイアナは、夜勤用の小さな仮眠室でハスナットと長い間じっくり話をした。病院側は、ダイアナがそこにいることを知っていたが、異議を唱える者はいなかった。しばらくすると、ダイアナの訪問があまりにも頻繁になり、注目を浴びるようになったので、彼女は変装して行くようになった。

ダイアナは、外出の際、絶えずカメラマンに追い回されるので自然に振る舞うことができず、不満を抱いていた。私は、以前から彼女に変装をすすめていたが、ダイアナは、すぐ私の意見を引っ込めた。というのも、もしばれたらひどいことを書きたてられる、と恐れたからだった。しかしハスナットにもっと会いたいと思えば思うほど、変装のアイデアが気になりだし、ついに彼女は、やってみようと決心した。

初めてダイアナの変装を見たのは、一九九六年八月のことだった。私は、ちょうど昼食時にケンジントン宮殿に到着し、玄関で一度も会ったことのない女性に出会った。女性は、とりすました声で皇太子妃の新しい秘書だと言うと、私にお茶をすすめた。彼女は、私の後ろから二階までついてきて、階段を上がりリビングまで来ると、突然くるっと回って「私よ！」と、カツラを取って叫んだのだ。

ダイアナは眼鏡をかけ、パンプスにブラウス、ひざ丈の濃色のスカート、それにジャケットを着ていた。喋り方も身振りも別人になりきっていたので、私にはまったくわからなかった。彼女は、ほんとうの秘書になりきっていた。

私は、驚いて血の気が引くのを感じた。顔色も変わっていただろう。ダイアナは、そんな私を見て、私のお茶にふだん入れることのない砂糖を入れると言い張った。ダイアナは、ウイリアムとハリーにも試したら、彼らでさえ騙すことができたと言った。そこで、息子でも騙せたのだから、だれでも騙せる、と考えたようだった。

私たちは、何度も練習した。何を着るかを決めると、私はダイアナに、ブルネットの女性のように、イエロー系を効かせたメイクをして、口紅はいつも使っているピンクではなく、赤を使い、日に焼けた肌に似合うようなピーチ系のチークを足すようアドバイスした。

一番重要なアイテムはカツラだった。最初ダイアナが買ったのは、黒くて長いシンプルなものだった。そのカツラをサム・マクナイトがカットしてスタイリングしたら、本物そっくりになった。もう一つは、前髪が肩の長さまであるバブルカットのカツラで、ほんとうのくせ毛のように見えた。もしブロンドだったら気づかれていたかもしれないが、色の濃いカツラにうまくメイクを合わせると、ダイアナは別人に変身した。

初めて外で変装を試したのは、ケンジントン・ハイストリートで等身大の羊のバルーンを買った時のことだった。ハスナットは、博士課程のための研究の一環として、羊の心臓を使った実験をしていた。残念なことに、その羊がたて続けに二匹死んでしまった時、ダイアナは変装して、ハスナットのためにカードを買いに行った。選んだカードには九匹の羊の絵が表に描かれていて、「どの羊がお好き?」というメッセージが書いてあった。カードを開くともう一匹、口紅をしてリボンをつけた羊の絵があり、「あなたが羊がお好みとは知らなかったわ」と書かれていた。ダイアナは、大きな羊の写真も買った。

ハスナットにそのカードを贈り、羊のバルーンも渡した。いつもユーモアのセンスのあるハスナットだったが、今回は違って、まったくダイアナの贈り物を喜ばなかった。ダイアナは、昔の自分だったら、相手が贈り物を拒絶したり、自分のユーモアが受けなかったりすると、よく腹を立てていたが、いまではうまくかわせるようになっていた。だから、逆にハスナットの態度をおもしろがって笑った。

変装も彼女の助けとなった。十九歳の頃から、王室の一員として脚光を浴びるうちに消えてしまった自立心を感じられるようになったのも、変装のおかげだった。過去一四年間、ダイアナは、自分の人生における傍観者だった。自分自身のことを歪んで報道するテレビや本、新聞記事を通して見ていて、罵倒し合うカメラマンの大群から注目されることなく通りを散歩する自由さえ奪われていたからだ。カツラは、そんなダイアナの生活を変えた。皇太子妃になってから初めて公園を散歩したり、バスや地下鉄に乗ったり、ウィンドウショッピングに出かけたり、大好きな男性に会いに行くことができるようになった。

最初ハスナットは、ダイアナのタイプに見えなかった。ダイアナの昔の恋人たちは、とてもハンサムか、家柄がよいか、もしくは両方兼ね備えていた。ハスナットは、どちらでもなく、大陸一つ隔てたまったく違う文化圏の中流階級の出身だった。「オマー・シャリフ」に似ているような、そんな感じの男性だった。

ダイアナは食べものには常に神経を使っていたが、ハスナットはほとんどジャンクフードで生きているような人だった。ダイアナは、彼にもっと健康的な生活を送って欲しいと願ったが、彼は耳を貸さなかった。ハスナットは、とくにケンタッキーのフライドチキンが大好きで、ダイアナはいつも自分の車がフライドチキンの匂いがすると文句を言った。彼女は、いつも車に天然素材の消臭スプレーをかけたが、効果のない時は、窓を開けて車を動かすと言い張った。ハスナットは、常にタバコも吸っていた。

彼は三十六歳で、いい職業のわりには稼ぎは少なく、チェルシーにあるベッドルーム一つの散らかったアパートで、学生のような生活をしていた。部屋は論文などで散らかっていて、めったに掃除をしようとはしなかった。ダイアナは、「汚いコップの中で、いろんなものが育っているのよ。まるで研究室みたいよ」と、不満をもらした。

あまりにも目にあまったので、ダイアナはゴム手袋をはめて、そのワンルームを掃除したが、ハスナットは気づきもしなかったようで、いつも散らかし放題だった。

ダイアナは、気にしなかった（女性の中には、男性を変えようとしてイラついたり、それが失敗に終わって落胆する人もいるが、ダイアナはそういうことにはならなかった）。ダイアナは、彼が自分にそうあるように、あるがままのハスナットを受け入れていた。

彼女は、それまでジェームズ・ヒューイットやオリバー・ホアとは、かなり苦痛を伴うジェットコースターのような波乱万丈な恋をしてきたが、もうそんな恋は求めていなかった。ヒューイットやホア、チャールズのように相手を支配しない、普通の人と普通のつき合いを望んでいたのだ。ハスナットは、彼らとは違った。ダイアナのことを戦利品のように見なすことをせず、また付き合いはじめの数カ月間、彼女がまだ皇太子妃だった頃に彼を惹きつけたのは、もちろんセックスではなかった。

「彼は、私を一人の人間として扱ってくれた、たった一人の男性よ」

ゆっくりだが確実に、ダイアナは自分が居心地よく、楽にいられる、思いやりあるこの関係に慣れてきた。ハスナットの話すべてに心奪われ、彼女を喜ばそうとする気取らないやり方を好んだ。

ダイアナは、ハスナットを何度かケンジントン宮殿に夕食に招いたが、そのあと彼は地元のフィッシュ・アンド・チップスの店にダイアナを連れて行った。二人で、店員が包んでくれた新聞紙から直接食べたのだが、ダイアナは、「それがどんなにおいしかったか、想像できる?」と言った。ダイアナが、この程度のことを新鮮に感じたということは、いかに王室の生活が隔離されていたものだったかを物語っていた。

ハスナットはまた、ダイアナをブロンプトン病院近くにある、おしゃれではないが安くて雰囲気のいいイタリアンレストランに連れて行った。そこには、彼女を知っている人はだれ一人おらず、カツラ姿のダイアナに気づく客はいなかった。ダイアナが言うには、店の料理は〝サンロレンツォ〟と同じくらいおいしくて、断然安かったそうで、そんな食事を心ゆくまで楽しんだのだった。パスタとワインと友だちとの食事なんて、何も特別ではないが、ダイアナにとっては、若い頃に許されなかったことを楽しんでいるようだった。たとえば外食したり、お酒を飲みに行ったり、ソーホーにあるロニー・スコッツのジャズバーへ行くような楽しみだった。また稼ぎが少ないにもかかわらず、ハスナットがいつも支払ってくれることも、ダイアナはうれしかった。

こうした気どらない食事のあと、ダイアナは時々ハスナットを車の後部座席に隠れさせてトランクに用意してあった毛布を上からかぶせ、二人でケンジントン宮殿に戻ってくることもあった。ハスナットは、宮殿を頻繁に訪れるようになり、時には応接間で一晩過ごすと、執事のポール・バレルが任務に就く前の早朝にいつも帰って行った。

ハスナットが当直の夜には、勤務先の病院がどこであろうともダイアナはついていき、小さな仮眠室で夜を過ごした。彼が回診している間に読む本を、ダイアナはいつも持って行った。ハスナットの仕事に時間的余裕があれば、二人は小さなシングルベッドに寄り添って、キスをしたり、抱き合ったり、話をしたりして、お互いのことを理解し合った。

そして夜が明ける少し前にダイアナは窓から外に出て、秘密の出口から帰るのだった。ところがある朝、彼女は立ち往生してしまった。ケンジントン宮殿に戻り、午前七時半に私に電話をかけると、カツラが窓枠に引っかかって、どうにか外に出た時にはカツラは半分脱げ、もう半分は目のところまでずれた状態だった……と詳しく語り、こらえきれずに吹き出して大笑いした。ハスナットもダイアナと同じく、こうしたハプニングを楽しみ、二人の距離はどんどん縮まっていった。

ダイアナは、ハスナットが初めて家族を紹介してくれたやり方に感激していた。ハスナットがケンジントン宮殿に来た時、彼がパキスタンの両親に電話をするのに、ダイアナは自分の電話を使用させていた。最初ハスナットはテレフォンカードを買いに行く、と言ったが、ダイアナは「行かないで。私の電話を使って」と、彼を引きとめた。ハスナットはいつも長電話で、ダイアナは電話が終わるのをイライラしながら待っていた。彼の気を散らそうと、グランドピアノを弾いてみたり、ストリップの真似をしたりしたが、効果はなかった。時々ダイアナは、ウルドゥー語でしゃべっている彼の隣りで私に電話をかけてきたが、彼はそれに気づいていなかった。

ダイアナは気にしなかった。実際、こういったすべてのことに、いとおしさを感じていたからだ。弟とダイアナは父親を亡くして以来、電話をかけるようなほんとうの家族はいないと感じていた。弟との関係はぎくしゃくしていたし、チャールズとの激しい争いのせいで、姉のセーラ、女王陛下の私設秘書ロバートを夫に持つもう一人の姉ジェーンとの関係にも亀裂が生じていた。ロバートは、ダイアナを王室に服従させようという、まず不可能な仕事を任されていた。残る母親のことも、ダイアナは、自分を見棄てたことを許す気にはなれなかった。

成長して家を出て、過去を振り返らない人もいる。しかし、ダイアナは違っていた。彼女の家族は、ダイアナが子どもの頃から求めていた安心感を与えることはできなかった。ダイアナは、それをハスナットの家族から得られるかもしれない、と考えていた。ハスナットは、ダイアナをストラットフォード＝アポン＝エイヴォンにいるイギリス人妻ジェーンと暮らしている叔父オマールに会わせ、ダイアナは彼らと親しくなった。

ハスナットの叔父夫妻を訪問する際は、いつも何か食べ物を持っていくと、ダイアナは手袋をはめて洗い物やキッチンの掃除をすると言い張った。ジェーンが双子を妊娠中の時はオムツや洋服を買った。ほとんどが高級百貨店ハロッズなどで売っている最高級品だった。双子用のベビーカーも買ったが、双子の一人が死産だったため、ダイアナは自分で店に返して普通のものと交換した。

ダイアナが興味をそそられたのは、弁護士の肩書きを持つジェーンが、人種の壁を越えて結婚し、パキスタン人家族の仲間入りをやってのけたことだった。ジェマイマ・カーンも同じで、ダイアナは、社会的階級の習慣に逆らって二十二歳も年上のスポーツ選手と結婚した、この大物実業家の二十歳の娘と仲よくしていた。ダイアナは、宗教も文化的背景もまったく違う人と結婚するのはどんな感じか、とジェマイマにいつも訊いていた。

一九九六年二月、ダイアナは、ジェマイマの母アナベル・ゴールドスミス卿夫人と、彼女の友人コジマ・サマセット卿夫人とともに、自家用ジェットでラフホールまで飛び、イムランが創設した癌専門病院を数日間訪ねた。イムラン姉妹と話をし、自分の家族にはない一族の団結の強さをダイアナは感じ取った。

ダイアナは、ハスナットの親戚に会いたいと思っていたが、スペンサー伯爵が一九七八年に脳卒中で倒れた時の担当医でブロンプトン病院の著名な心臓外科医、ジャワド・カーン教授に電話で相談したところ、家族と会うのは延期になった。当時、カーンの家族はハスナットが皇太子妃とつき合っているとは知らないため、家族が住むジェラームまでの一二〇マイルを車で移動するのは、ダイアナに興味津々の報道陣がいることを考えるとタイミングが悪いと指摘したのだった。

顔合わせの機会を奪われたダイアナは、代わりにハスナットの祖母アパと手紙のやり取りをはじめた。一九九五年、ダイアナはクリスマスカードとして自分とハスナットが二人で映っている写真を送ったので、アパはたいへん困惑した。どうして新聞でしか見ることのない、高名な皇太子妃がクリスマスに挨拶してくるのかが理解できなかった。それはアパに宛てた長い手紙が原因だった。手紙には、ダイアナが彼女の孫を慕っているということが書かれていた。ダイアナは、関係の安定を図ろうとしていたわけだ。そして何度も私に「こんな素晴らしい人の家族と会うのが待ち遠しいわ」と言った。

ダイアナは、明らかに二人の関係を先に進めようとしていた。しかし私は、作為的だとは感じなかった。それが彼女のやり方だったからだ。子どものように、彼女は自分の恋した男性の家族のすべてを知りたかったのだ。

しかし、東洋と西洋のご対面は、ダイアナが思っているほど簡単ではなかった。ハスナットが唯一ダイアナに頼んだことは、故郷から出てきて事業を起こそうとしている二人の友人を助けてやって欲しいというものだった。ダイアナは、喜んでその願いを引き受けて、若者二人をケンジントン宮殿に呼び、ヴァージンアトランティク航空の企業家で創立者のリチャード・ブランソン卿に引き合わせた。

二人とも英語が話せたので、ダイアナはハスナット同様に世慣れた教養人だと思っていたが、実際には彼らはそれまで一度もパキスタンを出たことのない世間知らずだった。ダイアナが短いスカート姿で部屋に入ると、彼らはダイアナの脚から目を離すことができなかった。ダイアナは、脚を組み替えて、見えないように押さえながら気まずく座っているしかなかった。

またダイアナは、彼らが豚を食べないイスラム教徒であることを考えずに、ベーコンサンドイッチを作ってしまったから、さらに気まずくなってしまった。リチャード卿は、彼らに何をしたいのかを尋ねた。ダイアナは、二人のことを、まるで『不思議の国のアリス』に出てくる双子の〝トゥイードゥルダムとトゥイードゥルディム〟みたいで、バザールからまっすぐ宮殿に来たのだと言った。二人は、とにかくパキスタンでなんでもよいから事業を起こす手助けをしてくれる人を望んでいたが、ダイアナが関係していたからこそブランソン卿は丁重に応対していたが、彼らに出資する気はなかった。

「あなた方は、まずビジネスについて学ぶ必要があると思いますね」。ブランソン卿は、そう二人に言った。

もし私がその場にいたら、腹を立てたと思うが、ダイアナはおもしろがっていた。もちろんハスナットを責めることはなく、彼のすべてを許すことができたからだ。その二人はハスナットの友人で、ハスナットは彼らの力になりたいと思っていたのだ。ダイアナは、これで十分だった。彼女は、ハスナットの人生に上手にかかわりたいと考えていたので、ようやく彼の祖母に会えた時には、ダイアナは結婚の突破口が開いたと感じた。

アパおばあちゃんは、ハスナットの十三歳のいとこ、マムライズと一緒にイギリスに到着し、オマールとジェーン夫妻のところに滞在した。ダイアナは、彼らに会うため、車でストラットフォード＝アポン＝エイヴォンまで行った。ちょうど一九九六年七月のことで、同じ頃、皇太子夫妻の離婚の仮判決が下り、ダイアナが高まる非難の声に従って、ほとんどの慈善事業をあきらめると宣言した頃だった。アパは、ご飯とサラダ、そして薄いカレー味の簡単な豆料理の夕食をダイアナのために作った。その数日後、ダイアナはケンジントン宮殿での午後のお茶会にアパおばあちゃんを招待した。今度はダイアナが食べ物を用意する番だったが、また過ちを犯してしまった。

今回は、〝トゥィードゥルダムとトゥィードゥルディム〟の時のことを覚えていたから、ベーコンサンドではなかった。小さなキッチンで作ったスモークサーモンのサンドイッチを出したのだが、前回同様不評だった。初めてパキスタンを出て海外に来たアパは、一度もスモークサーモンというものを食べたことがなかったので、〝生魚〟を食べていることに気づくと怖気づいてしまったのだ。

そしてアパは、卵とチーズのサンドイッチを訝しげにかじった。

食事での失敗はあったが、ダイアナとアパはうまくいっていた。アパは、ダイアナを〝私の子トラちゃん〟と呼んで、自分の一番お気に入りの孫と皇太子妃とのつき合いを認めたようだった。それは、ダイアナの離婚が決まった夜の出来事だった。

その時、友情が愛情へと変わり、ダイアナはハスナットに息子たちに会って欲しいと切望した。彼の家族と会ったいま、ダイアナは、ハスナットも自分の家族に会うのが当然だと考えていた。彼をウイリアムとハリーに紹介することは大きな一歩だったが、同時に二人の関係が、さらに親密になることでもあった。

紹介は、王子たちが学校からケンジントン宮殿に戻った週末に行なわれた。ダイアナは、息子たちに前もって、とても好きな人ができたことを告げていた。ダイアナがこうしたことは初めてで、とても緊張していたが、ハスナットも同じだった。

ハスナットを紹介したあと、ダイアナはウイリアムとハリーに彼のことをどう思うか尋ねると、ウイリアムは「とてもよさそうな人だね。彼と一緒にいて幸せなら、ぐずぐずしないで話を進めたら?」と言った。しかしハリーは、それほどいい顔をしなかった。

恋愛が盛り上がっている時期で、ダイアナは自分の残りの人生をともに過ごしたいと思える運命の人に出会えた、と心から信じていた。ハスナットはほんとうに正直で、一度も嘘をついたことはなかった。ダイアナは、彼の仕事、誠実さ、家族との親密な関係を非常に尊敬していた。過去のダイアナの恋人たちのなかで、大勢の家族や親戚と親しくしている人は一人もいなかったから、家族はハスナットの家のように、お互い支えあう関係が大事だと思った。だから、ダイアナは、彼と一緒にいるだけで、彼女の目には心の明るさを映しだす輝きが宿ったのだった。

ハスナットは自分の考えをしっかり持ったタイプで、ダイアナの望みに合わせることはなかった。ダイアナは、彼にケンジントン宮殿に引っ越して来て欲しくて、私とダイアナは、どの部屋を彼の部屋にするかまで話し合い、結局昔のチャールズの部屋を候補に挙げていた。しかしハスナットは、その提案をすぐに断った。

ハスナットは、携帯電話を買ってあげるというダイアナの申し出も受け入れなかった。彼との連絡方法は、唯一彼のポケットベルだけだったので、それは好きな時に相手と話したいダイアナにとって不自由なことだった。ダイアナは必死の思いで、よくハスナットの勤務する病院に電話して伝言を残したものだ。たとえば、「こちらアレグラ医師ですが、カーン先生となんとか連絡をとりたいのです。いまアメリカから到着したばかりで講演を行なうために数日しかこちらには滞在できないので、戻るまでになんとか連絡をとりたいと思っています」といった具合だ。電話番号は残さないが、ハスナットにはそれがだれからかわかっていた。最初は気にしてなかったようだが、だんだんダイアナのしつこさにうんざりしてきた様子だった。

しかし、彼をほんとうに怒らせたのは、二人の関係がついに世間の注目を集めてしまったことだった。これほど長く気づかれなかったこと自体、驚くべきことだったが、いつまでも隠し通せるものではなかった。一九九六年一一月に二人の関係は明るみに出た。それは、ダイアナが恋人の仕事に協力したいと思ったことが原因だった。その前日、人道支援に関する授賞式に参加するため、イタリアのリミニに滞在していたダイアナは、世界で初めて心臓移植を行なったクリスティン・バーナード医師に出会い、ハスナット・カーンのために南アフリカでの職を紹介してくれるように頼んだ。そうすれば、南アフリカに移住して二人一緒に暮らせると思ったからだった。

「彼女がカーン医師を愛しているのは、間違いないと思った」とバーナードは言った。その後すぐに、ダイアナは、ハスナットがオーストラリアで勉強していた時の恩師であったヴィクター・チャンを偲んで設立された心臓研究機関の資金集めのための夕食会に主賓として出席するためにシドニーへ飛んだ。故チャン氏は、一九九一年に誘拐され、身代金受け渡しの失敗によって殺されたのだった。

サンデー・ミラー紙が、二人一緒の写真を掲載し、ダイアナの恋を取り上げた時、ダイアナはオーストラリアにいた。見出しは、ダイアナが〝内気で思いやりのある心臓外科医〟と恋をし、さらに〝彼の妻になりたがっている〟と書かれていた。

ハスナットは、ダイアナが彼のキャリアに介入してくることを嫌がり、自分の名前が新聞のあちこちに載ったことを知って激怒した。だが彼をもっと怒らせたのは、ダイアナの応対だった。記事は間違っていなかったが、ダイアナはハスナットを気にするあまり、それを否定してしまったのだ。彼女は、長く親しくつき合っていたデイリー・メール紙の王室記者のリチャード・ケイに連絡をとり、その記事は「でたらめだ」と言った。

それは、決してしてはならないことだった。「なんてひどいことを。彼は絶対怒ったわよ」。私はダイアナに言った。ことが明るみに出たことはもちろんだが、そのようにぞんざいに扱われたことに彼のプライドが傷ついたのだろう。こういったことは、だれにとっても一番の侮辱と言える。

「いい？　ハスナットはあなたが彼をどう思っているかを気にしているのよ。それなのにわざわざリチャードのところへ行って、こんなことを話して記事に書かせるなんて、もってのほかだわ」

ハスナットは、明らかに私と同意見で、彼はダイアナにはっきりと、これ以上付き合えないと告げると、それから数週間話をするのも拒否した。ハスナットは、博士課程の勉強に集中する必要があったし、いつも陰口や中傷を警戒することに耐えられなかった。

ハスナットが連絡を絶ったことで、ダイアナはひどく取り乱した。私が会いに行った時は、ぼろぼろの状態で、涙でマスカラが流れて黒くなったパンダ目は腫れていた。

私たちは、電子レンジで料理を作り、話をするため彼女の小さなリビングに行った。ダイアナは、ハスナットの家族に受け入れてもらうために改宗してイスラム教徒になろうとしていることを語り、自分がどれほど真剣であるかを訴えた。ダイアナはハスナットのためならすべてを捨てる覚悟だったが、彼はただ平凡な生活を望んでいただけで、同じ思いは抱かないだろうと私は言った。

そのうちダイアナは、自分の苦しみをメディアのせいにしはじめた。私は、メディアが注目するのはダイアナの行動に原因があるからだと指摘したが、聞かなかった。ダイアナは絶望し、自分を哀れんで泣いた。私は、心配しすぎないように言い続けたが、彼女は私に「なんにもわかっていない」と繰り返すばかりだった。私は、「わかっているわ」と言った。同じような状況に陥らなかった女性はいないだろうから。

そして、私は言った。「彼には息抜きが必要なの。彼は必ず連絡してくるわよ。だから少しのあいだ、彼を一人にしてあげなさい」と。

ダイアナにとって、それは容易なことではなかった。苦しみで息が詰まりそうで、その苦悩から逃れようと、ケンジントン宮殿の公園や沿道を疲れ果てるまでひたすら走り続けた。休憩は私に電話をかける時だけだった。ダイアナは、頻繁に電話してきたが、私はいっこうに構わなかった。ハスナットは一人の時間を大切にする人で、追いかけ回されるのが我慢できなかったので、ハスナットにかけるより、私にしつこく電話するほうがよかったからだ。

　これも少しは助けになったものの、〝もうすぐ捨てられる〟と思い込むと、またダイアナの癖である強迫観念に取り付かれていった。ストーカーモードに陥り、ヒューイットやホアのあとをつけたように、ハスナットを追いはじめた。そして、彼がダイアナを動揺させるようなことをしないとわかると、とても安心した。ようやくハスナットが電話してきた時、ダイアナは謝罪し、二人はよりを戻した。

　この一件は、二人の関係に忘れることができない爪あとを残し、すべては元通りにならなかった。ハスナットは、それまで以上にダイアナといることで注目を浴びることを警戒するようになり、一方ダイアナは、二人の関係が自分の望むような結婚に行き着かないかもしれない、という考えに苛立ちを覚えはじめた。

　ダイアナは、イムラン・カーンに二人の仲をとりもって欲しいと頼んだ。また彼女はマーティン・バシールも巻き込んだ。カーンと同じアジア人のバシールならハスナットの考えを理解できるだろうし、同時にダイアナの考えをうまく伝えて二人の亀裂を修復してくれるかもしれないと期待したからだ。でも、それはうまくいかなかった。「彼の気持ちはどうなの？　男性優位主義的な彼をどうすれば理解できるの？」とダイアナはバシールに訊いたが、いい答えは得られなかった。

　次の仲介役はバレルの番だった。彼はダイアナの伝言をハスナットに届けるために、ブロンプトン病院の通りを挟んだ向かいの、その名も〝プリンセス・オブ・ウエールズ・パブ〟で会ったが、二人の状況はさらに複雑になるばかりだった。ダイアナは、彼を形づくっているものに関心があったし、彼の宗教や家族についてもっと知りたかったが、ハスナットはとても無口な自己完結タイプなので、ダイアナの気持ちに共感することは難しかった。ダイアナは、質問し続けたが、ハスナットは応じようとさえしなかった。

こうして、ダイアナはイムランとジェマイマに、さらに教えを求めたが、このカップルは二人のお手本にはならなかった。イムランは、ロンドンの社交界の華だった若き自分の妻に、パキスタンでは家族の決まりに従わなければならないと言い、彼女は贅沢をしない質素な生活を送りながら、彼の家族と一緒に住み、彼の子どもを産もうとしていた。また、付き添いなしでの外出は許されなかったので、西洋の自由に慣れている若い女性には難しかった。だからダイアナは、この結婚は長く続かない、と確信した。ダイアナの考えは当たり、結局、イムラン・カーン夫妻は、二〇〇四年に離婚し、ジェマイマは俳優のヒュー・グラントとつき合うようになった。

異文化圏の人との結婚に伴う問題を知っても、ダイアナの思いは変わらなかった。ダイアナは、ハスナットと自分の場合は違っていて、二人の問題点さえ取り除けば、関係がうまくいくと信じていた。彼女は現実を直視していなかった。ハスナットが変わることはないし、ダイアナが『スリーアップ・トゥーダウン』のようなドラマのように、価値観の違いを乗り越えてうまく生活をし、家にひきこもって子育てをするなんてあり得なかった。私たちはそのことについて話し合い、彼女も同意したにもかかわらず、まだおとぎ話のような夢にしがみついていた。ダイアナは、ハスナットと結婚するものと思い込み、一九九七年五月、彼の両親の許可を得るためパキスタンに飛んだ。

ハスナットの両親との面会は、ジューラムのモデルタウンにあるカーン家の敷地内で行なわれた。ダイアナは、遠慮がちに民族衣装を身につけた。ハスナットの母ナヒード、父ラシード、そして叔母、叔父、姪、甥、いとこなど、たくさんの親族一同とお茶を飲み、ケーキを食べながら午後を過ごした。ナヒードは、母親独特の鋭い観察眼によって、息子がこの華やかで魅力的な西洋人女性とかかわることを快く思わなかった。イスラム的な考えでは、ダイアナは男性を知り尽くした女性だった。

ハスナットは、ダイアナの訪問を知って激怒した。彼は一度も結婚について両親と話をしたことはなく、ダイアナが内緒で自分の家族と会ったことで、また限界を超えたと思った。彼は罠にはめられた気分になった。ダイアナが何を見ていようと、ハスナットはいつも同じだった。つまりパキスタンからやって来た控え目な医師で、ロンドンに住めるだけで幸せだったのだ。なぜ自分がダイアナの愛や結婚に関する西洋的な考えに賛同しなければいけないのか、まったくわからなかった。ダイアナは、離婚時に財産分与として一七〇〇万ポンド受け取っていて、それは彼らが一生贅沢に暮らせる額だった。でもハスナットは、ダイアナのヒモになる気はなかったし、彼女からの贈り物を受け取るのさえ気がひけていた。彼は、ダイアナが自分に惜しみなく与えてくれる思いやりを、ほんとうにうれしく思っていたが、彼女のお蔭で集まる世間の注目と、自分の人生を引っ掻き回そうとする彼女のやり方が好きではなかった。

それに加えてハスナットは、私とダイアナが〝責任逃れ〟と呼ぶ類の人でもあった。つまり、結婚して落ち着くのは難しい、という結婚に不向きなタイプだった。彼は以前、二度は両親が選んだ相手と、一度は自分が選んだ相手と婚約して、三度とも自分から婚約解消していた。ダイアナはそれを不思議に思っていた。彼の年齢を考えるとやはり奇妙だった。私は思った。ハスナットは心臓外科医で、人の心臓《ハート》には興味があっても、自分やダイアナの心《ハート》には興味がなかったんだ、と。

理想を言えば、ハスナットは初めからダイアナとは関係を持つべきではなかった。先を急がせたのはダイアナだったとしても、彼がダイアナを愛していたことは疑う余地はなく、彼は彼のやり方で愛したかったのだ。そして、二人の関係が速度を増して接近すると、彼は去ってしまったのだ。

しかしながら、二人の関係がこれで劇的な終わりを迎えたわけではなかった。一九九七年七月、ハスナットはダイアナに、ついに別れようと告げた。あきらめきれないダイアナは、彼の家族と連絡をとり続けた。ダイアナは、その数週間後、彼女の人生が終わる最後の最後まで、二人のよりが戻るという希望を持ち続けていた。

10……信仰

ダイアナは、いつも自分の人生の意義を子どものように質問してきた。「私が存在しているということは、実際目に見えるもの以上に意味があるはずなのよ」と、私によく話をした。彼女は、なぜここに私たちがいるかを知りたがり、また何よりも未来の自分を知りたがった（こうした質問は、だれでもじっくり考えたことがある問題で、まだ幼い頃に最初に疑問に抱くことでしょう）。

たとえば、ウイリアムとハリーは、こんなふうにダイアナによく訊いていた。「僕たちは、どこからきたの？」「天国はどこにあるの？」「神様ってだれ？」。

ダイアナは、ありきたりの決まり文句で逃げるような親ではなかった。彼女は、精神的なことに理解があった。ダイアナは、単に言葉としてではなく、私たち全員に影響を及ぼす強い力として神や善と悪といったものを、心から信じていた。

ただ彼女の場合、疑いもなく信じるのではなく、いつもそこからより多くを学びたがった。そして、自分が信じてきた英国国教会ではすべての思いを満たすことができないとわかると、知識欲からほかの宗教についても学びたいと思うようになった。

彼女が広げた精神世界の探求網は広く、イスラム教、ローマ・カトリック教、ヒンズー教、秘教であるスーフィズム、カバラなどが含まれた。また、神が女性で「女性器が非難されるのではなく崇拝される」古代の自然崇拝にまで興味を抱いた。キリスト教を含むほかの宗教では、しばしば女性器が非難の対象になっていたからだ。

ダイアナは、読んで知ったことを多方面から議論しなければ一日が終わらないほどだった。彼女の知識の深さにはたびたび驚かされた。ダイアナは、いつも神の導きを求めていた。最近の多くの人びとのように、すべてに答えを求めたがるのではなく、時間や労力を費やして、そのテーマの背景を読むのだった。

チャールズは、精神的な解明を求めてイスラム教からギリシャ正教会修道士の儀式まで、あらゆるものを受け入れるようになっていたが、明らかにダイアナにも影響を及ぼしていた。とはいえ、ダイアナはチャールズの考えについていくつもりはなかった。自分で理解し、判断し、自分の意見を持ちたかったのだ。それは若い頃には決して許されなかったことだった。まだ少女だった頃、話す内容が日常のありふれたことから離れ、だんだんと知的な会話になっていくと、いつも怒鳴られて黙らされたという。

「家族のなかでは、弟は賢いけれど、私は頭が悪いと言われていたの」

それはどんな子どもにも言ってはいけない、ひどい言葉だった。何よりそれは事実ではないのだから。ダイアナは、成績優秀でオックスフォード大学で歴史の学位を取得したチャールズのように頭がきれるタイプではなかったが、多くの人が思っているダイアナ像と違って、物事を深く考える探究心の持ち主だった。ダイアナは、もともと洞察力があり、チャールズが親しくしている、いわゆる〝教祖たち〟への依存はおかしいと感じていた。ダイアナは、よく冗談で言った。

「彼の考えには、彼と最後に話した人の影響を感じるわ」

ダイアナが尊敬する人物は、何もせずに座ったままであれがいいだの悪いだのと述べる人ではなく、実際に外へ出て行動する人だった。だから、マザー・テレサにとても感化されたのだ。少なくとも初めのうちは。

ダイアナは、マザー・テレサの話をハリ治療士のウーナ・トフォロから聞いていた。ウーナは、スライゴー出身の敬虔なローマ・カトリック教徒であり、元看護士で、ずっと以前にマザー・テレサと働いたことがあった。ダイアナが、この小柄な修道女マザー・テレサがコルカタで病院や貧しい人びとのために取り組んでいる活動を実際に見たのは、皇太子と一緒にインドを訪問した一九九二年のことだった。当時ダイアナの結婚生活はどん底にあって、体裁をとりつくろうための嘘や芝居に疲れ果てていた。そこでチャールズがネパールを私的訪問しているあいだ、ダイアナはコルカタの南方カリガードのスラム街にある〝神の愛の宣教師会〟の家に一人で出かけたのだった。

ダイアナが家に入ると、修道女たちは美しく澄んだ声で歌いはじめた。それは路上にあふれる不快な貧困の声や目の前に広がる悲惨さとは対照的な美しい旋律だった。ダイアナは、窮状を前にしてたじろいだことは一度もなかったが、この時ばかりは暗がりでぼろぼろの青いマットレスに横たわる末期症状の人びとの列を見下ろしながら、目には涙があふれ、唇を噛みしめずにはいられなかった。収容所はかなり過密状態で、なかにはキッチンや石の床にじかに寝かされている人もいた。彼らは皆、結核、栄養失調、そのほか不衛生なコルカタに蔓延しているさまざまな病気のせいで、瀕死の状態だった。まるでダンテの『神曲――地獄編』の一場面を思わせた。

「けれども、彼らは一人ぼっちのまま、だれにも望まれず、だれからも愛されずに亡くなるのではないわ」と、ダイアナは思い出しながら語った。

ダイアナは、瀕死の状態の人びとのあいだを、持参した砂糖菓子をそっと手渡しながら歩いた。ダイアナがそこを立ち去る時、彼女の服は泥で汚れていた。それからダイアナは、マザー・テレサに助け出されて特別保護施設に収容されている孤児たちに会った。ダイアナは、子どもたちの顔をなで、マイソという聾唖《ろうあ》の男の子を抱きあげると、抱いたまま施設中を歩いた。

〝私は強く抱きしめたの。この子に私の愛とぬくもりが伝わればいいと思って〟

のちに、彼女はこう書いている。自らの死すべき運命に気づき、だれもがこの世では、いかにささやかな存在であるかを知ったという。この体験が、ダイアナの死生観を変えたのだった。

ダイアナは、とてもマザー・テレサに会いたがっていたが、その小柄な修道女は心臓病の治療を受けるためローマに行っていた。ダイアナは、ロンドンに戻るとすぐにイタリアへ飛び、彼女が〝この世で神の仕事をしている女性〟と呼ぶ人に会い、挨拶をした。ダイアナには一つの明確な目的があった。マザー・テレサの施設を訪問したことで、孤独な人びとの助けになりたいという思いが湧いてきて、それこそインドで六カ月間働きたいと願っていた。

しかしマザー・テレサは、ダイアナの願いをただちに断った。体は小さくても、自尊心は強く、自分の名誉を横取りするために、世界一有名な女性がコルカタに乗り込んでくることを望まなかったのだ。マザー・テレサはダイアナに、少なくとも六十歳になるまでは、この仕事をするのは無理だろうと言った。

「あなたがしていることを私はできませんが、私がしていることもあなたにはできないでしょう」

とマザー・テレサは言った。

ダイアナは、この言葉に大きなショックを受けて、ひどく腹を立てた。それは、侮辱以外の何ものでもない、とダイアナは受けとった。奉仕しようと思ったのは、自分の栄達や評判のためではなかった。ダイアナは聖書を読み、マタイによる福音書にあるキリストの言葉に感化されたのだ。〝あなたは、私の喉が渇いていれば飲み物を与え、よそから来たものには宿を貸し、裸でいれば服を着せ、病気の時には見舞ってくれた〟という言葉だった。毎日、貧困に苦しみ見棄てられた人びとが、何千人も路上で亡くなる。そこから救い出されて、マザー・テレサの施設へ連れて来られた人びとはあまりにも多く、人手不足だった。それでダイアナは自分が貴重な助けになるかもしれないと思ったのだ。

アルバニアの出身で、アイルランドで修行し、貧しい人びとのために行なった活動でノーベル平和賞を受賞したこの修道女に対して、ダイアナは賞賛の念をなくしたわけではなかった。それでも心からの申し出を断ったマザー・テレサのやり方に、ダイアナは自分の動機を考え直すようになった。マザー・テレサとダイアナは、苦しんでいる人びとや死に行く人びとにどう語りかけるべきかについて何度も話し合った。そして、マザー・テレサが八十七歳、ダイアナが三十六歳で亡くなった年に、二人はニューヨークのブロンクスでお互い手をとり合って歩いたのだ。しかし、ジョン・パウロ二世に対しては、ダイアナはかつて抱いていた無条件の信頼はなくなっていた。

何年にもわたって、マザー・テレサは何百ドルもの寄付金を集めてきた。それなのに、なぜ「神の愛の宣教師会」では、最後の数日間を過ごすために連れて来られた人びとが、ボロを着たまま、腐りかけたマットレスや石床に横たわって最期を迎えるのか、ダイアナはわからなかった。マザー・テレサは宣教師会の監査報告の公示を拒否していた、という話を知ったダイアナは、「彼女はそのお金で何をしているのかしら？　ただ放置しているのかしら？」と思った。

ダイアナは、自分ならさらに数百万ドルの寄付を集める手助けができると思ったが、「マザー・テレサが使わないのなら、なんにも意味がない」と言った。

まさにダイアナの言う通りで、すでに世界で最も裕福な組織であるローマ・カトリック教会のために、さらに寄付を募ることになんの意味があるというだろうか。

こうした考えは、ダイアナがもっと若かったなら述べられなかったはずだ（彼女の考えや判断は、いつも家族から世間知らずだとか、単なる馬鹿げた話として片付けられていたからだ）。しかし、世間から注目されることでダイアナは成長した。もはやチャールズと結婚した時のような子どもではなかった。自分の地位にうんざりしていた時期もあったが、その間密かに成長し、人びとの意見を鵜呑みにするつもりはもうなかった。ダイアナは、あるテーマに興味を持つと、それに関する本や雑誌をあさり、夜中ベッドで読みふけりメモをとった。眠りがとても浅かったので、勉強する時間はたくさんあった。そして読んだばかりの本のことを話すために、よく朝に電話をかけてきた。多忙なスケジュールが許す限り、日中でも読み続け、もし彼女の読書中に電話をしようものなら、ダイアナはいま読んでいる章を読み終える三〇分後ぐらいにもう一度電話をしてきてと頼んだ。学校での教育の機会を逃した人のように（ダイアナは、いつも自分がひどい生徒だったとすぐに認めたが）、人生の後半で、真の知識欲を持つようになり、読書をすればするほど自分の意見に自信がついていった。

マザー・テレサは、ダイアナの厳しい目に苦しんだ。英国国教会も同様だった。ダイアナが学べば学ぶほど、自分の家族が何世代にもわたり敬ってきた国教会が、ダイアナにどんどん影響を及ぼし、さらには幅広い精神的なことよりも、現世の重要性に関心を見いだしていった。結婚生活の問題がさらに深まるにつれ、宗教に慰めを求めるようになり、その結果、ローマ・カトリック教会に傾倒していった。これは、敬虔なローマ・カトリック教徒であるウーナ・トフォロがきっかけとなり、さらにはルシア・フレチャ・デ・リマのようなカトリック教徒の友人、そしてもちろんマザー・テレサとの初めての出会いにあと押しされた。ダイアナは、ローマ・カトリックの体系と確かな根拠が好きだった。その懺悔の概念が気に入った。これは彼女にとって精神療法のようなものだった。ダイアナは、自分の母のように、ローマ・カトリックへの改宗を真剣に考えていた。英国国教会は、ヘンリー八世がローマ教皇権を拒否して以来、イギリスの正式な国教であり、もし未来の国王の元妻ダイアナが、彼女の言う〝ローマに行ってしまったら〟、それは厄介なことになっただろう。これこそダイアナがローマ・カトリックに改宗しない理由の一つだった。私たちは、何度もダイアナが改宗することで何が起こるかを話し合い、ローマ教会の聖書に対する厳しい解釈は、彼女が求める生と死への答えを導けず、自分の信条を合わせるのは無理だと認めた。

ダイアナは、イギリスのローマ・カトリック教会の上級司教であり、また「シェルター」（ホームレスの宿泊施設を確保するために活動する、英国慈善団体）の長としてウエストミンスター大聖堂の門戸をホームレスの夜間避難場所として解放して人気を得たバシール・ヒューム枢機卿と親しかった。ダイアナは、その真の慈善活動を絶賛していたが、ローマ・カトリックにおいて重要な富の誇示はよく思っていなかった。そして、この二つを一緒に受け入れることはできないと判断した。ダイアナは、自分にはローマ・カトリック教会は合わないと結論を下したのだった。

もしダイアナに十二使徒や初期の教父によって書かれた正典以外の聖書や書簡に含まれている教義を信奉することが許されていたならば、また違っていたかもしれない。「外典」と呼ばれるそれらの聖書には、イエスの生涯についてより広い解釈が含まれていたからだ。

ダイアナの興味をそそったのは、精神とその他すべての物質の二元論の概念だった。精神は神の創造物であり、体は魔王サタンに属している、というものだ。イエスが荒野をさまよっている時、サタンはこの世の富でイエスを誘惑しようとするが、富なくしてどうやって誘惑できたと言えるのだろうか。

ダイアナは、日曜学校で教えられたよりも、イエスがずっと人間的だという考えが好きだった。ダン・ブラウンの小説『ダヴィンチ・コード』が世界的ベストセラーになる以前から、ダイアナはイエスがマグダラのマリアと結婚していたのではないかと思い、福音書とキリストの生涯に新しい解釈を見いだしていた。そうなると、確実に女性が重要な存在であることを示すことになり、家庭でも結婚生活においても、常に不利な存在にしかなり得なかった自分を振り返って興味を示した。

この二元論とイエスがじつは純潔ではなかったという考えは、伝統的キリスト教会からは異端と避難されてきたものだ。そのためダイアナは魔術崇拝に興味を持つようになったのだった。〝魔術崇拝〟という言葉は、中世以来〝魔術〟と同義語だった。中世は、薬草師や心療治療家が火あぶりの刑に処せられてしまった時代だが、この自然崇拝の、地球を中心とした信仰に邪悪なところはない。中国の陰陽道の思想に近い、男女平等を説いたもので、より調和のとれた世界を形成するためにバランスのいい状態にする、というものだった。また、地球を「生きて呼吸する一つの有機生命体」と捉えるガイア思想からインスピレーションを受けていた。その中核は、キリスト教以前のケルト儀式にあり、その儀式や作法、薬草療法の教えは二〇世紀中期にジェラルド・ガードナーが著した『今日の魔術』によって形成された。この本は、イギリスでようやく魔術信仰が処罰の対象からはずされた三年後の一九五四年に出版された。

魔術崇拝には絶対厳守の規則はない。

「汝が意志することを行なえ、それこそ法のすべてとならん」

これに対する答えは、

「愛こそ法なり、意志の下の愛こそが」

これが教義の一つであり、

「他者を傷つけることなかれ」

「すべての男、女が星である」

これが指針なのだ。これらが、ダイアナの興味を駆り立てた。ダイアナの新異教主義へのかかわりは、おそらくチャールズの影響だった。彼はいつも現在の問題に対処する方法を探すため、過去に目を向けたのだ。ただし、ダイアナの持つ興味は好奇心からくるものだった。ダイアナは、このテーマの文献をかなり読み、それに詳しい人物とたくさん話をした。

最もダイアナを魅了したのは、魔術崇拝が人の命を含む、地球上すべての創造の源として〝女神〟を重視していることだった。これにより、なぜ古代の人びとが女性器を崇めたかが説明できた。彼女は、この考えに強く惹かれた。

ダイアナは、ほかにヒンズー教やその神と女神たちに興味を持った。神々の一人ひとりが、われわれの存在の異なる側面を体現していた。ダイアナは、ヒンズー教の聖典『ベーダ』を読み、その何千年も昔に書かれた書物にある、現在発明されている飛行機や機械などの予言の記述に興味を持った。そして、無駄な苦しみも幸せも存在しないのだ、という教えに深く感銘を受けた。でも、そのインドの宗教の細かい内容と矛盾は、受け入れがたかった。

　そして、イスラム教がもう一つの選択肢を与えてくれた。一九九〇年、ダイアナはケンブリッジ大学のセルウインカレッジでイクバル特別奨学金を受けたアクバル・アフメト教授とともにロンドンの英国王立人類学協会の会議を開催した。教授はダイアナに、イスラム教は多くの西欧人が思っているような不寛容とハーレムばかりの女性蔑視の宗教ではないと説明した。実際は、女性への愛と尊敬を説いた聖なる預言者マホメットの最も人間味あふれる教えを基盤にしているのだと言った。ダイアナが一九九一年にパキスタンを公式訪問した時、説明を依頼したのがアフメト教授だった。

　ダイアナが、スピーチの内容を相談すると、教授はパキスタン人の詩人、アラマ・モハメド・イクバル卿の詩の引用を勧めた。彼が選んだ詩は、〝何かを求めてジャングルの中を彷徨《さまよ》い歩く大勢の人がいる。しかし、私は人類への愛を持ったしもべになろう〟だった。

　ダイアナがマホメットの教えに目を向けるようになったのは、おそらくジェームズ・ヒューイットへの愛からだった。一九九〇年、サダム・フセイン率いるイラクがクウェートに侵攻した際、ヒューイットは現役の近衛騎兵隊員として第一次中東戦争での戦闘に参加するため派兵された。彼の安否をひどく心配し、ダイアナは新聞やテレビのニュースを通して戦争の成り行きを見守った。彼女は、砂漠の戦場で起こっているすべてを知りたかった。それに伴い、その被害と数えきれない死者についてでたらめな言いわけを使うイラクの暴君が信じている宗教についても調べるようになったのだった。ダイアナは、イスラム教の経典『コーラン』を入手し、夜寝る前に読み進めていった。そして、一九九四年ダイアナがオーストリアのレヒにスキー休暇に出かけた時に、アフメト教授の著書『イスラム教発見』を読んでいるところを写真に撮られた。まだそれほどイスラム教にのめりこんでいたわけではなかったが、のちにオリバー・ホアから教わることになる基礎知識がこの頃形づくられた。

ダイアナが、イスラム教の神秘主義スーフィズムについての意識を高めたのは、イスラム美術商オリバー・ホアを通じてだった。スーフィズムは、愛のみならず、苦しみからも力を得て、人間と神との一体を目指すもので、彼女の考えと調和した。〝皆とともにある平和〟というメッセージは、ダイアナに大きな影響を与えた。そして、ハスナット・カーンと関係を持つようになると、その興味はもっと膨らんでいった。

ある種のパターンがそこにあった。ローマ・カトリック教に関心を寄せたのは、女友だちを通じてだった。イスラム教を学びはじめたのは、付き合っていた恋人からの影響だった。ダイアナは、いつも自分の疑問を解決してくれる宗教を求めた。いろいろな信仰を考慮したあとで、ダイアナは私にほかに何かないだろうか、と尋ねた。そこで私は、カバラを勧めた。

最近多くの人びとが、そのユダヤ教の神秘思想に興味を持ち、マドンナ、ブリトニー・スピアーズ、ホテル王の娘パリス・ヒルトンなどもそうだった。カバラの起源は、一二世紀に遡る。一部の象徴派には、モーゼの時代に発祥したと主張する者もいる。モーゼの律法『トーラー』（ユダヤ教の聖典）から発展し、厳しい修行を通じ、宇宙真理、あらゆる形態の宇宙のすべて、正負の力量バランスの必要性、全存在の多側面と次元を理解しようとする入念な研究を含んだものだ。また、神の本質、森羅万象、人間の役割、魂の起源と運命などの黙示を含んでいた。

ヨーク公爵夫人も、敬虔なカバラ信奉者である友人のデミ・ムーアを通じて、西洋版カバラにかかわるようになった。そして、さらに学びたい一心から、ラビ（ユダヤ教律法学者）のマイケル・

バーグとロンドンで会った。

　こうした有名人の関与により、カバラは芸能界における最新の新興宗教のように見られているが、ほんとうはまったく違うのだ。ヨルダン川西岸南方のエフラット地区のラビ長、シュロモ・リフキンは、マドンナのカバラへの関与を耳にするとこう警告した。

「カバラは、宗教的な生き方と宗教的な価値体系を完全に受け入れたあとにやってくるユダヤ教に付随した神秘主義思想だ。本来カバラを学ぼうとするものは、まず人間として成熟し、ユダヤ教を実践しなければならない」

　私は、ずっとカバラを学ぶことは危険な場合があると教えられてきた。カバラを実践した場合、本物の魔術と関係してしまうことがあるからだ。真のカバラ信仰者は、人の過去、現在、未来を述べることができ、強力なヒーラーとしての力を持っていた。

　ほかの制限といえば、ラビが指導するのはほとんどが男性だということだった。たいへん複雑ではあるが、カバラは神や天使について、また神の国の即物的な異なる側面を説明してくれた。そこがダイアナの興味を引いた。だが必要とされる自己鍛錬は、なんらかの問題をもたらした。対象が複雑すぎて、彼女は時々集中力を欠いた。

　しかし、私に勧められて、ダイアナはとうとうカバラの根本原理のいくつかをつかみはじめた。とくに、一生のうちでいま私たちが行なっていることは、未来に起こることに影響を与え、死後にも影響を及ぼす、と強調している部分を理解した。それは、それまで学んだヒンズー教やスーフィズムでも繰り返し見かけたメッセージだった。ダイアナは、改宗を真剣に考えており、それを念頭に入れてスーフィズムについて議論し、またそれが彼女の信仰生活にどんな助けとなるかを話し合った。ダイアナにとって人生の変わらぬテーマは、なぜ物事は起こるのか、ということだった。ダイアナは、自らの勉強によって、それに対するいくつかの答えは得たはずだと思っている。世界の偉大な宗教に興味をもつことで、ダイアナが傷つくことはなかった。それどころか、こうした興味は、彼女が頼っていた数々の代替治療よりも彼女を安心させた。ダイアナが助言を求めていた霊能者や占い師などは、いつもいいことしか言わず、たいがいそれは外れた。ダイアナは、すべての人が永遠に幸せに暮らせるおとぎ話のような人生を望んでいた。宗教を通して、少なくとも自分がとても必要としていた精神面での平安を少しはつかむことができたようだった。

瞑想は、とても重要なものだった。ダイアナは、よく心の中で静かに神に語りかけながら、目を閉じて祈った。これは、ダイアナがアンゴラとボスニアの地雷地帯を訪問した際に行なったやり方だ。また、さらに強い力を発揮できるのが、黙想の時間だった。

ダイアナは、そのコツをつかむのに相当な時間がかかり、よく私に電話してきて言った。

「どうしてできないのかしら？　なぜ集中できないの？」

私は、ケンジントン宮殿に行き、彼女の横に座り、黙想の方法をゆっくり説明した。

二〇分から四〇分間、だれからも邪魔されない静かな部屋で、座り心地のよい椅子に腰かけ、足は床につけます。リラックスできるBGMをかけてもよいでしょう。ただし、精神的に気持ちを高め、リラックスできるものにしてください。

さあ、目を閉じて、頭のてっぺんに、いままでで最も明るい太陽の光が注ぐところを想像します。太陽の光が液体のように流れる様子を思い描いてください。頭のてっぺんから、喉を通って、胃、肝臓、心臓、肺、すい臓、胆のうを通り、血流にそって筋肉に流れ込み、体中のあらゆる骨を流れて、おなかから脚へと流れ落ちていきます。深呼吸をして、その光を吸い込み、体の中のいらないもの、不純なものを吐き出します。

足の裏に排出口があって、床下が空洞になっていると想像してください。光が液体のように流れ、体内に残っている消極的性質、病気、痛みのすべてがあなたの足裏の排出口から地面へと流れ出ています。七〜八フィート（約二〜二・五メートル）の深さまで流れ落ちるのを感じてください。

体全体が光の中に浸されているのを感じたら、その光が体中を流れていくのをイメージします。まるでシャワーを浴びているようです。眠ってはいけません。心に思い描きながら、まるで光の洪水のなかにいるような感覚で、足から一本の光の筋が流れ出ていくのを感じてください。その光がだんだん固まって淡い金色の固体になっていくように思い描きます。こうして体中のすべての細胞が純金のエネルギーになりました。足から、金色の根が生え、地面の奥深くまで伸び、しっかり根が張るのを感じてください。

最後に、すべてが終わって、自分自身が大きくて透明なプラスチックでできた卵の中にいるところを想像してください。卵殻の厚さは六インチ（約一五センチ）ほどあって、頭からつま先まですっぽりと覆われています（もし思い描くのが難しくなってきたら、これ以上進まないでください）。さあ、イメージできたら、あなたを包んでいる卵の外側が、ぴかぴかに磨かれた銀でコーティングされているのを想像してください。でも、マジックミラーのように、あなたは内側から外を見ることができます。この卵は、あなたの精神的な防御壁です。ぴかぴかの表面が、どんな困難な事態をも跳ね返し、あなたから遠ざけます。もし、だれかがあなたに対して悪意を向けたとしても、卵はそれを相手に跳ね返してしまうでしょう。

このテクニックは、十分に試されたもので、決意を持って練習し実践すれば、だれにでもできるものだ。私はこれを一日二回、二〇年間毎日続けていて、人生における日々のプレッシャーに対処するのにとても有効だと信じている。ほんとうに精神を浄化することができ、気分が爽快になり、より安心感に包まれる。新しい活力を得て、未来に立ち向かうことができるのだ。これがダイアナには大切なことだった。

学ぶことを通して、ダイアナは死後の世界に生まれ変わりがあるということに夢中になった。私たちはこのことをよく話し合った。堅苦しい激論ではなく、ただ二人がおもしろいと感じるテーマだったからだ。ダイアナは、死んだら幽霊になって私のところに現われるとよく冗談を言い、私もそうするわ、と返したものだった。

「私が何か悪いことでもしたら、あなたが叱りつけるのが目に浮かぶわ」

「そうね、期待してちょうだい」

私たちは、そんな会話を楽しんだ。

ダイアナは、私たちが行なっている善も悪も来世に反映されるということ、そしてあの世は浄化過程の一部で、もし生まれ変わるなら何になるかを決めなければならないのだ、と真剣に私に語った。しかし仏教と違って、犬や猫や虫に生まれ変わるということは話さなかった。私も同意見で、もし生まれ変わって来世があるなら、人間としてだと思った。ダイアナは、以前もここで生きていたと確信した。なぜなら、出会った人の中に、前世で会ったことがあると感じた人がいたからだ。ある日、二人で話をしていると、突然私の脳裏に、ダイアナはきっとクレオパトラのような人だったに違いないという考えが浮かんだ。

「あら、そう？」

ダイアナは一言そう言ってすぐに忘れてしまったが、それから一八カ月後に彼女はこう尋ねた。

「ねえ、以前あなたは私のこと、古代エジプトの王女だったんじゃないか、って言ったこと覚えている？　たぶん、あなたの言うことは正しいと思うわ。彼女たちって、みんな殺されてしまったでしょう？」

ダイアナは明るくそう言うと、もっと詳しく聞こうとはしなかった。その頃から自分の身に迫る交通事故による死の予感を持ちはじめたようだった。やりきれないのは、結局私はその予感を彼女と分かち合ってしまったということだった。一九九六年一一月、二人で座って話をしている時に、ぞっとするような死亡事故のイメージが私の頭をよぎり、とても怖くなったのだ。すべてが頭に浮かび、それを消すことはできなかった。だから、私は彼女に告げるべきだと思った。

ダイアナは、私の言葉を打ち消した。だれも彼女を責めることはできない。ダイアナは、生き生きとして、とても悲劇が待ち受けているだなんて信じ難かったからだ。

しかし、不思議なことに彼女は死ぬことをまったく恐れていなかった。彼女の年齢にしては珍しいことだった。どんな人であっても、人生はいつか必ず死をもって終わるということ、そして自らに与えられた時間にできる限りの善行を施すことが、すべての人間の義務だということを理解しつつあったからだ。それはまさにダイアナが行なったことだった。

11……より美しく

ダイアナは、自分のからだが好きではなかった。その形が気に入らなかった。お尻は痩せすぎで、足は大きすぎたし、鼻はごつごつしていると思っていた。オードリー・ヘップバーンのようだったらよかったのに、あるいはダイアナが理想とした女性らしいシルエットのマリリン・モンローのような肉感的でくびれのある体型だったらどんなによかったかと思っていた。自分のお腹が最も嫌いで、「出ていないお腹と引き締まったウエストラインが欲しいの」といつも不満を漏らしていた。

歌手のシェールがウエストを強調するために、いかにしてわき腹の肉を取り除いたかをダイアナは詳しく語ったが、それはやり過ぎだと思ったようだった。その代わり、エクササイズでウエストをそぎ落とそうとした。そのため、ほとんど毎日ジムに通い、家でもエクササイズに励んだ。

一度、私はうっかり十七歳の時にはダイアナと同じように、三六－二四－三六体型だったと言って、証拠写真まで見せたことがあった。ダイアナはショックを受け、「どうしてそんなふうになってしまったの?」と言った。私をもとの体型に戻そうと、とうてい無理な目標を立て、ケンジントン宮殿で近くにだれもいない時、リビングの床に横になり、隣りに私を横たわらせると、最適といえるエクササイズを一緒にやらせた。私たちは、上半身と左右の腹筋運動を延々行なった。それなのに、私の体重は減り、ダイアナの腹筋は強くはなっても、理想のウエストラインを手に入れることはできなかった。

腸洗浄も役に立たなかった。ダイアナは、腸の洗浄をやりすぎていたため、しないと体が適切に機能しなくなっていた。こうした事情から、ホリデーに出かけると、必ずパパラッチに撮られた水着姿では、ダイアナのおなかがとても膨らんで見えるのだった。

ダイアナは、鼻の段差が気に入らないので、多くの写真も気に入らなかった。鼻そのものに関しては気にしていなかったし、上向きのハリウッド的な鼻は好きではなかったが、とにかく鼻の中央の小さなコブを気にしていた。私がそんなのわからない、と言うと、ダイアナは私の手を取り、「ほら、わかるでしょ」と自分の鼻をなぞらせた。そしてクスクス笑って、映画『ピンクパンサー』のクルーゾー警部を演じるピーター・セラーズの真似をはじめるのだった。誇張したフランス語のアクセントでこう尋ねるのだ。「コブがわかりますか?」「どのコブですか?」。そうして私たちは、大笑いするのだった。

またダイアナは自分の手足が大きすぎると気にしていたが、私は、やや大きいかもしれないがほっそりしていてかわいらしいし、体のほかの部分とバランスがとれているから、もし小さかったら釣り合わなくておかしい、と言った。つま先がもっとまっすぐだったらよかった、とも言っていたが、本人も認めているようにダイアナのように先の尖った靴を履いていたら無理な話だった。

それでもダイアナは、自分の脚に不満はなかった。脚は見事で、長くてスリムでよく引き締まり、完璧な形だった。脚のお蔭で身長は高く、バレエダンサーになるには妨げとなったが、その長身はプリンセスとなった時には強みとなった。

ダイアナは、念入りに脚をケアしていて、ひざ下は、わきの下やビキニラインとともに、定期的にワックスで無駄毛の処理をしていた。最初の頃は、ロシア人の女性が担当だったが、その女性のやり方があまりにも粗雑で痛みが激しく、忍耐強いダイアナでさえ我慢できなくなった。ダイアナは、そのロシア人女性を、ジェームズ・ボンドの映画『ロシアより愛を込めて』に登場するスマーシュの残忍なスパイ、ローザ・クレッブになぞらえた。このロシア女性は、ワックスを注ぎ、客がどう感じるかなど気にもかけずにはぎとるのだ。ダイアナは、「私は厚切り肉みたいなものよ」と文句を言った。

しばらくするとダイアナは別の人を探すことにして、ケンジントン・ハイストリートにあるサロンで働くイラン人女性のところに顔の手入れに通うようになった。たいていは車で行ったが、ごくまれにケンジントン宮殿から歩いて行くこともあった。通りすがりの人がダイアナに気づくと、ダイアナが目をまっすぐ見て微笑むので、人びとは近づくのをためらうようになった。

ダイアナは、若い頃はうつむく癖があったが、三十代になるまでには頭を高く保つことを覚えた。ダイアナは背が高いことに自信を持つようになり、トップモデルのように歩いた。そうすることで、ダイアナの容姿のよさは際立った。

ほとんどの女性と違って、ダイアナは自分の胸はお気に入りだった。時にはブラジャーなしで出かけることができた。ダイアナは、ハロッズの向かいにあるリグビー・アンド・ペラーでCカップのブラジャーを買っていた。スポーツ・ブラジャーは、カルバン・クラインだった。背中が大きく開いたドレスを着ている時でさえ、常になんらかのサポートを身につけていたが、ブラジャーはなしで大丈夫だった。ダイアナは、体型を保つことにはとても熱心だった。

ダイアナは早起きで、毎日だいたい午前七時前には起きて、コーヒーを飲んで一日をスタートさせた。時には目覚めのホットレモンを飲むこともあったが、そのあとにいつも挽きたてのドリップ・コーヒーを飲んだ。ポール・バレルにベッドルームまで運ばせることもあった。あまり健康的でないと知りつつも、一日の始まりにはコーヒーが必要だった。そして、コーヒーのあとには、いつもベッドルームのフロアにある小さなキッチンで、自分でジューサーを使ってジュースを作って一杯飲んだ。このジュースは、有機栽培のキュウリ、ビーツ、セロリ、ニンジン、リンゴを混ぜたもので、解毒作用があり肝臓が正常に働くのを助けてくれるのだとダイアナは語った。とにかく飲み物にはこだわりがあった。とくにミントやカモミールの入ったものが好きで、午後には利尿薬としてキュウリやセロリのジュースを飲んでいた。そして、腎臓を綺麗にしてシミ一つない肌を保つために、一日に少なくとも八杯の水を飲んでいた。

結婚中は、チャールズ皇太子が環境問題や得体の知れない食品添加物について、いつもくどくどとしゃべっていて、ダイアナも意欲的に賛同していた。ダイアナは、一度キュウリのジュースで発疹ができたことがあり、その時はキッチンスタッフに腹を立てて、どこで買ったか請求書で確認するように命じた。それ以降、自分用の野菜や果物はすべてノッティングヒルのプラネット・オーガニック店のものにした。

ジュースを飲んだあとは、ケンジントン・ガーデンの周囲を走り、家に帰るとさっとシャワーを浴びた。汗ばんでいるのが嫌だったからだ。高価なボディ・ローションをたくさん持っていたが、いつも好んで使用していたのはヴァセリンやジョンソン・エンド・ジョンソンのボディ・ローションだった。その後、ミューズリーかオーガニック・トーストを、または高カロリーのものを食べたい時は大好きなクロワッサンを朝食に食べた。そして午前八時までにはジムに出かけ、一時間ハードなトレーニングを行なった。ダイアナは、自分がどう見られたいかという、はっきりした考えを持っていた。その頃のダイアナは健康的で、数年前のやせ衰えた姿とはまったく異なっていた。

私と出会った頃のダイアナは、まだ睡眠薬を服用していて、深夜を過ぎて翌朝になっても混乱していることがあった。まだよかったのは、抗うつ剤を絶つことに成功したことだ。ピルを飲んでいたにもかかわらず、月経前緊張症はかなりひどく苦しみ続けていた。でも処方薬に頼るのではなく、今度はスターフラワーオイルを手にした。またビタミンB群が生理痛に効果があることも学んだ。これらは、ダイアナがそうありたい、と願った女性のイメージ通りであった。

ダイアナの美に対する考え方は、オードリー・ヘップバーンやグレース・ケリーから感じられるクラッシックなエレガンスであり、「スーパーモデル」をいいとは思っていなかった。「痩せすぎで不健康」だという見方からだ。もちろん拒食症を患っていた時は、ダイアナもそう見られたが、本人は決して自分をそんなふうには思っていなかった。

ぽっちゃりしているという気持ちがダイアナから離れることはなかった。しかし、いったんその気持ちを抑えると、自分をもっと肯定的に捉え、よい健康状態を維持できるようになった。肩の大きな八〇年代のスタイルが大好きだったので、非常に痩せていた時の骨ばった肩ではなく、パッドなしですむように肩を鍛えることにした。ラグビーのイングランド代表で元キャプテンだった、ウイル・カーリングの協力でダイアナはこれを成し遂げたのだった。

しかし、ダイアナの脚がセルライトだらけに見える写真が新聞に出た時は、ほんとうに驚いた。写真が掲載された朝、私はちょうどケンジントン宮殿へ行った。ダイアナが新聞を見たかどうか尋ねたので、私は見たと答えた。「私の脚ってほんとうにあんなふうに恰好悪いのかしら。このセルライト、どういうことなの……」と、ダイアナは嘆いた。

私は、ダイアナの脚は決して写真のようではない、と言った。「どこがセルライトですって？全然ないじゃないの。もし私の脚があなたの脚みたいだったら、すごくうれしいわよ」。私は見たとおりのことを言って、結局は写真の撮り方の問題だと伝えた。ダイアナは、痛々しいほど痩せていた悪い時期以外は、自分の体に照れることはなく、よく知っている人の前なら服を脱ぐのも平気だった。裸になることにも抵抗はなかった。ダイアナがお風呂に入っているあいだ、私も近くに座っておしゃべりをして、彼女が着替えるのも見ていたが、引き締まった脚に、ランニングとジムでのトレーニングで鍛え抜いたピンと張った素晴らしいお尻をしていた。

こんなにまで容姿を整えようとダイアナを駆り立てたのは、単に外見のためだけではなかった。過剰なエネルギーを発散させるためにやっている、とダイアナは言ったが、つまりはエクササイズ中毒で、脳から発せられるエンドルフィンが原因であることは、私の目には明らかだった。エンドルフィンは、チョコレート、あるいはモルヒネのようにいい気分にさせる物質を生みだすのだ。ジム通いと朝のランニングは、ダブルパンチのようなのに、それでも十分ではなく、さらにエクササイズを続けて病みつきになり、もっと気分をハイにさせるため、さらに続ける……。ダイアナの場合は、それが夜中のランニングへとつながっていった。

ダイアナは、ただ公園の周囲を走るだけではあきたらず、裏道を通ってケンジントンとナイツブリッジを一人で一周したものだった。ある夜遅く、ダイアナは自宅から三マイル（約四・八キロメートル）ほども離れたスローンストリートから携帯電話をかけてきた。私は信じられず、無事かどうか尋ねると、「もちろん大丈夫よ。こんな時間に私が走っているなんてだれも思っていないわよ」と答えた。

人びとは、ダイアナが魅力的で着こなしが素敵であることを期待するようになった。振る舞いに気を遣わなくてもいい時が、最高に幸せだといつもダイアナは言っていたが、人びとのそういった要求に応えることこそ務めだと考えていた。最もカジュアルな時でさえ、なんとか自分をよく見せようとした。とはいえ、ダイアナの美の習慣は驚くほどシンプルなものだった。

朝、髪をヘアバンドで後ろにやり、普通のグリセリン石鹸で顔を洗う。ダイアナにはアレルギーがあったので、石鹸は特別な敏感肌用だった。幸運なことに、ダイアナの淡い蜂蜜色の肌に欠点はなく、毛穴の開きもなければ、頬はピーチ色ではなくピンク色だった。

ダイアナは、一年中ほんのり日焼けしているのが好きだったが、イギリスの気候では日焼けした肌を維持するのは難しかった。これを解決したのが、チャールズのベッドルームに置かれていた日焼け用のマシンだった。もともと外見について非常に虚栄心が強いチャールズのマシンだったが、彼がケンジントン宮殿から出ていく際に、ダイアナが自分の財産の一部だと主張したのだ。ダイアナは、ゴーグルとかなり露出度の高い下着姿で、週三回、二〇分間もこのマシンに横たわった。人工光線に長時間さらされることは、肌に極めて有害であり、癌を引き起こす可能性があったから、私は驚いた。ダイアナも知っていたはずだが、おかまいなしだった。これ以外のさまざまな事柄においては、ダイアナは肌を良好な状態に保つために細心の注意を払っていた。

洗顔後は化粧水をつける。たいていは、ローズウォーターとグリセリンに、ローズオイル一滴とゼラニウムオイル二滴を混ぜた手作りローションだ。吹き出物があれば、ウィッチヘーゼルを軽く塗り、時には沸かしたお湯にスプーン二〜三杯の海塩を入れて顔に軽く蒸気をあてた。

それから非常に軽く保湿液をつけ、約束があって外出する時は、目の下にイヴ・サンローランのコンシーラー、ラディアント・タッチをつけることもあった。

化粧のこととなると、ダイアナは好みがとても幅広く、「ヴォーグ」誌が大好きで化粧の記事はすべて読んでいた。気になったページを破り取ると、ナイツブリッジにあるハーヴェ・ニコルズへ行った。そして十代の女の子たちと同じように、新しい商品を試すのが好きだった。店を貸し切ることなどはせず、自分が世界で最も有名な女性であるにもかかわらず、有名人を見つけると一般客と同じように興奮した。だから、自分が知っている有名人を見つけると、ダイアナは微笑んで手を振った。ただし、これには多くの有名人が参ったようだ。

ダイアナは、このような買い物を午前中ずっと楽しんでいたし、家に帰っても同じように楽しくすごした。時々爪にいろいろな色のマニキュアを塗るのも好きだった。もちろん家にいる時だけだ。私は一度ダイアナに、瞳の色と合わせてブルーのマニキュアを勧めた。ダイアナは気に入って、私も素敵だと思ったが、足の爪に塗る以外で外出することはなかった。いつも足先の見えない靴を履いていたから、ばれることはなかった。ダイアナには、何が自分に似合うかという明確な考えがあった。奇抜なファションを追うのではなく、自分自身のスタイルにこだわった。

マニキュア同様、化粧もそうだった。友人たちはいろいろ試すのだが、ダイアナはゲランのライトピンクの頬紅、そしてピンクがかったブラウンの口紅とナチュラルなグロスをつけることを変えなかった。また、目が自分の最高の長所の一つだとわかっていたので、目の化粧には細心の注意を払った。決してまつ毛をカールせず、マスカラだけして、時々目縁に綺麗なブルーかブラックのペンシルを使用して白さを強調させた。重要な夜の外出の場合は、たまに目の下にアイラインを引いたが、練習してもうまくならず、なかなか思い通りには描けなかった。だから、シンプルでいるほうがずっとよかった。

ダイアナがハーヴェイ・ニコルズに行った回数を考えれば当然のことながら、衣装部屋の引き出しには化粧品がびっしり詰まっていた。未使用のもの、忘れられたもの、なくなったものなど、いろいろあったが、現在使っているものは引き出しの上に置いてあった。非常に潔癖で、部屋はいつもきちんと整理されていたが、ジュースや顔用のトリートメントを作る小さなキッチンに関しては、そうとは限らなかった。

顔パックに夢中で、私たちは独自の調合で混ぜ合わせることを楽しんだ。アボガド、卵の白身、レモン汁、蜂蜜などで作ることがあった。ダイアナは、一日中化粧をして顔が乾燥していると感じると、手作りパックを試した。また時にはミキサーですり潰したドロドロのアボガドをそのまま顔に塗った。二人して顔に塗って、私たちはおしゃべりしながら歩き回った。もしだれかが緑色の顔をしたわたしたちを見たら、きっと走って逃げるわ、とジョークを言ったものだった。

仕事がぎっしり詰まって疲れた日や、夜遅くに約束がある時には、卵白を泡立てて刷毛で顔に塗り、斜めに切ったきゅうりのスライスを二〜三枚、瞼に置いて四〇分間横になった。プロセスはごくシンプルだった。卵白を泡状になるまでただかき混ぜて塗る、そのパックが乾燥してひび割れるまで待つのだ。私はダイアナよりも乾燥肌だったので、黄身を使った。最初に温水ですすぎ、次に冷水ですべてを洗い落とす頃には、キッチンは魔法使い見習いの実験室のようになっていた。

少なくとも一部の混合物はいい香りがしたし、ダイアナは軽めの心地よい香りが好きだったから、とくこの方法を気に入っていた。ダイアナは、普段ケンゾーやペンハリガンの香水をつけていた。とくにペンハリガンはお気に入りで、シャワーの時は〝ガーデニア〟を、バスタブにゆったり浸る時は

〝ブルーベル〟を使用した。ある日、バスルームに座って化粧について話をした時、私はペンハリガンの店へ行って、〝リリー・オヴ・ザ・ヴァレー〟（すずらん）の香水を買って帰った。ダイアナは、「あら、よかったわ。二人でお風呂に入って、香りを比べられるわね！」と冗談を言った。

どちらかというと、ダイアナはシャワーより、いろいろなバスオイルを試しながらバスタブでゆったりと過ごすほうが多かった。しかし運動三昧のライフスタイルが始まると、これは不可能になった。髪の手入れにもスピードアップが必要だった。ダイアナは、ジムからケンジントン宮殿に戻るとすぐに髪を洗った。そこにはダニエル・ギャルビンのサロンの二人の女性が髪を乾かすために待機していた。一人が右側、もう一人が左側の担当だ。だからすべてのことは、ほんの数分で終了した。自分でもできたが、ヘアケアは得意ではなかったし何よりダイアナにとって手放し難い贅沢だった。これまで自分でどうにかやっていた時よりもずっと綺麗に仕上げてくれるからと、ダイアナはこの浪費を正当化した。

ダイアナの髪は細く豊かで、驚いたことにどんなカラーをのせても藁のように乾燥することはなかった。ダイアナの髪の色はもともとダークブロンドだが、ずっと憧れていたカラーで髪を染め、ダニエル・ギャルビンでハイライトを入れていた。それも素敵だったが、マリリン・モンローと同じ髪の色で生まれていたら、もっと気に入っていただろう。しかし、どんなに努力しても、ダイアナがマリリン・モンローのように見えることはなかった。実際には必要に迫られ、あるいはダイアナの密かな願いから、ダイアナ妃に見られないように気遣うことがあった。

ダイアナは、サム・マクナイトにヘアカットをしてもらっていたが、恋人たちに会うためにケンジントン宮殿を抜け出す時につける変装用かつらのカットデザインもサムだった。そのカツラをつけたときのダイアナは、まるで別人のようだった。

12……家庭の事情

「私、彼女が、嫌いなの」

ダイアナは、はっきりと言った。私が聞かないでいると、何度も何度も繰り返し言った。このたった三語を口にする時、ダイアナはカーテンをさっと引いて実母が原因となる怒りを露わにした。

娘と母が喧嘩をすることはよくあることだ。私もそうだったが、たいていはいがみ合いを忘れようとするものだ。だが、ダイアナの場合は違っていた。ダイアナは生涯を終えるまで、フランセス・シャンド・キッドに対する憤りを抱いていた。それは、ダイアナの自信を蝕み、あらゆる行動に影響を与えた。

母親への怒りは、ダイアナのわが子への溺愛に拍車をかけ、同時に人に対する不信感や警戒心を植えつけた。ダイアナの母は、数日で戻ると約束して出ていったのに、二度と戻ることはなかった。それからというもの、ダイアナはだれのことも心の底から信用することができなくなった。遅かれ早かれ失望させられると疑っていた。

ダイアナが実母に対して抱いている敵意の驚くべき真相を知ったのは、ミセス・シャンド・キッドが一九九五年一一月に「HELLO」誌のインタビューに応じた直後だった。その日、車でロンドンに戻る途中、ダイアナが電話してきて、いまどこにいるのかと尋ねたので、M4通りにいると答えた。ダイアナもちょうどハリー王子を学校に送り届けたところでM４にいて、私にケンジントン宮殿に立ち寄って欲しいと招いた。私は道順がよくわからなかったので、ダイアナが宮殿に着くまでの道順を私に教えるしかなかった。私のほうが二分早く到着して待っていると、ダイアナの車が轟音を響かせながら現われたので、私はダイアナに続いて門を潜り抜けて宮殿まで向かった。

ダイアナはまずグリーンのウェリントンブーツを脱ぎ、二人でキッチンのジューサーで新鮮なセロリとキュウリのジュースを作ると、おしゃべりするためにウイリアムとハリーのビデオ室へ移動した。「ＨＥＬＬＯ」誌が母に電話でインタビューを求めたことと、それに応じた母が、そのことを自分にいっさい伝えなかったことに腹を立てていた。ダイアナは、自分への裏切り行為だと激し胸のわだかまりを吐き出した。

話しはじめると電話が鳴った。ダイアナの母からだった。

「噂をすればなんとやらだわ」

ダイアナは、旧式の大きな受話器で話しており、私にも聞こえるように私を近くに引っぱった。ダイアナの母の言葉は不明瞭で少し酔っているようだった。ダイアナが母と話をしていると、怒りのためにだんだんと顔が紅潮していき、そのうち怒りをこらえるため歯をくいしばった。

ダイアナは、言った。

「お母さん、私はとても怒っているのよ」

「なぜなの？」フランセスは答えた。

「『ＨＥＬＬＯ』誌に私の話を売ったからよ」

インタビューのなかで、母は娘の摂食障害について触れ、ダイアナに相談もせずに「ＨＲＨ」

（王妃の称号）を失うことについてこんな意見を述べていた。

「すごくよかったわ。やっとダイアナは自分らしくなり、自分の名前を使い、自分自身のアイデンティティを見つけられるようになったんですもの」。さらに「ダイアナが満足感を得られることを望みますし、そう祈っています。満足感は幸福より重要なことだと思います。満足感こそ体中で感じる幸せですもの。精神的にも、肉体的にも」と続けていた。

ダイアナは、こうしたコメントを信頼への裏切りと見なした。

「どうしてこんなことをするの？　世界中が私を利用して儲けようとしているわ。でも、あなたは母親でしょ。どうしてあなたまでがそんなことをしなくてはいけないの？」

ダイアナは尋ねた。

「あら、私はただ自分の話をしただけよ」と母は言った。

ダイアナは、母の説明など受け入れなかった。そして腹を立ててこう言った。

「また、酔っ払って何を言っているかわかっていないでしょう。二度とインタビューを受けないって約束してちょうだい」

母は少し沈黙して、そのあと低く曇った声で「スターになれるはずだったのに！」と言った。

ダイアナには、もはや我慢の限界だった。「お母さん、もう話してられないわ」そう言うと、受話器を置いた。

ダイアナの母は、ダイアナと話をする時は、いつもこんなふうになってしまった。その後、私でさえもダイアナを落ち着かせるのは難しかった。私たちは、母親に関する問題点や幼い頃の喧嘩について感じている罪悪感を話し合った。ところが、気持ちを落ち着かせるどころか、ダイアナの子どもの頃の辛い記憶を甦らせるばかりだった。

「母は、私を生むんじゃなかったって思っていたのよ」ダイアナは断言した。

私はダイアナに問題があるのではなく、問題を抱えているのは母親であり、それはダイアナが生まれるもっと以前に遡ることだと指摘した。話を聞けば、ダイアナの母、フランセスは、王室の一員で偶像視されている娘ダイアナをひどく妬んでいる印象を受けた。それは、フランセス自身がスポットライトを浴びたいという願望がじつに強かったからだ。

フランセスは、若い頃美しい娘だった。新聞や雑誌に写真が掲載され、その後非常に名誉ある結婚をした。「あの人はかつて生きがいがあったの。でも、いまそれを私に与えないようにしているの」と、ダイアナは言った。

ダイアナの母に対する苦悩の原因は、一九九五年の母の言動ではなく、父のもとを去り、恋人と駆け落ちするまでの積年の行為だった。ダイアナの恨みは、ピーター・シャンド・キッドにも向けられた。ダイアナは、シャンド・キッドが自分から母を〝盗んだ〟ことに非常に憤っていたので、ただ「母の夫」と言うだけで、決して名前を呼ばなかった。六歳のダイアナは、完全に捨てられたと感じたに違いない。その後何年もの間、ダイアナは母が去ったことで自分を責め続けた。自分のせいだ、自分が何か悪いことをしたに違いない、と。もちろんダイアナは悪くなかったが、母親の行動は娘の子ども時代だけでなく、まともな大人の時代さえも奪ってしまった。

こうしたあまりにも不幸な状況のなかで、ダイアナが父と極めて親しくなるのは自然のなりゆきだった。母の愛と安らぎを奪われ、どうやって父にアドバイスを求めるようになったのかをダイアナは語ってくれた。父は感情をなかなか示さない人物だったが、ダイアナを愛していた。ダイアナは、娘三人の一番下で、父のお気に入りだった。父はダイアナが眠りにつくまでそばにいて、絵本を読み聞かせてくれたのだった。

ダイアナの父親が妻に感情的にならなかったのは、一種の忍耐だった。妻の行動にはイライラさせられていたが、妻に手を上げることは一度もなかったとダイアナは記憶している。フランセスもそう言っていた。

「父は一度もそんなことしなかったわ」

父は、アルコール依存症ではなかった。酒は好きだったが、飲酒に問題があるのは母のほうだとダイアナは言った。長年のあいだ、両親は自分たちの結婚がなぜうまくいかなかったかをいろいろと暗に漏らしていたが、ダイアナは母の話を信じず、「あの人は、すべて自分の思い通りにしたかったのよ。だから、やりたいことができて、私たちを乳母に預けることができる結婚を望んでいたの。でもそれができなかったから、いろんな話をでっち上げているのよ」と、言った。

ところが、世間に受け入れられたのは、ミセス・シャンド・キッドの説明だった。これはダイアナを不快にさせた。母が子どもを捨てた事実を隠すために、夫から虐待されていたという話を、母が広めたからだ。

「でも、私が出て行って真実を話せば泥仕合になるわ。だからできないのよ」ダイアナは言った。

瞑想の時間に、私はダイアナに知人たちのよい面に集中するよう促した。でも、ダイアナは母親には何もいいところを見いだせなかった。ダイアナは母のことを、きちんと抱きしめてくれたり、キスしてくれたことは一度もない、かわいげがない自分勝手な女性だと表現した。

「あの人は決して母親になるべきじゃなかったの。子どもを持つべきじゃなかった。あまりにも身勝手で、すべて自分中心でありたいのよ」とダイアナは言った。

チャールズが結婚を申し込んだ時、ダイアナはこのプロポーズをよく考えるためにオーストラリアへ飛んだ。ダイアナは、フランセスが今度ばかりはほんとうの母として、どうしたらいいか助言してくれることを望んだ。ダイアナは、心の中で何かが間違っているとわかっていたし、その役目が務まるかどうか自信がなかったので、〝うまくいくわよ〟あるいは〝考え直して婚約を解消してもいいのよ〟と母に言って欲しかった。しかし、ダイアナが望む言葉はなく、それどころか母は結婚を促した。皇太子が義理の息子になるという名誉が欲しかったからだ。

一方、父、スペンサー伯爵はまったく違っていて、娘の弱さに寛容だった。ダイアナが、金銭問題についてまったく理解していないことの弁明もした。ダイアナが三十歳の時、依然としてこう言っていた。

「ダイアナはお金のことを理解していない。お金についての経験がないんだ。まだ若すぎるから」

スペンサー伯爵は、長年にわたってダイアナが王室から独立できるよう、〝五〇万ポンドから一〇〇万ポンド〟を与えていた。そして王室の一員としての生活がダイアナにとって耐え難くなった時、ダイアナが本音を打ち明けることのできる人物だった。何よりダイアナの幸せを祈っていて、つねに、王室はともかく、ダイアナ自身と二人の息子にとって何がベストかを考えるように言っていた。伯爵は、かつて女王の侍従として仕えていたことがあったので、女王は冷静で、当然のことながら自己中心的な考えの持ち主と見なしていた。結婚式の前、伯爵はダイアナに、望まないなら結婚しなくてもいい、と言った。そして、事態がひどくなった時には離婚こそ口には出さなかったが、ダイアナが決めたことなら味方すると言った。

姉であるセーラとジェーンは、違った見方をしていた。有名な妹を持つ、この六歳年上と四歳年上の姉たちは、母が出て行ったことにはうまく対処し、大人になると貴族のバックグランドにふさわしい上流階級のスタイルに落ち着いていた。姉たちはしきたりを乱す考えはなかった。皇太子との結婚に亀裂が入りはじめた時、二人の姉はダイアナに、自分の感情よりも王室への義務を優先すべきだと諭した。

ダイアナは、ジェーンをおもしろいと思っていたが、なかなか話す機会がなかった。ジェーンは二十歳の時、十六歳年上の女王の個人秘書、ロバート・フェローズと結婚したのでケンジントン宮殿の敷地内に住んでいて連絡もとれたが、ダイアナのトラブルが始まるとジェーンはダイアナにとって〝敵陣営〟の人になった。ダイアナは、フェローズが好きではなかった。フェローズは、ダイアナにはつねに厳しい態度をとっていたので、妻である姉ジェーンに自分の気持ちを話せなかった。ダイアナは、ジェーンを巻き込みたくなかった。この時ばかりは大人になって、距離を置いたのだった。

ダイアナのセーラに対する感情は、もっと複雑なものだった。セーラは家族のなかでも騒々しくいたずら好きで、飲酒が原因で退学になると「ヴォーグ」誌のアシスタントとして働くようになった。ジェーンも結婚前の短期間、「ヴォーグ」誌で雇われていた。ダイアナは、子どもの頃はセーラを尊敬していたが、成長するにつれてその気持ちは薄れていった。セーラは、カウンティ・ソサエティの重鎮でリンカンシャー州知事になった農場経営者のニール・マッコークデイルと結婚した。セーラも若い頃に拒食症を患った点が似てるように、チャールズ皇太子とつき合ったことがあり、妹のダイアナが最高の結婚相手をさらっていったことを密かに妬んでいる、とダイアナは確信していた。セーラは伯爵家の令嬢としてレディの称号を持っていたが、ダイアナは女王の義理の娘であり、皇太子妃となっていたので、セーラは母親同様にダイアナが脚光を浴びていることにずいぶん腹を立てていた。セーラは時々お金に困ることがあって、ダイアナはいつもいくらか貸していたが、もちろん返してもらうことなど期待していなかった。また服もあげたりしたが、チャールズと別れることを決めた際には、セーラは何も助けてくれなかった。ジェーンとセーラは、自分の感情は抑えて夫の浮気に目をつぶり、自分自身よりも王室のニーズを優先させるべきという伝統的な意見の持ち主だった。

ミセス・シャンド・キッドも同様だった。一九六七年にスペンサー伯爵と別居して以来、社交界からのけ者にされており、ダイアナの結婚を社交界復帰の手段と考えていた。婚約が公式発表されると、ダイアナの前にふたたび姿を現わすようになった。バッキンガム宮殿のアフタヌーンティーにひょっこり顔を出したり、ダイアナを買い物に連れて行ったり、ウェディングドレス選びを手伝ったりした。そうしているあいだは、過去の問題はようやく葬られたかのように思われた。

しかし、亀裂はあまりにも大きかった。ダイアナはすぐに、自分の人生で大切な時期にいなかった母が戻ってきたことに、苛立ちを感じはじめた。心の痛みが消え去ることはなく、ダイアナは母親の写真を見ただけで怒ることもあった。

「怪我をした時には傷ができるでしょう。でも、私の傷は隠れているの。精神的なものだから」とダイアナは言った。

チャールズは、ミセス・シャンド・キッドのことを好きではなかったし、息子たちもそうだった。ウイリアムとハリーは、祖母フランセスと一緒にスコットランドに滞在したこともあったが、ダイアナに言わせれば、単なる義務感からだったらしい。ウイリアムはものまねが上手だったから、〝おもしろくて嫌味な言い回し〟をするフランセスのまねをした。一九九七年三月、ウインザーで行なわれたウイリアムの洗礼式に、フランセスは招かれなかった。代わりにフランセスは、ローマ・カトリック教への改宗以降礼拝に行っている、スコットランド西海岸の自宅近くにあるオーバン大聖堂が発行しているニュースレターに広告を出した。それには「孫のウイリアムの洗礼式に寄せて。愛を込めて。フランセスおばあちゃんより」と書かれていた。なぜ洗礼式に出席しなかったのか尋ねられると、フランセスは「私に訊かないで。ウイリアムの両親のオフィスに問い合わせて」と答えた。

この喜ばしい儀式に招かれなかったのは、ミセス・シャンド・キッドだけではなかった。ダイアナと私は、何日間もの午後を費やして、ダイアナが嫌う〝ゾッとするような〟人たちがセント・ジョージ礼拝堂に姿を現わしたらどうなるかを想像した。

「カミラは何を着てくるのかしら？　趣味の悪いものに違いないわ」ダイアナは言った。

実際、カミラ・パーカー・ボウルズは招待者リストに載っていなかった。しかしティギー・レッジバークは招かれ、式典の準備の手伝いをした。ダイアナは、大嫌いだったティギーが関係していることに気づくと怒り狂って、「もし彼女が来たら、噴水に突き落としてずぶ濡れにしてやるから」と言った。だがティギーは準備を終えるとすぐに退散し、式典には参加しなかった。

フランセスの排除も個人的な考えによるもので、皇太子との離婚準備段階における彼女の態度とおおいに関係があった。結婚が崩壊した時、フランセスはダイアナに、チャールズの浮気を大目に見るように強く出た。ダイアナはこの意見にショックを受け、母親に怒って抗議した。

「あなたも浮気して私たちを見捨てたじゃない。そしてパパと別れる時には、もうほかの男がいたでしょ」

ダイアナは、このことをじつに不愉快に感じていた。ダイアナの考えでは、フランセスがほんとうに夫や子どもたちを愛していたなら、決して恋人などつくりはしなかっただろうから。

じつの母親を隅に追いやると、ダイアナは継母レインに頼るようになったが、レインとの友情が成立するには時間がかかった。ダイアナの父親は、一九七六年に子どもたちには知らせず、恋愛小説家バーバラ・カートランドの四十六歳の娘レインと結婚した。子どもたちはすぐに、このふわふわした派手な赤毛をした、強引で勝気な女性を嫌った。レインは一夜にしてダイアナの家族が祖先から受け継いだ屋敷の女主人となったのだったが、この事実を子どもたちは新聞で読んで初めて知ったのだった。

その四年後、セーラは、レインの従弟であるニール・マッコークディルと結婚したが、そのことで継子からの新しい伯爵夫人への嫌がらせがなくなることはなかった。レインが風で髪がぐちゃぐちゃに乱れている時に玄関口に出たがらないのを嘲り笑ったり、きれいに膨らませたクッションを散らかしてみたり、話しかけられても答えなかったり、〝アシッド・レイン〟(意地悪レイン)とあだ名をつけたりした。

十五歳になったばかりのダイアナは、とくに反感を持っていた。姉たちは大きくなって家を出ており、当時父の関心の的はダイアナだったので、ダイアナはこの気の強い侵入者に自分の地位を奪われるのを嫌った。ダイアナは十二歳になった時、セーラとジェーンと同じウエスト・ヘルス・スクールへ通いだしたのだが、父がレインと深い仲になったと最初に気づいたのはこの頃だった。当時、レインは父親のイートン校時代の旧友、ダートマス伯爵と結婚していた。

すでに母を失っていたダイアナは、レインは父を手に入れるために自分を追い出そうとしていると考えるようになり、その結果レインにひどいことをした。あまりにひどかったので、ある日の昼食の際にスペンサー伯爵はオルソープのダイニングテーブルで、ダイアナにマナーに気をつけること、と怒って言った。ダイアナの記憶では、父がダイアナに怒った初めてのことだった。

プライドが傷つけられたうえ、財政的に逼迫したレインは、舅である第七代スペンサー伯爵の死後、一九七五年に相続したオルソープの先祖伝来の家財の売却をはじめた。ヴァン・ダイクによる絵画六枚、レイノルズ・ゲインズバロの肖像画、家具、そして一族の資料が保管庫から流出した。ダイアナとその姉弟は、自分たちの相続財産が奪われていると確信した。

「あの女が家宝の銀食器を安く売却したと思ったら、頭にきたの」とダイアナは言った。確かにレインが処分した家宝には、一六九〇年に祖先である初代マルボロー公爵のために作られたアンティーク・シルバーとゴールドの水入れなど多数のコレクションがあって、それらは大英博物館に一〇〇万ポンドで売られたのだった。

ダイアナの弟、チャールズは激怒した。チャールズは誤解して、レインがオリジナルを売却したことがばれないように家具の複製を作っていると言っていた。ダイアナはいつも弟のことを疑わなかったので、この話も信じた。ダイアナが十代でボーイフレンドが欲しかったとき、弟はダイアナに太りすぎだと言った。敏感な年頃だったダイアナは、この言葉に相当傷ついた。ダイアナは、のちに摂食障害を患ったが、弟をはっきり非難しないにせよ、無関係でもなさそうだった。

ダイアナとチャールズ皇太子の結婚が困難に陥った時、弟は自信を失わせるような態度をとり、

「チャールズ皇太子に比べて太りすぎだと考えたことはなかったのかい？」とダイアナに尋ねた。ほかの多くのことでも、同じように、チャールズ・オルソープは自分の意見を姉に押しつけた。彼は、モデルをしている自分の妻ヴィクトリア・ロックウッドに対しても同様で、女性は痩せているのがよいという考えだったので、ヴィクトリアは極端に痩せていて、ダイアナのように重度の摂食障害を患ってしまった。ダイアナは、最終的には弟の言うことに疑問を持つようになり、彼が妻に与えたプレッシャーを理解して、彼らの結婚生活がうまくいかなくなった時にはヴィクトリアに頻繁に電話をして慰めようとした。しかし、それも無駄なことだった。チャールズとヴィクトリアは四人の子どもがいたにもかかわらず、一九九七年に離婚した。

南アフリカの裁判所で、チャールズは妻にひどい扱いをする尊大な浮気者と評された。これは、父親ですら薄々感じていたことで、チャールズが結婚後数週間ですでに不倫をしていたことが明るみに出た時、スペンサー伯爵は「彼はヴィクトリアという素晴らしい女性と結婚しているが、少々未熟だと感じる」と述べた。さらには、「彼が成長してくれることを望む」と続けながらも、「自分たちの家庭環境の影響かもしれない」とも認めた。

レインがスペンサー一族の家財管理を乗っとり、売却をはじめると、父と息子の確執がひどくなっていったのはだれもが認めるところだった。一時は関係が非常にぎくしゃくして、チャールズはノーザンプトンシャー州にあるパラディオ様式の家に足を踏み入れることを拒否した。このことでスペンサー伯爵は、息子チャールズは恩知らずで、オルソープのような規模の屋敷を所有するには「財政的にあまりに未熟」と考え、ますます非難した。「息子は関連する諸問題を知っていたはずだ。私の父は多額の負債を残していたし、私は一五〇〇万ポンドの相続税を払わなければならなかった。

売却したもののなかにはとても大切なものもあった。それを売ることは容易な決断ではなかった」とスペンサー伯爵は語った。

一方レインは、チャールズの反対を「継息子はボッティチェリをポップスグループだと思っているのよ」と、辛らつなコメントではねつけた。

しかし、オルソープ家を相続するために生まれてきたのは、その継息子だった。スペンサー伯爵は遺言で、自分の死後六カ月間はレインが屋敷にいられるように頼んでいたのだが、一九九二年三月にスペンサー伯爵が心臓発作で亡くなると、もはやレインが留まることは難しかった。レインが自分の持ち物を確かめにやって来た時、受領書の提出を告げられた。このひどい追放のやり方に、ダイアナは加担していた。

「レインの衣類を黒いビニールのごみ袋に詰めたのは、この私なの」ダイアナは言った。

父の死は、ダイアナの人生に大きな喪失感を与え、非常にわびしく孤独な気持ちにさせた。ダイアナは、「父は私にとって安全ネット、よりどころだったの」と述べた。ほんとうにダイアナにとって、父は心のよりどころだった。ダイアナは、あの世にいる父と接触するために霊媒師や降霊術師を訪ねはじめた。

「父がそばにいると感じることができるの」と、ダイアナはよく言った。

そうしたなか、ダイアナが切望していた心の支えは、驚くべきことに、反目していた〝意地悪な継母〟からもたらされた。

二人の友情は、ダイアナが弟の影響からようやく解放された時から始まった。一九九三年の晩春、ダイアナはチャールズ皇太子と別居し、弟である現スペンサー伯爵に家族の財産である農場内の屋敷の一つを静養館として使用できるようにお願いした。父は、もし最悪の事態になれば、ダイアナのために屋敷をずっと残しておくと約束してくれた。口約束でしかなかったが、ダイアナは弟がオルソープと広さ一万三〇〇〇エーカーの、絵のように美しい農地を相続した際には、その約束を守ってくれると思い込んでいた。チャールズは、当初ベッドルームの四つをダイアナに提供してもいいと考えていたようだった。ガーデンハウスにはプールと王室護衛官にうってつけの小さなコテージがついていた。ダイアナは、不動産を調査するため車でやって来ては、南アフリカ生まれのお気に入りのインテリアデザイナー、ジュリー・ポップラックと一緒に配色を選んだりした。

だがその三週間後、弟のチャールズは、ダイアナが引き起こす騒動に巻き込まれないために、ある決断をした。チャールズは、自分がこの土地の主であり、管理人であることをはっきりとダイアナに告げたのだ。

ダイアナは傷ついた。彼女によれば、チャールズがその件で電話をしてきた時、彼女は電話をガチャンと切って話を終えたという。その後、ダイアナは弟に手紙を書いたが、彼は開封もせず送り返してきた。

「弟は私に相続財産を与えなかったのよ」と、ダイアナは涙をあふれさせて言った。

弟と姉がいがみ合っていた頃、継母のレインは陰湿なフランス貴族で七歳年下のジェン・フランセス・デ・シャンブロン伯爵との恋愛をはじめていた。間もなく二人は結婚することになるのだが、その魅力は性的なものだとレインは認めた。「ＨＲＨは、あなたの性生活に驚くべき効果を発揮するわよ」と、のちにレインはダイアナに語った。

恋愛しはじめた頃、レインとシャンブロンはパリのリッツホテルに滞在しており、ダイアナがパリに来てそれを知ると、ロンドンに戻ってすぐに幸福を願うメッセージを添えて花束を贈った。

レインが直筆の手紙を返してきたので、ダイアナはびっくりして、何度も私に「どうしたらいいの？」と尋ねるので、「もちろん会う必要があるわ」と答えた。ダイアナは、すぐにレインを招待する日程を調整し、ケンジントン宮殿で会うことになった。ダイアナはずっと緊張していた。「もし、何もかもうまくいかなかったらどうしたらいいの？」と、ダイアナは何度も尋ねたが、「そうなったら、もとに戻るだけ。失うものなんて何もないわよ」と私は言った。

ぎこちなさはあったが、何年間も持っていた敵意のことを考えると、たいしたことではなかった。話をするうちにお互い心から好きだということを知ったのだった。すぐに多くを期待することはなかった。レインは、非常に如才ない性格だったので、間違いを犯すことなく、あるがままのペースで友情を発展させた。二人は、ともに愛した男性、故ジョニー・スペンサー伯爵についてとても長く語り合った。このことはダイアナを安心させた。別れ際、ダイアナはレインに言った。「何かあれば遠慮なく電話してちょうだい」と。

もちろんダイアナには、質問したいことが山ほどあった。知りたいことがあまりにも多かったので、しばらくするとダイアナはほとんど毎日レインと連絡をとり合うことになった。これが、二人の関係の始まりだった。二人は午前中のほとんどを電話で話し、メイフェアーにあるレインのアパートや、時にはクラリッジのホテルで週に一回は一緒にアフタヌーンティーをするようになった。

派手な髪型やシフォンのレインは、人生と人間の鋭い観察者だった。レインは、時間をかけてダイアナの子ども時代の思い出に耳を傾けると、前向きに生きていかなければならない、過去を引きずるのをやめて未来に目を向けはじめなさい、とダイアナに言った。

そうしたレインとの話は、ダイアナが子ども時代に受けた苦しみを乗り越える手助けとなった。レインはセラピストよりずっとすぐれていたので、ダイアナが十代の頃に二人の信頼関係が築けなかったことは悔やまれた。それが叶っていたら、きっとダイアナはその後の多くの苦悩を経験しなくて済んだだろう。

私たちは皆、成長過程において心を打ち明ける年上の女性を必要としている。たいていは自分の母である。しかし、ミセス・シャンド・キッドは相談相手にならなかったし、その素養もなかった。娘の最も大切な時期にはいなかったし、ダイアナの生活にようやく戻ってきたときには、飲酒の問題を抱えていた。もちろんダイアナは実母のことを心配した。実母の問題についてレインに相談すると、どうにもならないことに目を向けるのはおよしなさい、と彼女は言った。フランセスの飲酒をとめられるのは、フランセス自身しかいない、というのがレインの意見だった。

他人が言ったら冷淡だと感じただろうが、ダイアナはレインの言葉を受け入れた。なぜならダイアナは、継母の経験豊かな常識を信頼するようになっていたからだ。レインは、とりわけ男性への観察眼もあった。ダイアナにはチャールズ皇太子とはできるだけ友好関係を保つことを勧めた。それは子どもたちのためでもあったが、ダイアナ自身も認めていたように、まだ愛している自分の感情に正直であるべきだと思っていたからだ。レインは、自分の例を引き合いに出して、自分と自分の母親バーバラ・カートランドは、昔の恋人や元夫の全員と連絡をとり続けているのだと説明した。それを聞いてダイアナは、「それはとても長い列ができそうね」と述べた。

レインはまったくの堅物ではなかったので、再婚する前に恋人をつくることを勧めた。愛していない人とベッドをともにするのは難しいとダイアナが言うと、ダイアナにはどんな男性がふさわしいかという話になった。ダイアナのことを理想の人だと信じ込み、〝熱烈に甘やかしてくれる〟男性こそ、ダイアナには必要だというのがレインの考えだった。それこそ、すべての女性がどう扱われるべきかについてのレインの考え方だった。

もう一つ重要な要素はお金だ。「面倒をみてくれるだけの十分なお金を持っている男性を見つけるように、とレインは言ったの」と、ダイアナは説明した。

ダイアナは、アドバイスにいつも従ったわけではなかったが、レインとのおしゃべりを楽しんだ。そして晩年は、このお茶の時間の約束を、何事にもだれにも譲ることはなかった。あのハスナット・カーンにさえも。

レインは、ダイアナとパキスタン生まれの医者との関係を実際認めていなかったが、レインはとても賢明だったので言葉を慎んだ。代わりに、文化的背景が違う、お金持ちではない人に深入りすることへの危険性について、慎重に言葉を選んで少し述べるにとどめた。

一方、ミセス・シャンド・キッドは不快感を隠そうとはしなかった。ダイアナが言った通り、彼女は〝ダークスキン（浅黒い肌）〟の人が好きではなかった。ダイアナがハスナット・カーンに好意を持っていることを聞きつけると、電話をかけてきて言った。「まず、あの男はただの外科医に過ぎない。第二に、パキスタン人のイスラム教徒だ。第三に、一般人だわ」と。そして、馬鹿な真似をするなとダイアナを非難した。

ダイアナは実母フランセスの態度に激怒し、このことが、「ＨＥＬＬＯ」誌インタビューの裏切りも重なって、二人の関係にとどめを刺した。ダイアナは二度とフランセスと話をしなかったし、手紙も拒否した。

そうして、レインが母親代わりとなった。
「レインは、私にとって初めての母親なの」と、ダイアナは私に告げた。

13……チャリティ

私がダイアナに行なった最も重要なことは、癒し方を教えることだった。これによってダイアナは、出会った何十万もの重病患者に心からの慰めをもたらすことができるようになった。

ダイアナは、非常に多くの人びとの世界観を変えたと思う。また同時に、ダイアナによって、英国王室はその欠点と向き合わざるを得なくなった。英国王室はいまでもダイアナが与えた教訓を理解しようとしているが、明確なことは昔のやり方には戻れないということだ。ダイアナは、それを目の当たりにしてきたのだった。

ダイアナがやって来るまで、英王室のメンバーは、きれいに着飾り、気品があって、慎み深く、優雅で礼儀正しいことが期待された。重労働をして手を汚すことが許されなかったのは、階級のイメージを損ねると考えられていたからだ。〝立場をわきまえなさい〟というのが、何世紀もの間ずっと繰り返されてきたスローガンで、それを維持することが求められた。一般的な仕事をすれば、王室の神秘のベールが引き上げられてしまったのだろう。普通の純粋な人間の感情さえも抑えなければならなかった。痛みや喜び、嘆き、悲しみを見せることは〝威厳がない〟と見なされた。

ダイアナは、どれ一つ持っていなかった。彼女は慣習に従うのではなく、心の命じるままに行動する若い女性だった。

幸せならば、包み隠さず平然と温かく笑い、会う人びと皆を魅了し、その心を捉えて離さなかった。幸せでなければ、その感情を露わにし、肉体的に苦しんでいる人や精神的支援を必要としている人を見れば、できる限りのことをした。打算も計画もなかった。ダイアナはよくこう言った。

「時間がすごくたりないの。だから、できるだけうまく時間管理をしなくてはいけないの。ほかの人たちのために時間を作るのよ。なぜなら、私たちはほかの人がいなければ生きられないのだから。ただ、存在しているだけになってしまうわ」

ダイアナは、この考え方をチャリティの仕事に適用した。ダイアナがかかわるようになったチャリティ団体は、ほかの王室メンバー同様に、ダイアナもまた形式だけの代表になるだろうと考えた。だが彼らは、誠心誠意関与してくれる後援者を得ることになったのだった。

ダイアナには、卑しすぎるとか屈辱だといってとり組めないことは何もなかった。ダイアナは、女王陛下と違って手袋なしで、怪我人、病人はもちろん、ハンセン病やエイズ患者も抱き締めた。懸命に仕事に打ち込み、苦しんでいる人を助ける癒し手として卓越した才能を磨くことを学んだ。

ダイアナが、人にエネルギーを送る訓練をはじめたのは、私が瞑想を教えていた時だった。ダイアナは、あっという間に習得し、いったんコツをつかむと息子のウイリアムやハリー、友だち、そしてチャリティの仕事を通じて出会った人びとなど、あらゆる人に実践した。私が背中に大きな問題を抱えていた時、ダイアナは一度ケンジントン宮殿で癒してくれて、痛みをほんとうに和らげてくれた。約一五分かかったが、もしそれ以上長かったら、私は床で眠っていただろう。

私の場合は、患者から手を数センチ離して癒しを行なうが、ダイアナはもっと近づくことを好んだ。ダイアナはよく人に触れるタイプで、子どもの頃から人の感触が好きだったらしく、眠る時にお話を読んでくれる人にいつも体を摺り寄せていたと語ってくれた。ダイアナは、病院やホスピスを訪問すると、人びとの手をとって目をじっと覗き込むので、皆ダイアナのあふれんばかりのエネルギーと愛情を感じた。

「社会で最も弱い立場の人びとを助けようとすることほど大きな喜びはないわ。私の人生での、ほんとうの目標の一つなの。まるで運命というか……」と、ダイアナは説明した。

自分自身の不幸な過去が、他人の問題に対する洞察力を養ったのだった。現代心理学の創始者カール・ユングは、自著で〝医者が効力を持つのは、医者自身が心を動かされた時だけだ。傷ついた医者だけが癒すことができるのだ。しかし、医者が鎧のようにパーソナリティを身につけるのならば、効果はまったくなくなる〟と述べている。

経験は確実にダイアナに傷を残した。しかし、そのお蔭で他人の問題に共感できることに気づいたのだ。たとえば、虐待された女性たちの避難所を訪れた時、ダイアナは人間関係に苦しんでいたのは自分だけじゃないと理解できた。そして、その認識こそ彼女の転機となった。

ダイアナ自身の弱さが圧倒的な共感を呼んだ。意識して努力したわけではないが、ダイアナは人間関係に問題を抱えている女性たちの関心の的となった。女性たちは、ダイアナの問題のなかに自分の問題を見たのだ。そして、打ちのめされることなく、勇気に満ち、顔を上げて戦うことを表明するダイアナの姿に強さを見いだしていた。ダイアナは、女性たちのモデルとなり、ただ前進し続け自分が置かれている圧力に屈しないでいるということが、いかに他人の助けになるかを理解した。機会があれば、実際に実践的な方法で助けることができることを知ったのだった。

ダイアナは、人びとを癒そうとしていることは言わなかった。ただあるがままだった。たぶんそれはだれにも気づかれなかった。それでも、それはとてもためになることだった。ケンジントン宮殿でダイアナが息子たちや数人の患者に癒しを施している姿を見ていると、明らかに違っていた。ダイアナは、オーラのような輝きを送っていた。

ルシア・フレチャ・デ・リマは、同意してこう話した。

「私の夫は、ワシントンで非常に重度の脳卒中を患っていました。そして、ロンドンの第一便に乗り合わせたダイアナ妃にそれを告げました」。ルシアと息子は、病院のベッドで目を閉じたまま横たわっている夫に呼びかけたが反応はなかった。「そうしたら、ダイアナ妃が『私がやってもいいかしら？』とおっしゃるので、お願いしますと答えました」。ダイアナ妃がルシアの夫の名を呼ぶと、「なんと夫は目を開き、もう少しでベッドで起き上がりそうになったんですよ。ほんとうなんです。誇張なんてしていません。ダイアナ妃にはとても特別な力があるのだと思いました」。

ダイアナが、病気や怪我をした人に癒しの力を送ろうとして目を集中させている写真が多くある。ボスニアでは、受賞歴のあるイギリスの特派員クリスティーナ・ラムが、地雷によって腸を引き裂かれた子どもの手をダイアナが握っているのを目のあたりにした。そして、〝その少女は痛みもがきながらも、あのきれいな女の人は天使なの？　と尋ねた〟と書いた。

ダイアナは、並外れた能力を持って生まれてきていた。その能力は、発揮されるのを待っていたのだ。おそらく初めて自分の人生を完全にコントロールした一九九六年に、ダイアナは大きな慰めと励ましを多くの人びとに与えることができた。

当時は、そうした側面はほとんど注目されず、だれもが悪い面しか関心を寄せなかった。世間はダイアナがどんなに誠実に気遣っているかには目もくれず、注目を集めるためにやっているのだと避難した。それはまったくのでたらめだった。ダイアナは、その日の仕事から戻って来ると、どんなに疲れていても、見たり経験したことに心を悩ませ、何か助けてあげることはないだろうか、と私に訴え、一緒に考えてはよく泣いたものだった。

ダイアナが夜遅くに病院を訪問するのは、プライベートなことだと考えられていた。確かに自己宣伝やよい気分になるためにはじめたことではなかった。ダイアナは、病室で一人ぼっちでいることが、どんなに気の滅入ることかを知っていた。病院のスタッフや患者は、ダイアナに会うといつも驚き喜んだ。ダイアナは気にせずに「ほかにもだれか眠れない人がいるかしらと思って、ちょっと来てみたのよ」と言ったものだった。ダイアナは、公式訪問の利点を理解していたし、チャリティではお金が舞い込んでくることに実際わくわくしていたが、こうした非公式の訪問のほうがずっと好きだった。非公式の場では、自分の話すことを一語一語メモする報道関係者もいないので、気どらず患者たちと話をすることで、彼らの病気や気持ちを知ることができた。ダイアナは、空虚感を埋めようとしていたわけではなかった。他人を助けるセラピーというのでもなく、ただそれは無私無欲からなる献身だった。

ダイアナは、探究心旺盛でもあった。外科医マグディ・ヤクーブ卿が行なう心臓手術を数回見学したのも、何がどうなっているのかを知りたかったからだ。一九九六年四月にヘアフィールド病院を訪問した時、ダイアナは手術室にスカイTVが設置されていることに気づいた。テレビカメラがとりつけられるとは思いもよらなかったが、マスコミのやり方を知っていたのでダイアナは撮影を認めた。ダイアナは私に「大丈夫だったわ」と述べ、動揺することもなく、本で学んだことや手術台の上で起こっていることに集中できたようだった。これは、いつもダイアナの心をひきつけていた生死の問題だからだ。ダイアナは、手術中に多くのことを学んだ。真剣にジョギングをはじめたのも、手術を見たからだった。「動脈が詰まっているのを見るのは、とても怖かったわ」と彼女は説明した。同時に、自分の存在が友人である外科医ヤクーブ卿の仕事に一役買うことを願った。

ところが、ダイアナが手術中の撮影を許可したことで、多くの痛烈な非難を浴びた。女王は、どうして義理の娘が〝身の毛もよだつ〟ものを見たがるのか理解に苦しみ、呆れてものが言えなかった。王室の保守的な関係者たちは、女王にならって、このチャンスを利用してダイアナを中傷した。彼らは、ダイアナが結婚の破綻で同情を得たことにひどく動揺していたので、その仕返しに、ダイアナは他人の苦しみに病的に関心を持つ情緒不安定な人物だと言いはじめた。チャールズ皇太子の友人もダイアナの悪い情報をマスコミに流し、これを助長した。

ひどい話だが、彼らはダイアナが心から他人のことを心配をするので、ほかの王室メンバーがよそよそしく見えるのではないかと怯えていたのだ。

ダイアナからすれば、なぜ王室の人たちはつねに冷静で、他人に対して感情を示そうとしないのかが理解できなかった。とくに、マイケル王子夫人マリー・クリスティーヌには批判的だった。

ダイアナは出会った瞬間から彼女が嫌いだった。ケンジントン宮殿で隣りに住んでいるということが、まずその敵意を煮えたぎらせた。ダイアナはカミラ以上に、このマリー・クリスティーヌを嫌った。ダイアナに言わせれば、彼女は〝空間の無駄〟だった。

ダイアナは、マリー・クリスティーヌとその夫である女王の従弟マイケル王子から贈られたクリスマスカードを私に見せてくれた。それは当のマイケル王子夫妻がダイアナとともに丘の上にいる写真だった。背の高いダイアナは、王子の後ろに立っていて、その身長差を誇張するばかりの写真だった。「わかるでしょ。あの女が尻に敷いてるのよ!」とダイアナは断言した。

ダイアナは、オーストラリアで教育を受けた隣人をずっと馬鹿にしていた。マリー・クリスティーヌの人生における身分についての考え方はあまりに尊大で、女王にさえ「彼女は私たちよりもはるかに気位がお高いようね」と皮肉たっぷりに言わしめたほどだった。

マリー・クリスティーヌの父、ギュンター・フォン・ライプニッツ男爵は、ポーランドとロシア進攻の際、ヒトラーの機甲部隊で働いており、エリートのSS（ナチス親衛隊）の少佐だった。フィリップ殿下のドイツの親戚はナチ党と非常に親密な関係があった。しかし、フォン・ライプニッツのSSランクは単なる肩書きで、ヒトラーの近衛兵たちによる殺人的虐殺行為には決して関与していなかったが、娘は連合軍から汚名を着せられた。

そんなわけでダイアナは、マリー・クリスティーヌを「SS」とか「ドイツ軍」と呼び、彼女がケンジントン宮殿の庭に散歩に出てくると、窓からじっと見つめて「武装親衛隊が行進しているわ」と言った。そして、ある時は実際に行進のような歩調で彼女の前に割って入った。「ちょっと脚のストレッチをしているだけよ」とダイアナは、彼女が通りかかると脚を蹴り上げながら説明した。一方、マリー・クリスティーヌもダイアナのことを「隣りの馬鹿女」とののしった。

実際に喧嘩も起こった。マリー・クリスティーヌは血統書付きのビルマ猫を飼っており、野良猫からの迷惑な誘惑から守るために、ケンジントン宮殿の庭に罠を仕掛けていた。罠はのちに英国王立動物虐待防止協会によってとり除かれたが、ダイアナはよく明け方に茂みを通って忍び込み、罠にかかった野良猫を逃がした。また一度は、本物の猫の代わりに、電池で「ニャー」と鳴くおもちゃの猫を置いた。

ダイアナは普段は猫にまったく関心がなかったが、マリー・クリスティーヌの猫はダイアナを怖がらせた。その猫は、冷淡で尊大で横柄で、すぐに毛並みを逆立てた。「飼い主に少し似ているわ」とダイアナは指摘した。猫たちが窓から入ってくると、ダイアナは文句を言ったものだが、マリー・クリスティーヌに「さっきまでここにいたわ！」と言い返されるだけだった。ある朝、一匹の猫がダイアナの部屋の窓からふらっと入ってきて、私の膝に乗ってゴロゴロのどを鳴らした。ダイアナはすぐに執事のポール・バレルに電話をかけて、猫を私が連れて帰れるように箱を探してくるよう命じた。私がだれの猫なのか尋ねると、「SSのよ」と言うので、「それなら連れて帰るわけにはいかないわ。マイクロチップが埋め込まれているから！」と私は答えた。

ダイアナの態度は意地悪というより、むしろ子どもじみたものだったのかもしれない。しかし、不和に対するいたずらはとどまることを知らなかった。また、ケンジントン宮殿のスタッフたちは、苦情があるとダイアナのもとへ行った。すると、ダイアナはいつもできるだけのことをして助けた。ダイアナは、スタッフの苦情を録音した。録音テープには、ある王室スタッフがチャールズ皇太子のスタッフにレイプされた、などという破廉恥な疑惑も含まれていたが、ダイアナの部屋に厳重に保管された。それは、ダイアナが法律顧問弁護士事務所に持って行って聞かせたもので、その事務所にはダイアナの離婚を担当したロード・ミッションやアンソニー・ジュリアスもいた。ダイアナはあまりにも無知で、弁護士に相談するたびに多額の弁護士費用がかかることを考えていなかったが、非常に高額の請求書が届けられても、ケンジントン宮殿のスタッフに代わって弁護士への相談を続けた。

ある日、マリー・クリスティーヌのメイドであるジュリア・ディアズがダイアナのところにやって来てアドバイスを求めた。彼女は乳癌にかかっていて、マリー・クリスティーヌは乳がん学術研究団体の後援者にもかかわらず彼女を解雇したのだ。

ダイアナは、ジュリアをお茶に招き、話を全部録音した。ダイアナは、のちにそのテープを再生して私に聞かせてくれたが、私たちはテープを聞きながら涙を流した。ダイアナは弁護士の一人にテープを持って行くと、弁護士はマリー・クリスティーヌ妃にすぐ連絡をとり、もしジュリア・ディアズがほんとうに解雇されたのであれば、不当解雇で労働裁判所へ連れていかれる可能性があると指摘した。

マリー・クリスティーヌは、病気になったメイドを解雇したという疑惑を強く否定し、ジュリアの医療費を援助していたと反論した。そして、仕事を辞めて王室から無料貸与されていたアパートを手放すことを望んだのもジュリアのほうだと主張した。ジュリアと夫と息子は家を出なければならず、ジュリアはその三年後に癌で亡くなった。ダイアナはジュリアが亡くなる直前まで連絡をとり続けていたが、隣りに住むプリンセスとの関係改善には役立たなかった。

この頃のダイアナは、王室のほかの女性たちとあまり折り合いがよくなかった。長い時間とともに自信がつき、もはやダイアナは、かつてのようにいつも一生懸命ご機嫌とりをしているような若い臆病な女性ではなかった。いまや、自分で判断する落ち着きと自信を身につけ、王室の欠点に気づいていた。王室の人びとは、あまりにもよそよそしく、自分たちのことばかり考え、自分たちの〝立場〟を意識し、他人の苦しみに鈍感だった。そこが、とことん現代的なダイアナには賛同できなかった。

だが、ケント公爵夫人のキャサリン〝ケイト〟は例外だった。ケイトはダイアナと同じく英国貴族階級の出身で、祖先には一六四九年の国王チャールズ一世処刑の原動力となったオリバー・クロムウエルがいた。ダイアナ同様、王室に同化するのは極めて困難だと思っていた。

二人は、ダイアナが皇太子と婚約した時に親しくなった。旧姓ケイト・ワーズリーは、ダイアナに王室の難しい外交儀礼を上手に教えて、二人の友情は続いた。「確かに、私はダイアナをとても理解していたわ。つねに連絡をとり合う難しさもよさも理解していたわ」とケント公爵夫人は思い出して言った。

ケイトとダイアナはとても美しくスタイリッシュだったが、二人が引き合ったのはお互いの思いやりだった。ダイアナは、ケイトのことを聖人の次に素晴らしい人だと言っていたし、マザー・テレサに匹敵すると思っていたほどだった。

現代社会ではよいこととされていても、伝統によって禁じられていたさまざまなチャリティにもケント公爵夫人は参加した。ダイアナと非常に似ていて、ケイトはただレターヘッドに名前を載せるだけのことはしたがらず、人が嫌がるような仕事もすると主張した。「決して人びととの間に壁を作りたくなかったの」とケイトは説明した。

ダイアナも同じだった。威張ったところがないので、社会的階級が同じでない人たちとすぐに仲よくなれた。でも、ダイアナの友人には、自己本位で、むしろ何も考えていない知人もいた。ダイアナが彼らを必要とした時、彼らは何もしてくれなかった。

ダイアナは、人にはそれぞれ自分のやるべきことがあるということは理解していたが、子どもが病気になったり、友人が電話で助けを求めてきたりした時には、すべてを投げ打つ覚悟があった。私も同じで、それこそ私たちが仲よくなれた理由の一つだった。ある日、私は、赤ちゃんの口もとが青ざめているという女性から電話を受けた。駆けつけて治療を施すと、赤ちゃんは嘔吐しはじめ、それが赤ちゃんの命を救った。ミルクアレルギーだったのだ。ケント公爵夫人も、いつも自分のことは二の次だった。ダイアナは、ケイトの病院訪問に同行した日のこと——どのようにエプロンをつけ、袖をまくり上げ、患者の体を拭いてあげたか、そして躊躇せずに病人用の便器を空にしたか——を畏敬の念を持って私に話してくれた。

「王室のメンバーであんなことをするのは、彼女だけよ。看護士のように実務までやっていたわ」と、ダイアナは話した。

ダイアナは、王室の心の友であるケイトを見ならいたいと思っていた。だが、ダイアナはお年寄りの患者を拭いていた時、床擦れがたくさんできていて、患者の体を傷つけはしないかと心配だったと告白した。ケイトはもっと実践的で黙々と仕事にとり組んでいた。

ケント公爵夫人は、控えめな王室メンバーだったので、ダイアナのように注目は集めなかったが、チャリティの仕事にとり組む独自の考えは、王室の輪のなかで気づかれないはずはなかった。はじめ〝変わり者〟として片付けられ、王室では禁じられている宗教ローマ・カトリック教に改宗した時は皆が眉をひそめた。その後、体調を崩して発作に苦しんだ時は、残酷にも〝狂ったケイト〟と呼ばれた。

一方、ダイアナは決してそうは思わず、「ケイトはいままで会ったなかで最も無私無欲の人よ」と言った。そして、王室のほかの女性に比べて「彼女の価値基準は人道主義なの。ほかの人たちは物質主義だけど」とダイアナは言った。

ケイトは、病気の人や死を迎える人びとに行なう務めにはいつも控え目だった。「人が命に関わる病気になったら、人生においてとても大切な時間を過ごすことになるわ。だから自分のやり方を通すのは間違っていると思うの」とケイトは言った。ダイアナと共通していたのは「すべての人間は尊敬と尊厳をもって扱われなければならない」という信念だった。

ケイトは若い人たちにとくに関心を持っていた。十三歳の時にはヨーク大聖堂で賛美歌を歌っていたので、訪問先のホスピスで若い末期患者のために歌った。また貧困が原因で引き起こされた少年犯罪に立ち向かう活動を見るために、ハンベライドにある荒れ果てた公営住宅団地を訪問した。

これらは、ダイアナの関心ある分野だった。ダイアナは子どもが好きだったので、ケンジントン宮殿の衣装部屋やバスルームの壁には子どもたちの絵が掛けてあった。ウイリアムやヘンリーが描いたものだった。そのうちの一つは水彩画で、明るいブルーの家があり、正面には明るい黄色い髪をしたマッチ棒のように痩せた母親が、その隣りに微笑む父親が立っているところが描かれており、チャールズとダイアナがとても幸せだった頃を痛切に思い出させた。この絵は息子たちが幼い頃に描いたもので、ダイアナの誇りだった。

ダイアナが誇りに思っていたのは息子たちの作品だけではない。毎日世界中の子どもたちから絵が送られてきていた。決して捨てずに、大切に保管して、普通の額やガラスの額に入れたり、クリップで留めたりして飾った。簡単な方法だが、人生への熱意にあふれた題材は、ダイアナにも私にも魅力的だった。ダイアナに、子どもたちの絵は素晴らしいものだと言うと、「だからとってあるのよ」と彼女は答えた。

いくつかの絵は、ロンドンにあるグレート・オーマンド・ストリート子ども病院の子どもたちから送られてきたものだった。ダイアナは、そこへ行くのが大好きで、できる限り頻繁に訪問した。慎重に身支度し、子どもたちの関心を引くようなもの、たとえば手にとって遊ぶことができるようなペンダントを身につけた。王室をとり囲む、見えないバリケードを壊して、ダイアナはできる限り近づきたかった。近づけば近づくほど、人びとが皇太子妃に対する先入観に怖気づくことが少なくなるように感じたからだ。だれかと手を握ったり、頬をすり寄せれば、威圧されることはまずない、と。そうすることで壁をとり壊し、すべてのことを個人の務めとした。ダイアナは、うまくやることができたし、手を握っている子どもに癒しのエネルギーを送ることができた。

のちにダイアナは、起こったことや、興味を持った事件について私に話してくれた。そうやって心配ごとを家に持ち帰り、ともに話し合うのだった。感情的にも体力的にも非常に消耗することだったが、ダイアナ自身の個人的な興味の対象となり、ダイアナが状況説明したあとで、私はいくつかの提案をした。ダイアナは心配ごとを放っておいたり、チャリティ団体だけに任せるような考えはなかった。ダイアナは、みずから行動したがった。

医学的な問題であれば、私たちは頭をつき合わせて解決しようとした。ほんとうに悩みがある時は、最善を尽くして、最高の専門家を見つけようとした。ダイアナは、最高の地位にある人びととつながりがあったから、マグディ・ヤクーブ卿やクリスティン・バーナード医師に電話して、最良の治療を受けられるのはどこかを尋ねることができた。南アフリカなのか、あるいはアメリカ、イギリスか、と。

ダイアナは何かに強い興味を持つと、それに全力を注いだ。一つの例がハンセン病だ。学校でハンセン病は何年も前に根絶したと教えられていた。「すべての本を読んだとしても、ハンセン病は過去の病と考えるわ。私はこの病気は、もうなくなったと思っていたのに、まだ残っているのよ。世界中で一五〇〇万人の人びとが、いまでもこの病気に苦しんでいるの」とダイアナは言った。

インドネシアで、ダイアナはハンセン病患者の手をとった。カメラマンはあとずさりした。ダイアナがこの病気に感染すると思ったからだ。しかし、ダイアナはハンセン病が少しの接触ぐらいでは感染しないし、現代医学で治療が可能であることを知っていた。いたるところで表紙を飾ったこの写真は、強い印象を与えた。ハンセン病保護団体のディレクターであるトニー・ロイド牧師は、「あなたはハンセン病が不名誉だという考えに対して、私たちが一二〇年やってきたことより、ずっと大きな成果を成し遂げてくれました」と述べた。

想像だけで非常に大きな恐怖心を植えつけられている点では、エイズはハンセン病に似ている。多くの人が無知のために、ちょっとした接触で感染すると考えていたし、いまでもそうだろう。これは人間の恐怖に対する過敏反応だった。

ダイアナは、この恐怖のベールを引きはがすことを自分の使命とした。そして、こう説明した。「もし私に苦しんでいる人を助ける力があるならば、やるしかないわ」と。

ダイアナは、ウォールストリート・ジャーナル紙でエイズ孤児の悲惨さを読んでいたので、一九八九年にアメリカを訪問した際、ニューヨーク・ハーレム病院に行くと主張した。そして、そこで感染している子どもを抱き締めている写真が撮影された。翌日ニューヨーク・タイムズ紙は、アメリカ政府の政治体制を攻撃する記事を出し、アメリカの問題になぜ英国皇太子妃を連ねるような真似をしたのかを問うた。ダイアナのとり組みには素晴らしい効果があったので、やり続ける励みとなった。英国に戻っても、ダイアナはエイズ患者に会いに行き、ジョークを忘れず、必ず笑顔で親しみを込めて接した。患者たちが何より大きな理解と多くの同情を持って受け入れられるようになったのは、ダイアナのとり組みによるところが多い。

一九九五年一二月二日、早期の離婚をうながす女王からの手紙を受けとる七日前、ダイアナの活動が、年間最も活躍した人道主義者の賞を受賞した。この賞はニューヨークのヒルトンホテルで開催された、慈善食事会でヘンリー・キッシンジャー元国務長官から贈られた。ダイアナは受賞スピーチのなかで「悲しみに満ちた世界は、ただ優しさを必要としているのです」と述べた。

受賞は非常に光栄なことであったが、ダイアナは困惑した。ただ謙遜しているということではなく、ダイアナ自身「私なんて受賞に値しないわ」と言った。ダイアナの考えでは、だれかを助けることが功績なのではなく、その状況が是正されることが功績だからだ。

翌年七月、ダイアナは思ったほどよい結果が得られない理由から、一〇〇件近くのチャリティをあきらめて、王立マーズデン病院、英国立バレエ団、ホームレスチャリティセンター、ハンセン病団体、国立エイズ病院など、わずか六つに絞ることにした。

この決断を下すのに、ダイアナは時間をかけて懸命に考えた。私はチャリティマネーの多くは、決して思っているようなところにはいかないものだと言い、ダイアナはそれにまったく気づかなかったことを重く受けとめた。そして、すべてのチャリティに関して、会計報告を求めることにした。いかに多くのお金が「運営」に使用されているかがわかった時、ダイアナは狼狽し「私の名前を使って儲けているチャリティもあるのよ」と非常に憤慨しながら不満そうに言った。

それでも、助けを求める人のためならなんでもする、というダイアナの決意は変わらなかった。自分が関与することでうまくいきそうな新しいプロジェクトを絶えず探した。アジアにおける子どもの虐待や強制売春がダイアナの心を捉えた。私たちは、幼い子どもたちがどのようにして誘拐同然に連れ去られ、性的目的のために売られているかというテレビ番組を見た。

インド、パキスタン、そしてタイで蔓延している、こうした邪悪な事件を根絶するために、ダイアナはできるだけのことをしたいと語った。これはダイアナ最後の願いの一つとなった。そのためにはどうしたらいいか、という具体的な考えはなかったし、計画を練っていたわけでもなかったが、いずれ何か方法は見いだしただろう。それについて私には疑いはない。ダイアナが何かに関心を持つと、だれも彼女を止められなかった。ダイアナが言うとおり「力を持っているのだから、使うしかない」だった。問題に向かう時、信じられないほどの実行力を発揮した。ダイアナは、地雷廃絶運動において、まさしくその通り実行した。

14……ファギー

閉鎖的で自分の利益ばかり考えている王室世界のなかで、ダイアナのほんとうの友人は義理の妹セーラ・ファーガソン〝ファギー〟だけだった。

二人は、ともによよそ者扱いされていたので、お互い支え合ったのも当然だった。一緒にいる時は、噂話をしたり、秘密を打ち明けあったり、王室への不平を言ったり、いたずらやちょっとした策略も企てたものだった。そうして、二人はお互いを頼るようになった。

ファギーは派手なスタイルと服装で激しく非難されたが、ダイアナは支持していた。ダイアナはいつもファギーのウエーブがかった長い赤毛をほめ、ファギーがどんなに素敵な女性か、いつも私に話した。ファギーへの批判を「みんな彼女のことを誤解しているの」と言ってはねつけた。

二人は、ほんとうの姉妹のように見えたが、性格はまるで反対だった。ダイアナによれば、二人の人生に対する向き合い方はまったく違っていて、ファギーはセックスに関してダイアナが決して真似ることができないほど気楽な考え方を持っていた。

ヨーク公爵夫人のファギーは、いかに結婚生活を刺激的に送るか、ということをダイアナにアドバイスしたが、ファギー自身はそれがどういう意味で、どうなるかについてはあまり気にせず浮気を楽しめるようだった。

ダイアナは、いつでも長期的な関係を求めた。ダイアナにとって恋愛は感情面でのかかわり合いだったが、ファギーは本能的で好色だったため、その人を心から愛しているかどうかではなく、ただセックスのためだけに関係が築けたので、ダイアナはファギーをうらやましがった。

ダイアナは、ファギーの「世間がどう思おうが知ったことじゃない」という反抗心と、少しも罪悪感を抱かないところが好きだった。ファギーは、他人の意見の大切さをいずれ身を持って知ることになるのだが、二人はお互いを〝ザ・ファーム（仲間同士）〟と呼んでいた間は、本能のおもむくままに行動した。

「マジェスティ・マガジン」だったと思うが、ファギーは非常にコスモポリタンな女性であったが、下品なユーモアと極めて下品な話を好んで会話を楽しんだ。

この対比は、二人をおおいに楽しませ、お互いの仲間とも交流し合った。でもそこには愛憎関係があって、とくにファギーは、とても嫉妬を感じていた。ファギーは、ダイアナのルックス、スリムな体型、人気、そして男性が自分よりダイアナのほうが魅力的だと感じることに腹を立てた。

ファギーは、ジョン・F・ケネディ・ジュニアに一目ぼれしたのだが、彼を射とめたのはダイアナだった。またファギーは、映画俳優ケビン・コスナーにも思いを寄せ、会った時に気をひこうとしたが、またしてもダイアナに先を越された。コスナーは、ファギーの口説きを受け入れず、代わりにダイアナに電話をかけ『ボディガードⅡ』への出演依頼を申し出た。ダイアナは断ったが、ファギーの怒りはおさまらなかった。ファギーは自分がダイアナの後塵を拝しているように感じていた。それは国民、王室、そしてコスナーのようにハンサムで有名な男性から見ても真実だった。だが、プライベートでは話は別だった。ファギーは、ダイアナといる時は強引で威圧的に振る舞うことで、失地回復に出た。そして、チャンスがあれば軽いノリでダイアナに当たった。

時には口論となり、ダイアナは人生最後の六カ月間、ファギーと話すことを拒否した。ファギーはひどく動揺し、「ダイアナに会って、また昔のような仲に戻っていたらよかったのに」と言った。

こうした喧嘩は、ダイアナにとってはいつものことだった。ダイアナは時々みんなと意見が違った。たとえば、地雷廃絶運動をしていた時、ダイアナは、ローザ・モンクトンが政府のために自分のことを探っている、というあらぬ疑いを持っていた。昔ルームメイトだったキャサリン・バーソロミューとの友情にも浮き沈みがあったが、こうした喧嘩はいつもおさまっていった。口を利かない期間が長く続いたあとで、ダイアナは突然電話してきて、何ごともなかったかのように話しはじめるのだ。だから、もう少し時間があればファギーとも仲直りしていた、と私は確信している。二人は結婚前からお互いを知っており、その友情のおかげで辛い時期も耐えることができたと、ファギーは悲しそうに言った。

結婚期間中、とくに結婚が不利に向かっている間、二人はフィリップ殿下に対して当然味方同士になった。殿下は、私が見せてもらったダイアナに宛てた手紙でも無礼だったように、意地悪で口が悪く、ダイアナとファギーは〝精神病院〟に入るべきだと言ったことさえあった。これは、殿下が若い頃、母親であるアリス妃が二年間密かにプライベートな療養所に入っていたことを考えると、驚くほど無神経な発言だった。

私たちは、フィリップ殿下の態度についていろいろ話し合ったが、殿下はファギーをふしだらな女と見ていて、自分も同じように思われているとダイアナ自身は思っていた。こんな義父がいたならば、できるだけ多くの友人が必要だろう。

ダイアナとファギーは、皇太后が嫌いな点でも結束していた。皇太后の威張った素っ気ない態度は二人をしらけさせた。「あの人は重要な人以外に興味がないのよ」とダイアナは説明した。ハリー王子は次男だったので、謁見を賜ることはほとんどなかったし、ファギーも王室の序列は高くなかった。チャールズとダイアナの離婚が伝わると、ダイアナも同様の扱いを受けた。皇太后の考え方では、重要なのは王室であって、一族の感情ではなかった。これが王室を体現していると言われる人物の考えだった。皇太后の横柄なところが、二人とも嫌いだった。二人は復讐のために深夜、皇太后の寝室にあるプライベート電話を鳴らし、すぐに切っては笑い転げた。ふざけた思いやりに欠く行動だったが、二人はおもしろがっていた。これが、自分たちの生活をとても惨めにした女性への恨みを晴らす手段でもあった。またある時には、二人同時に離婚することまで合意した。

ダイアナは本心からチャールズと離婚したいわけではなかったので、すぐにこの合意話から降りた。ファギーはダイアナが約束を守らないと怒ったが、馬鹿げた空想に過ぎなかった。ダイアナは賢明だったから、どんな意地の張り合いにおいても、先に態度を表明するのは王室であることはわかっていた。ファギーは、アンドリュー王子と離婚すると、情け容赦なくのけ者にされた。

ダイアナによると、ファギーの去り方は奇妙だったという。当時夫のヨーク公アンドリュー王子がある男性スタッフとの間に関係があったという馬鹿げた噂が広がっていたが、ダイアナはアンドリューをずっと好意的に見ていたので、ヨーク公の結婚は続くと思っていた。そのためこの中傷を聞いたとき、ダイアナはとても驚いた。

ダイアナの机の一番上の引き出しにはスライドするトレイがあって、その左側に録音テープが保管されていた。かなり多くのテープがあって、チャールズ皇太子のスタッフに二度レイプされたという王室スタッフのジョージ・スミスの話を録音したテープを私に聞かせてくれた。スミスは、非常に静かにつじつまの合わないことを語っていた。言葉も不明瞭だった。ダイアナは、話の内容に憤慨していたが、何が起こったのか詳細はわからなかった。スミスはほかの王室メンバーの噂話もして、ダイアナをおもしろがらせた。その後、ふたたびダイアナは録音作業を続けたが、話は若干変わっていた。ダイアナが弁護士のところにこのテープを持ち込んだが、事件にはされなかった。レイプ事件は、どんな場合でも警察の介入が必要だったからだ。ダイアナは、不当な扱いを受けたと思う人びとを救うために事態を改善したかった。それで、スタッフが不満を抱いてる時は、その話を録音して弁護士に聞いてもらってアドバイスをした。

ファギーは、夫が巻き込まれた噂話をかたくなに否定したが、ダイアナは、妻であるファギーの存在を傷つけるのではないかと心配した。そして、その心配は的中した。浅薄で派手な外見とは裏腹に、ファギーは傷つきやすかった。ファギーはダイアナのように感情は不安定ではなかったし、ダイアナよりもうまく王室の拒絶体制を受け入れていたが、自分に課された離婚条件に悩んだ。ダイアナは、ファギーがひどい仕打ちを受けていると考えた。ファギーは離婚後に働くことを認められたが、ダイアナは認められなかったから、これはファギーにとっては幸いだった。もし、外出して生計を立てることができなかったら、実際よりも早く資金を切らしただろう。

ダイアナによると、財産の大半は鍵をかけて保管されていたので、得た現金はわずか二五万ポンドで、指から砂がこぼれるようになくなってしまった。ダイアナは、ファギーが巨額の負債（一時は四〇〇万ポンドを上回った）をため込んでいると聞いても、少しも驚かなかった。なぜならファギーはいつも驚くほど気前がよかったからだ。もしファギーが多額の寄付をしていなかったら、そこまで財政的困難に陥ることはなかっただろうとダイアナは言った。

ダイアナは、子どもたちへのクリスマスプレゼントをたくさん買わなければならなかったので、ひとり五〇ポンドを限度とした。ファギーはそういう考えをあっさり捨て、少し軌道を逸してでも、考えつく最も贅沢なプレゼントを買った。たとえば、ある年、ファギーはウイリアム王子にライフル用の夜間照準器を買ったが、これは四〇〇〇ポンドだった。このことは、ファギーが自腹を切って支えているチャリティにも言えることだった。友人やほとんど面識のない一般人の人びとが困っていると、ファギーはすでに限界に達している銀行口座がどうなるかも考えずに、彼らにできるだけのことを行なうのだった。声高にやっているわけでも、宣伝するわけでもなかったので、賞賛されることはなかった。

これについては、ダイアナはファギーを尊敬していた。ファギーには、王室――とくにフィリップ殿下や皇太后――を見返すためにも、大富豪の成功者と結婚するか、立派に自立して富豪になって欲しいと願っている、と私に話した。ダイアナは、ファギーをとても気の毒に思い、女王の二人の孫娘を産んだ母親が莫大な借金を抱えているのに、助けず見ているだけの王室に幻滅し、「あの人たちは執念深いのよ」と言った。

ファギーの失脚は、本人にも大きな責任があった。ダイアナの父、スペンサー伯爵は「彼女はほんとうのプリンセスではない。躾が必要だ」と述べた。ファギーは、つねに衝動的で、結果も考えずに行動するので絶えず問題を引き起こした。そして、いわゆる「ファイナンシャル・アドバイザー」のジョン・ブレインとの情事が最後の一撃となった。ファギーがフランス南部でつま先をブレインにしゃぶらせながらトップレスでサンドベッドに横たわっている写真が新聞に掲載された時、ファギーはバルモラルに滞在していた。女王とフィリップ殿下は屋敷にいて、チャールズ、アン、アンドリュー、エドワード、そしてマーガレット王女と娘のレディ・サラ・アームストロング－ジョーンズが招かれていた。

ほかの王室メンバーが新聞を熟読するなか、ファギーは聖域であるダイアナの寝室にこもった。ファギーは思い出してこう言った。

「ダイアナは何も言わなかった。ただ私のためにそこにいてくれたわ。ほんとうにうれしかった……」

これは、ダイアナの思いとは違った。のちにダイアナは、このつま先しゃぶり事件に関して「見苦しいわ。よくもあんなところを捕まったものだわ」と言った。ダイアナは、ファギーの好む交際相手をほとんどよく思っていなかったものの、批判的ではなかった。それでもカメラから丸見えの状態で、しかも半裸で絡み合うところを撮られたことに、ダイアナは不快感を感じていた。

ファギーは、精神安定剤をのみ、厳しい視線や軽蔑的な沈黙、そして女王の怒りに耐え、三日間バルモラルに滞在した。それにもかかわらず、このスキャンダルの渦中にも、ダイアナが忘れられることはなかった。どこにでもついて来る追跡のカメラマンに、「私じゃないでしょ。いまはファギーでしょ！」と叫んだことさえあった。

これは真実であり、つねにダイアナはスターで、ファギーは代役だった。日曜日にファギーが城を去っても、新聞の一面を独占したのはダイアナだった。今回は〝スクイジゲート〟テープの発表だった。でもダイアナは将来の国王の母親であり、ファギーが一度も手に入れることがなかった防御用の盾を与えられた人物だった。ダイアナにとって城の内部は外部よりも冷たかったが、女王の非難の矢面にさらされ続けるのはファギーだとダイアナは言った。マーガレット王女は、王室の感情をしたためた。「あなたは、これまで想像を絶するほどのことをして、王室の顔に泥を塗りました。この不名誉な写真が出てからも、少しもあなたは決まり悪くうなだれることはありませんね。私たちが、どれだけあなたから被害を被っているのか、まったくご存じないようですね。よくもこんなふうに私たちの信頼を傷つけてくれましたわね」。

王女の聖人ぶった偽善は、ファギーを激怒させた。ファギーは城を去る時のことを思い出して言った。「私は、そこにいる人たちを見て密かに思ったの。あなたたちがこうならなかったのは、神様のおかげね」と。

この言葉には多くの真実が含まれていた。女王の振る舞いはつねに完璧だったが、ほかの王室メンバーについては必ずしもそうではなかった。マーガレット王女は、いつも道徳を説いてはいるものの、途切れることのない恋人たちにかまけていた。なかにはコメディアンのピーター・セラーズ、ロビン・ダグラスホームや〝年下の恋人〟であるロディ・ルエリンらがいた。チャールズ皇太子には愛人がいたし、エドワード王子の性生活はひっきりなしにゴシップネタになっていた。そして、ダイアナはいつもフィリップ殿下の不倫の噂について私に話した。

「彼には恋人がたくさんいるのよ」と言って、ダイアナはくすくす笑うと、どこかに別の家族を隠していたりして、とほのめかした。噂は六年近く、ロンドンの社交界に流れていた。それでもダイアナは、疑惑の真相になるような証拠を見せることはなかった。だが、こういうことを話題にするというだけでも、ダイアナと義父との関係がどれだけ難しくなっているかを物語った。

こうした一連の出来事からも、ファギーの失墜には目を見張るものがあった。ダイアナはファギーの一件を忘れなかった。バルモラルのおそろしい一週間は、ファギーに対する非難はしなかったものの、以降ずっとあのバツの悪いつま先しゃぶりの事件をからかい続けた。責められ、不安を感じたファギーは不愉快になった。ダイアナがファギーの体重について触れると、いっそうファギーはよけいなお世話だと感じた。

二人は休日一緒にフランス南部に出かけると、ファギーの元恋人でカーレースの主催者、パディ・マクナリィの別荘に滞在して、二人ともとにかく食べまくった。二人の違いは、ダイアナは摂食障害をなんとかコントロールしようとして制御できたが、ファギーはガツガツ食べ続け、さらに太るという当たり前の結果を招いた。それでもダイアナは、ファギーは魅力的だと思っていたものの、なぜファギーはルックスがいいのに太りすぎを気にしないのか不思議だった。

「感情的なものかしら?」ダイアナは、私に尋ねた。ダイアナは勝手に分析し、太りすぎの女性は過去の関係のトラウマに苦しんでいるのだと結論づけたが、実際は感情面の問題だった。

ファギーは、母親が出て行ったことや、父親が若い女性に興味があったことに悩み、情緒不安定な少女時代を送ったこともダイアナは知っていた。父親のことは、マッサージ・パーラーに通っているところを発見されて明るみになったが、結局このことで、父親は皇太子のポロ・マネージャーの仕事を失い、ファギーはひどく落ち込んだ。ダイアナはファギーに同情していた。そのうえ、ファギーは元恋人マクナリーに見棄てられたという不幸な記憶を抱えていた。だから、ファギーは太ることは〝あとで傷つかないための男性への防備〟のようだとダイアナは言った。

体重コントロールの助けとして、ダイアナは一九九〇年に、ファギーがユージェニー王女を妊娠中にヘイル・クリニックで行なっている腸洗浄をすすめた。ファギーが痩せ薬を好んで飲むことには賛成できなかったのだ。ダイアナは、ファギーが痩せ薬を飲んでいるのはすぐに見わけられた。

というのは、飲みだすと人格が変わってしまうからだった。ダイアナは、いつも陽気なファギーが好きだったのに、ファギーが薬を飲んでいる時は「まったく別人みたいなの」と言った。

ダイアナは、代わりにナチュラルダイエットを勧め、ファギーがアドバイスにしたがってはじめた時は喜んだ。しかし、娘にも同様にダイエットをさせていることには非常に批判的だった。ダイエットは、たくさんの時間をかけ、適切な食事に関する本を読み実行するものなのに、義理の妹ファギーが娘のベアトリスとユージェニーにダイエットをさせていることへの苛立ちを感じた。娘たちがコンプレックスを持って育ち、結果太ってしまう可能性が高いと考えたからだ。ダイアナはファギーに、自分の問題を娘たちにまで課するのはよくないと言い、冷静になって自分が娘に何をしているかを理解するよう警告し、実質的なアドバイスをした。

ファギーはまったく耳を貸さなかった。娘たちがダイアナに話したことによると、ファギーは非常に口うるさい母親だったという。娘たちは成長するにつれ、同じような恰好をさせられるのを嫌がった。二人は同じではないからだ。なのにファギーには固定観念があり、ダイアナでさえそれを変えることはできなかったが、二人の友情に影響はなかった。お互いの子どもたちはとても仲がよかったし、ダイアナのクリスマスカードの一枚は、ファギーが撮ったウイリアム、ハリー、ベアトリス、ユージェニーの写真であったほどだった。「あの子たちは、希望の星なの」ダイアナは説明した。

しかし、ファギーの自伝『マイストーリー』に書かれたダイアナに関する記述には我慢できなかった。「クラパムに住んでいた時、ダイアナとは靴のサイズが同じだったので、すべての靴をくれて私を助けてくれたけど、うれしくないことにイボももらったわ」というくだりがダイアナを激怒させた。ダイアナは私に「イボなんて一度もつくったことはことないわ」と誓って言った。それに、二人の靴のサイズは同じではなく、ファギーのほうが大きくて、一足あげたが靴が小さすぎてファギーは履けなかった、と続けた。

ファギーが本の宣伝のためにアメリカのテレビ番組に出演した時には、ダイアナの話をしたがり、すでに不安定になっていた二人の関係をさらに悪化させた。ファギーが本の営業活動でロンドンに数日間戻ってきた時、私はダイアナに頼まれて二人の会話を隠れて聞いていた。その時ダイアナは「あなたが売っているのは、あなたの本よ。あなたの人生、すべてあなたに関することよ。宣伝するのはいいことだわ。でもテレビで私のことを話すのはやめて。前にも頼んだけれど、もう一度言うわ。やめてちょうだい」と言っていた。

それにもかかわらず、ファギーはテレビでダイアナの話をした。執事のポール・バレルが話の内容をダイアナに伝えた。ダイアナはかっとして、「ファギーとは二度と口をきかないわ」と宣言した。ファギーからの電話に出ることを拒み、ファギーとの連絡に使っていた携帯電話を処分し、義理の妹からの接触をすべて絶った。私が知っている限りでは、それ以降ダイアナがファギーと話をしたのは一度きりだった。

ファギーは連絡をとろうとし続けて言った。「どんな姉妹にでもあるように、私たちもたわいのない口喧嘩をよくしたものよ。でも、六カ月もすれば仲直りしていたわ」。

でも、今回は和解することはなかった。ダイアナは、六カ月後、事故死したのだった。

15……勇気ある行動

ダイアナは、いつかは地雷廃絶運動を彼女の最大の偉業にすることができただろう。毎年何万にも及ぶなんの罪もない男女や子どもたちが、怪物のようなおそろしい無差別兵器によって手足や命を奪われ続けている。そのような地雷を禁止しようとしたダイアナの勇気ある行動によって、地雷撲滅が国際的課題としてとり上げられるようになった。

ダイアナが人びとの幸福を心から望んでいることを疑う人がいたならば、こうした活動は妨げられたに違いない。地雷撲滅が世界の注目を浴びるには、ダイアナの名声と知名度が必要だった。一方で、個人的に相当な勇気を強いることでもあった。ダイアナは身の危険にさらされ、世間の嘲《あざけ》りに耐えなければならなかった。そしてまた、たいへん悪意に満ちた脅しも受けた。

ケンジントン宮殿のダイアナのリビングで、彼女と一緒にいた時のことだった。ダイアナは、私を手招きすると、大きな旧式の黒電話を耳から離し、私にその相手の声を聞かせてくれた。声の主はダイアナに対して、「なんの理解も知識もないことに干渉するな」と言っていた。そして、数分間にわたって地雷撲滅をあきらめるように繰り返した。ダイアナは、何も言わずにただじっと聞いていた。やがて声の主が忠告するのがはっきりと聞こえた。「事故が起こってもいいんだな」。ダイアナは、青ざめた。

受話器を置くと、ダイアナはその電話の内容について話しはじめた。私は、動揺するダイアナを安心させようとしたが無理だった。でも、彼女はそれで意志を変えることはないと話した。その電話を受けてからは、警戒を怠らないようにしなければならないと感じだした。

ダイアナは、友人のエルザ・ボーカーと私に「不幸から得る利益」と題されたファイルのコピーを渡した。私はそれを自分のベッド頭部のマットの下に隠した。

初めて会った時から、ダイアナは身の危険を口にしており、尾行されていて、部屋には盗聴器が仕掛けられていると信じていた。

ダイアナは、自分の車のブレーキ事故が起こった時、かなり心配した。それは一九九五年、ダイアナを監視しているとも言っていた。自分が狙われていると確信する瞬間があったからだった。イギリスのシークレットサービス、SIS（秘密情報局）がダイアナが王室のボディガードを解雇し、自分のアウディに一人で乗っていた時のことだった。車は、ちょうど信号にさしかかろうとしていた。信号は赤に変わり、ダイアナはブレーキペダルを踏んだもののブレーキがきかず、車は走り続けた。ようやく車が止まると、ダイアナは急いで降りて、車をその場に乗り捨て、タクシーでケンジントン宮殿にまっすぐ帰った。運転手は代金を要求せず、代わりにサインを欲しがった。ダイアナは私に電話してきて、「だれかが私の車のブレーキをいじったんだわ」と言った。それから自分の命が狙われていると恐ろしがるようになった。のちにダイアナは、自分が若くして死ぬこと、そしてそれは〝自然な死〟ではないと確信して話した。

その後、ダイアナは一通の手紙を書いた。ポール・バレルがそれをなんとか入手したが、そこには「夫が私の車に事故が起こるように画策しているの。ブレーキ事故で私が頭に大怪我を負えば、チャールズは結婚への道が開けることになるわ」と書いてあった。

ダイアナは、友人のアナベル・ゴールドスミス嬢、ルシア・フレチャ・デ・リマ、エルザ・ボーカーと私に手紙を書いて、そこには「車のブレーキは手が加えられていたわ。私に何か起こるとしたら、MI5かMI6の仕業よ」とあった。

　私は多少疑って受けとめた。当時ダイアナは離婚問題とウイリアムとハリーの将来をめぐる対立で大量の睡眠薬を摂取していたので、物忘れがひどくなったり、幻想に悩まされていたからだ。私は彼女に車を点検させると、やはりブレーキ事故は単なる摩擦によるものだった。私は、「馬鹿なことは考えないで。だれもあなたに怪我を負わせようなんて思っていないわ」と話した。

　そうはいっても、彼女にかかってきた例の電話の会話は、明らかに脅しで、彼女の身上に絶対起こらないという確信が持てなくなった。あの電話にダイアナは怯え、私も恐怖を感じた。

　それでもダイアナは決して迷わなかった。地雷撲滅運動に身を投じる覚悟で、「私の身に何が起ころうともかまわないわ」と繰り返し言った。「何かをすべきなの。この殺戮兵器をこのままにしてはおけないの」。

　私は、ダイアナが地雷問題に携わることを勧めた一人だった。発端は、一九九六年の夏、激しく集団殺戮の繰り返される紛争にボスニアが巻き込まれた時だった。私はテレビや新聞でこの問題を追っていたので、人道支援団体が人びとの苦しみを救うために行なっている活動が闘争グループの砲火に見舞われていることを知った。サラエボの北東部の小さな都市ツズラで赤十字のヘッドを務めていた友人のモリス・パワーは、多額の資金が集まっていることを電話で伝えてくれて、私はとてもうれしく思った。

　モリスは戦いの最中、人びとを背負って安全な場所へ運び、そこで英雄として扱われた。でも救出した人びとの面倒をずっと見続けるのは困難だとわかっていて、モリスは自分がいる場所にはそうしたお金が少しも回ってこないようだと答えた。また、物事が少しも適切に機能していないことに失望していた。食料や援助さえ届いていなかった。実際何もなかった。私は彼のところへ行って手助けしたいと即刻申し出たが、モリスは、「ばかなことを言うな。一般市民の入国は許されていない」と言った。

私はその晩、ハムステッドにある友人宅でダイアナと会い、バルコニーで夏の暑気を楽しみながらペリエを飲んでいた。そこで、私はダイアナに、私のために働いてもらえないかと尋ねると、「あなたのためならなんでもするわ」と言ってくれた。私が、ボスニアに自分を送り込んで欲しいと言ったら、かなり面食らって「どうやって？」と尋ねた。ダイアナは、ほとんどのボランティアから手を引くつもりだったが、まだ自分がイギリス赤十字社の総裁であることに気づくと、「そうだったわ。忘れてた！」とダイアナはクスクス笑った。そして、モリスの話を伝えた。

その夜、ダイアナはケンジントンへ、私はダイアナが〝あの世の果て〟と呼ぶヘンドンのわが家へと、別々に帰途についた。私はベッドに横たわると何も考えなかった。そして、翌朝ダイアナから電話がかかった。

「ボスニアに行けるわよ。電話を待っていて」

電話は、イギリス赤十字社のヘッドであるマイク・ウィツラムからかかってきた。私はモリスに聞いたボスニアの状況を説明し、できるだけ早くその地へ赴きたいと話した。私は赤十字社にお金を要求しているのではなく、ボスニアにいるモリスの活動に参加するために渡航を許してもらいたいという点を明らかにした。モリスは、国境を挟んだクロアチアのザグレブ空港で私を拾ってくれると約束してくれた。ウィツラムは私への協力を快諾し、赤十字のとりはからいでボスニアに向かうことができた。

私はブレア首相の自治大臣ポール・ボアテングと同じ便で渡航した。大臣は状況把握の任務についており、空港で会った時、短かったが心の通う会話ができた。モリスは私にいいホテルの最高の部屋を用意してくれるはずだったが、そうはいかなかった。クロアチアは第二次世界大戦中、ヒトラー率いるナチスドイツを支持していたため、私がダビデの星型イヤリングをつけているのを見ると、ちっぽけな隠れ家みたいな部屋に案内した。私は自分を抑えきれずに激怒して、フロントに文句を言い、ホテルマンたちをナチス呼ばわりした。すると、マネージャーが呼ばれて上等な部屋を用意してくれた。

翌朝の出発は五時半と早かったが、ホテルでは不愉快な思いをしたので、早く出発できるのはうれしかった。朝早くにモリスは電話をしてきて、いまから私を迎えに行き、車で国境を越えてボスニアに入国すると言った。国境周辺は、起伏の激しい山岳地帯で、すべてが爆撃で破壊しつくされ、人ひとり見当たらなかった。墜落したまま放置された飛行機の横を通り過ぎた時、これがヨーロッパの現状なんだと自分に言い聞かせる必要があった。

私たちは、爆撃を受けた一軒家の前で車を停めた。そこには弱り果てた夫婦が床板に横たわっていた。夫婦にはベッドも毛布もなかったが、なんとか起き上がると私たちに挨拶した。そして、モリスが前もって渡しておいたコーヒーをいれてくれた。コーヒーは嫌いだったが、何も持たない二人が出してくれたコーヒーなのだ。それを拒むことはできなかった。爆撃のあと、こうした家々には援助が約束されていたのに実行されなかった。モリスの説明を聞いているうちに、私は涙がこみ上げてきた。その家はなんの援助も受けられなかった一つの例で、私はその事実に呆然とした。援助はしかるべきところにしか送られず、この地域にはこれからも何も期待できなかった。

　この地を離れ、私たちはツズラに向かった。ぽたぽたとしか落ちてこない水道水でシャワーを浴び、新鮮な水は手に入らなかったのでソフトドリンクで代用するしかなかった。ソフトドリンクは苦手だったが、戦場ではどこでもソフトドリンクは手に入るのだ。ペプシやコーラはあるのに、どうして食料や医薬品の供給が不足するのだろう。私は、宿をとった家の主婦と親しくなり、お互いの言葉が理解できないので身振り手振りで言葉を交わすと、店には食料はなく、人びとは自給自足するしかないのだと教えてくれた。また国連やNGO職員の抱える問題についても話した。その晩、こうした人びとと地元のレストランでつつましい食事を摂りながら、おそろしい実話を聞き、また涙してしまった。

　その後二、三日の間、私はこの戦争で引き裂かれた両国でいったい何が起こっているのか、自分自身の目で確かめた。すべてを失った老人たちはかなりの数にのぼり、ゼニカ村では一人の少女に出会いショックを受けた。

　少女は十六歳の時、セルビア人の兵士に捕らえられ、二年間監禁された。その間繰り返し集団レイプを受け、妊娠すれば堕胎させられた。最後には救出されたものの、それまでに彼女は完全に打ちのめされ、だれともコミュニケーションをとることができなくなっていた。私は、つねに虚ろな表情をしているこの少女の肩に手を回し、眼を覗き込んだ。少女は私のほうを見返したものの、眼には何も映っていないかのようだった。少女は完全に他人とコミュニケーションがとれなくなっていた。

　別の村では、一人の男が床に横たわり吐血していた。男は赤十字の社員に喘息だと言われたと話したが、私は喘息ではなく癌だと見てわかった。以前に同じような症状を見たことがあったからだ。私は男を病院に連れて行くことを申し出て、治療費も払うことを約束した。だが官僚主義の体制を打ち破るのは容易ではなく、モリスと口論となり、私は男を病院に連れて行くまでここを離れないと言い張った。モリスは憤慨して、私を引っつかんで車に押し込もうとした。

私はそんなふうに手荒く扱われるとは思わなかったので、何か手助けができるまでここを動きたくないの、と言うと涙がこぼれ落ちた。私が大声でわめき散らしたので、とうとうモリスは降参して、スイス赤十字に電話をすると、男の病状や私のことを話してくれた。

じつに頼りない話だが、三日も経ってからようやく赤十字社のドライバーが朝六時に到着し、私たちは病院に向かった。途中、マーケットに立ち寄って男のために下着や靴下を購入した。男を病院に連れて行き、レントゲンを撮ってみると、やはり自分の家族の経験からわかっていたとおり、男は癌だった。もはや全身に癌は転移しており、余命三カ月と院長は診断した。私は心臓が胃にのめりこむような感覚がして、目には涙があふれてきた。男は、これ以上お金は受けとらないと言い、「あなたは一人の男が威厳を持って死ねるように手助けをしてくれました」とつけ加えた。

私は彼を病棟に連れて行き、そこで彼は痛みを和らげるモルヒネを打ってもらった。その間に私は外に出て、彼のためにパジャマ、スリッパ、ガウンを買った。それは十分ではなかったにせよ、何かの足しにはなっただろう。

翌日、私はサラエボに向かう途中、初めて地雷を見た。モリスが「ウイングだ」と言って、その方向を指差した。車を停めると「ゆっくりドアを開けて。絶対外に出るな」と言った。それは、庭に置くスプリンクラーのように見え、直径わずか三センチほどのプロペラのような形をしていた。

「ウイングって何？」と尋ねると、モリスは「地雷だ」と答えた。道のずっと先に小さい子どもたちが砂利と戦闘の残骸のなかを歩いているのが見えた。二人の子どもは手をつなぎ、周りにある危険など知る由もなかった。なんの罪もない子どもたち。私は、その光景をカメラにおさめ〝希望の景色〟と名づけた。ボスニアという地獄で、わずかながらでも望みを与えてくれる何かを探していた。訪ねた村々にはたくさんの地雷の犠牲者がおり、彼らの傷はあまりにも無惨だった。私はそこにいる間、自分の貯金の大半をモリスに送った。モリスが助けようとした人びとのために衣類や食料を買うためだった。私はそうせずにはいられなかったのだが、のちにまさかダイアナが援助したいと言いだすとは思いもしていなかった。

私はそこに一〇日間滞在し、ロンドンに帰るとダイアナに電話した。彼女はすぐにケンジントン宮殿に来て欲しいと言ったが、もう遅かったし私はとても疲れていたので無理だった。翌朝早く、ダイアナは電話してきて、ボスニアでのメモを持ってケンジントン宮殿に来て欲しいと言った。私は途中で写真を現像してから宮殿に向かった。

ダイアナにはボスニアから電話をしていたので、どんな状況かは知っていた。ダイアナは、私が見聞きした老夫婦、癌患者、レイプされた少女のこと、戸外の地雷のことを目の当たりにしているように感じ、同情の念を抱いて一緒に泣いた。

私はダイアナに「地雷で兵士は死んでいないの。犠牲になっているのは、子どもや動物、老人なのよ」と言った。

ダイアナは言った。「力になりたい。私に何かできることはあるかしら？」。私は、「あなたにできないことがあれば、だれにだってできないわ」と応えた。

その頃、ダイアナは一一八件の募金活動を六件にまで削減しようとしており、ほんとうに必要だと思えるボランティアだけにエネルギーを注ぐ決意だった。地雷の問題は、明らかにダイアナの心を突き動かした。翌日ダイアナは私をふたたびケンジントンに呼び出すと、「世界に地雷がいくつあるか知ってる?」と訊いた。私は知らなかったし、正確な数はだれにもわからないが、約三〇〇〇万個もの多様な型の地雷が貯蔵されているという。そして現在、その何倍もの地雷が八〇以上の国々にばら撒かれていたのだ。ダイアナは、およそ一万の人びとや動物が地雷で命を落としており、もっと多くが負傷している事実を調べあげた。たとえば、動物ではアンゴラの象が多く、とくに子どもの犠牲が多いことにダイアナは心を痛めた。このおそろしいほどの犠牲者の数を示す資料の束を手に、ダイアナは「活動するわ」と宣言した。

私はとても感動した。「すばらしいことだわ。あなたはそれができるただ一人の人物よ。だって、そんな気力をだれも持っていないもの。あなたのほかに知名度を押し出して、このおそろしい事実に立ち向かうことができる人なんていないわ。あなたは、やらなければならないわ」。

ダイアナは、地雷の問題が深刻なのはカンボジアだからと、カンボジアに行きたがったが、離婚していたため渡航手続きは公的な許可を必要とした。けれども政府は、誘拐の危険性を理由に即座に却下した。もしも彼女が誘拐されるようなことが起これば、状況を悪化させるだけで、なんの助けにもならないからだ。

そこでダイアナは、アンゴラに向かうことに決めた。アンゴラは、二〇年以上にわたり戦闘が続いており、一二〇〇万に及ぶ地雷がばら撒かれていた。当時ダイアナの心は、最終段階に入った離婚問題、ハスナット・カーンと彼の家族との付き合い、ヴィクター・チャン研究所設立のためのオーストラリア訪問に加え、二度のアメリカ訪問も予定されていた。しかし、ダイアナは心を決めると一途だった。私がダイアナを地雷運動にかかわらせたのは七月で、翌年一月にはダイアナはアンゴラへの途に着いていた。

ダイアナが政府からなんとか渡航許可をもらうと、私は「人びとの苦境を世の中に伝えるために行くのだから、ジーンズとTシャツで行きなさい」とアドバイスした。ダイアナのことだから、そんな時でもおしゃれでないはずがないと思ったからだ。ダイアナは買い物に出かけ、アルマーニのジーンズ、ラルフローレンのチノパンツにポロシャツ、トッズのスニーカーを買った。そして、それとは別に着古したワンピースも一着持って行った。

ひとたびアンゴラへ到着すると、ダイアナは可能な限りいつでも政府官邸から私に電話をしてきた。私からもダイアナに電話したので、その番号はいまでも覚えているが、彼女はいつでも「アンゴラからへンドンへ電話です」と名乗った。

もちろん、これはサファリ旅行ではなく、病院で会った手足を失った子どもたちの姿は見るに耐えないものだった。ダイアナは強烈な苦痛を感じ、レポーターやカメラマンの同行を許可しなかった。そういった人びとの図々しさを知っていたからだ。「彼らが欲しいのは、私が手足を失くして苦痛にあえぐ子どもたちと一緒にアップで写っている写真だけよ」と言い、「彼らはどうしてそんなに人の気持ちがわからないのかしら?」と激怒した。

「あなたが行くから、彼らも行くのよ」と私は指摘した。地雷撤去運動を進めるには、とにかくメディアが必要だった。ダイアナもその点を認め、募金活動のために自分を利用することにした。集まったお金で、人工四肢が買えるのだ。それはあの子どもたち、あるいはあの隠れた兵器を不幸にも踏んでしまった人ならだれでも欲しいものだった。

地雷地帯を歩く日を目前に控え、ダイアナは私に電話して言った。「私のために祈ってくれる? 彼らはできる限り地雷を撤去してくれたけど、見落とされているものがあるかもしれないと言われたの」

ヘイロー・トラスト[訳註:英国の慈善団体。非政治・非宗教のNGO]は、ダイアナが地雷の埋められている場所を歩くことは、世界への大きなメッセージになると考えていた。それは明らかに大正解で、ダイアナがそこにいるだけで、忘れられない画になったからだ。ダイアナは同意したいへん勇気ある決断だったが、命の保証はなかった。その土地で第一歩を踏み出した時、ダイアナは一人つぶやいた。「これは、無茶だわ」。

赤十字のマイク・ウィツラムは気が気でなかった。ヘイロー・トラストの一員が最近地雷の撤去された地域で足を失くしていたからだ。

ウィツラムは「ダイアナは、地雷が除去された地域を歩いて、まだ殺傷機能のある地雷を見つけると、かなり怒ったが、私はとくにそれを心配した。撤去されずに見過ごされたものがあったかもしれないからだ。私は、今回のダイアナの旅に関して大きな責任を感じていた。だれもがすべての責任は私にあるとしたからだ」と認めた。

それでもダイアナは歩き続けた。そして電話で、「一歩、歩くたびに心臓の鼓動が口に伝わってきて、歯を食いしばったわ。だって、ちょっとした圧力でも爆発する可能性があるって聞いていたから。踏み出した一歩が、私の最期になったかもしれなかったけど、私がやらなくてはならないことだったの」。

ダイアナは、危険な思いをしている時でさえ、ユーモアを忘れぬ快活さがあった。また、身なりにも気を遣い、地雷原を歩いたその日は同行したバレルに髪のセットを頼んでいた。なぜって？それは、彼女がカメラマンたちの望みを知っていたからだ。ダイアナが素敵なでたちだからといって、彼女が何も考えていないわけではなく、むしろその逆だった。ダイアナは負傷した人びとを目の当たりにし、あまりに深い苦痛を感じたため、離婚調停用に用意した二五万ポンドを小切手にして地雷犠牲者の治療の助けになるように寄付した。これについてダイアナは、チャールズに話すことはなかったし、またチャールズがダイアナのアンゴラ行きをどう思っていたかも私にはわからなかった。しかし、ウイリアムとハリーはわくわくしていた。二人は、世界で最も勇敢な母を持っていると思っていたのだ。それには、私も同感だった。

任務を終えてアンゴラを離れる時がきたが、ダイアナはもっと何か役立つことをしたいと願った。ダイアナは、たくさんの義足がうまくはまらないことを知り驚いた。たいへんな苦痛を受けたあとで、人工四肢を装着するのに相当不快な思いをしなければならないなんて、あってはならないと思った。足を失ったサンドラ・チヒーカはまだ十三歳だった。歩けるようになって、きれいな洋服を着ることだけが、彼女の夢だった。サンドラは、ダイアナの助けにより、ようやく新しい義足を手に入れることができたのだった。

アンゴラでの経験を通して、ダイアナは自分の無力さを感じていて、自分がどれだけ貢献したのかを理解していなかった。それどころか「地雷を除去するために、私は十分なことができなかった」と語り、地雷の被害を思い出しては涙し、今後も運動を続ける決意を新たにした。

八月になると、ダイアナはツズラ行きを主張し、今度はモリスと以前交流があったサンドラの母のところに滞在した。サンドラの母はボスニア人で、滞在した家屋はオランダとドイツの建築様式が混ざったスタイルで、町を流れる小さな水路を望む丘の上に建てられていた。私はそこで何度か食事をしたことがあったので、ダイアナにもそれをすすめた。というのも、戦火が激しいボスニアで、唯一安全な場所だったからである。

ダイアナは、億万長者のディーラー、ジョージ・ソロスが所有するジェット機で、バレルとビル・ビーズ伯爵とともにボスニアに飛び、現地ではジェリー・ホワイトとケン・ロザファードが案内にあたった。この二人は、地雷生還者ネットワークのメンバーで、二人とも手や足を地雷で失っていた。ダイアナは、私が一年間かけたルートを同じように辿ったが、たった三日間しか滞在できなかった。それでも、なんとか私が会ったほとんどの人びとと接触することができた。また病院へも行き、そこではユーモアで患者をおおいに勇気づけた。ダイアナには上品ぶったところは少しもなかった。

ダイアナは、同行したビル・ビーズをよくからかったものだった。ビーズ伯爵は、八十三歳になる「デイリー・テレグラフ」の元編集長で、著名な人気コラムニストでもあり、そんな彼にそっとにじり寄ると、「ジンかトニックのどちらがよろしいでしょうか」と訊くのである。伯爵は、マーガレット・サッチャーの夫デニスのよき飲み友だちであり、大酒飲みで知られていたからだ。そうしてダイアナがビーズに渡すのは、いつも決まって小さなエビアンのボトルだった。いかにもダイアナらしい振る舞いだった。

ダイアナは悪ふざけが大好きだったし、また卑猥な冗談を聞くのも好きだった。彼女の笑いは皆に広がったが、ボランティアとなると強い自制心で取り組み、決して自分の感情を見せることはなかった。それはダイアナの注目すべき点だった。

　ほかの人なら恐ろしくてあとずさりするような傷さえも平気で対処し、犠牲者にはふつうの人と同じように快活な態度で接した。ダイアナにとって彼らは一人の人間であり、心から彼らの幸福を願った。外交的な細かいことや王室のしきたりを気にせず、政府の高官を通して直接被害を被った人びとと話をした。ダイアナの話し方は感動的で心に訴えたので、人びとは尊敬し崇拝した。

　これはダイアナの稀なる才能だったが、こうした彼女の任務は、一方で危険視された。ダイアナは地雷のことを詳しく研究し、現場で働く人に質問をぶつけ、プリンセス・オブ・ウエールズとして会見していた権力者に確認をとって、問題について何か知る人がいれば、それがだれであれ詰問した。

「銃を持つ人がいるなら、敵もいるってことね。でも地雷は見えないのよ」

　ダイアナは、地雷に関する一連の書類を編纂し、アンゴラやボスニアのような地域において地雷拡散にかかわった英国政府と高官が利益を得た証拠となることを主張した。そこにはよく名の知れた人びとの名や企業名があった。

　この怪しい取り引きの裏には秘密情報局ＳＩＳの存在があり、ダイアナはＳＩＳ製の地雷販売が多くの人びとを悲惨な目に遭わせたと信じていた。

「私はこれをおおやけにするわ。名前を公表するの」とダイアナは宣言し、「不幸から得る利益」という名前を報告書につけるつもりでいた。

　英国の国防産業はアメリカに次いで第二位の規模を誇り、全武器販売の二五パーセントを占めた。三四万五〇〇〇人の従業員を擁し、年間取引高は一七〇億ポンドにのぼった。この巨大な政府支援の商業複合企業体の問題にあたり、ダイアナはかなりの権力者たちと対立しており、アンゴラから帰国すると彼らから非難を浴びた。

ゴスポート地区選出の保守党議員で下院の防衛特別委員会のメンバー、ピーター・ヴィガーズは地雷の禁止要求を非難して情報不足とし、「こんな報告はたいした情報にはならない。手足を切断した人に、なんてひどい傷だ、と言ったところでなんになる」と言った。

大臣たちはヴィガーズの非難に同調し、ダイアナを無知呼ばわりし〝大口を叩くほら吹き〟(危険人物の意味も含む)と、ののしった。

最悪の攻撃は国防省の大臣だったニコラス・サメスからのものだった。サメスはチャールズの友人でもあったが、ダイアナの「パノラマ」インタビュー後にテレビ出演すると、「ダイアナはパラノイア(妄想症)の進行段階にある」と主張した。地雷問題が、この古傷をまた広げる結果となってしまった。

ダイアナは八月一一日にボスニアから帰国し、その二〇日後に亡くなった。二日後、私はダイアナから渡された「不幸から得る利益」の書類が入った大きな茶封筒を大きな鍋に入れると、油を注いで燃やした。私はトングと取り分け用の大型ナイフで、封筒がちゃんと燃えたか確かめた。とにかく、もはやこれ以上私はそれを持っていたくなかったのだった。

16……宮殿をとりまく人びと

ダイアナは、自分がかかわった人びとすべてに、あふれんばかりのエネルギーを注いだが、それは友人に対してもそうだった。

部屋に入って来るというより、飛び込んで来て、そこで皆を笑顔で包み込み、ジョークやユーモアを振りまいた。知っているだれかに会うと、表情がぱっと明るくなり、腕を差し伸べて歓迎し、温かく抱きしめた。そのため知り合ったばかりの人でも、ダイアナを旧友のように感じた。

そんなスターのような品格を持った人はそうはいないので、私たちはすっかり彼女のカリスマ性のとりこになった。だからダイアナに批判的だった人も、ひとたび彼女に接したら魅了されてしまうのだった。

ダイアナは私に会う時はいつも、時間を作ってくれたと私に感謝を表わした。私はダイアナのなすことすべてに興味を持った。多くの人は、自分の不安を他人に見せたがらないが、彼女はそういったごまかしはしなかった。清々しいほど心がオープンで、写真を見ての通り、気どらない率直な態度で周りに関心を寄せた。あれほど人気を博した理由はここにあると私は思う。

ダイアナは、美徳の手本ではなかった。あまりに人間的で、崇められるような存在ではなかった。気分屋で、不愉快なことを指摘されるよりも、自分の意見を理解してもらいたがった。衝動的でもあり、秘密は守れず、些細なことで人と喧嘩もした。また小さな嘘をつく癖もあったが、それはたいしたことではなく、たとえば肉は食べないと言っておきながら食べたりするぐらいのことだった。

こういったことがダイアナの欠点だとしても、彼女が受けた王室での傷に比べればたいしたことはなかった。彼女は自分を支える特権階級を必要としなかった。それどころか、見せかけだけの王室行事に飽き飽きし、いらだっていた。自ら外出して、普通の人びと、とくに慰めや気遣いを必要としている人と接する時に、彼女のおおらかさは最大限に引き出された。

だれも一人で生きていけるわけではない。ダイアナも同じで、親友たちからの支えと励ましを必要としていた。多くの人びとに囲まれていたけれども、ほんとうに話せる友人は少なかった。知人は多かったが、真の友人はほとんどいなかった。感情を分かち合い、気持ちを深く理解しあって、友情がある程度親密に発展していっても、心から信頼できる人はそう多くはいなかった。なぜなら、ダイアナはプリンセス・オブ・ウエールズであり、多くの人びとはその身分に惑わされてほんとうのダイアナがわからなかったからである。

ダイアナは、電気のスイッチのようにプリンセスとしての役割をオンにしたりオフにしたりしようとしたが、それは無理だった。チャールズ皇太子と結婚することで、彼女の普通の人としての生活は奪われた。彼女には予測がつかなかったことなのだが、何かを信頼し、分かち合うといった単純な喜びさえも見つけにくくなったのだ。フィリップ殿下は、ロイヤル・ファミリーとしての態度についてこう要約した。「理解しかねるとしても、打ち明け話は、友人よりもファミリーのメンバーにするほうがずっと安全だ。ちょっとした軽率な行動が大問題に発展するからだ」。

ダイアナは私にこう説明した。「ロイヤル・ファミリーには友情なんていらないの。ただ仲間が欲しいだけ。彼らは一つの部族で、彼らの本能は部族に忠実であることのみ」と。

王室の礼儀から外れていたのが、マーガレット王女だった。マーガレット王女は、ダイアナが結婚して王室に入った時にはおおいに助けてくれたが、ダイアナが王室の内密な慣習に従わないと知った途端、背を向けた。二人は執事のハロルド・ブラウンのことで言い争いになり、ダイアナがブラウンを解雇するとマーガレット王女がふたたび雇った。ブラウンがケンジントン宮殿のグレース・アンド・ファーヴァーレジデンス（宮殿内の宿舎）から出て行くように言われた時、マーガレット王女がやって来て、宿舎はダイアナが自由にできるものではないと告げ、淡々と「この宿舎、そして持ち物すべて、ほんとうの所有者がいったいだれなのかおわかりかしら？」とダイアナを咎めた。

マーガレット王女は、「パノラマ」のインタビューのあとでも、すぐにダイアナに辛らつな非難の手紙を送ってきた。そこには、ダイアナが自分たちみんなをおとしめ、問題を最小限に留めておくことができない、と書かれていた。それにはダイアナはたいへん憤慨した。ダイアナは、マーガレットのことはずっと頼りになると思っていたからだ。マーガレット王女がファミリーと対立してまで味方になってくれると信じていたダイアナは、あまりにも世間知らずであり、実際は、真のロイヤル・ファミリーでダイアナに対する行為はうわべだけに過ぎないのだ、と私はダイアナに話した。私の意見は正解で、二人の関係は二度ともとには戻らず、マーガレット王女は以来ダイアナを「あの馬鹿娘」と呼ぶようになった。ダイアナは、ロイヤル・ファミリーは友人がいたとしても、友人とどう接していいのかわからないのだろうと結論つけた。

「彼らは何か悪いことが起こるまでは受け入れてくれるの。でもそれからは、自分たちはロイヤル・ファミリー、あなたたちは庶民、てことになるのよ」とダイアナは理解した。ロイヤル・ファミリーが唯一対等な扱いをするのは、親戚か最高位の貴族だった。しかし、そうした人びとは、位の高いロイヤル・ファミリーの考えには無関心だった。皇太后は称号の影に身を隠し、フィリップ殿下は短気なので会話することもなく、エリザベス女王は自分の話すことが意見とみなされるのを拒み、いっさいのコメントを控えていた。一方チャールズは、ダイアナに言わせると、たいへん神経質で、妻であった自分でさえ何を考えているかわからなかったという。

その点、ダイアナはいつも率直だった。彼女はざっくばらんに話すことを好んだ。そしてダイアナの信頼を得た友人たちは、彼女から秘密を打ち明けられ、生活の細部まで話してもらえた。顔ぶれはいろいろだったが、私のほかにジャーナリストや何人か快活な年配のご婦人方も含まれていた。私たちが選ばれたのは、身分や家柄によるものではない。ダイアナが、純粋に私たちを好きになってくれたからだ。私たちは、ダイアナとは個人的に付き合っていたし、私以外の女友だちも彼女より年上が多かった。ダイアナは経験豊かだったから、実年齢よりもずっと年上に見られたからだろう。

そのため、ダイアナは同年齢の人びととは交流がなかった。ダイアナはくだらないおしゃべりや噂話が大好きだったが、もっと有意義な話を聞く必要があることはわかっていたし、個人的な経験上理解しあえる友人とはもっといい関係を保てることがわかっていた。

宮廷内には不義やスキャンダルがあり、ダイアナはそういう人物をあまり好きにはなれなかったが、ヨーク公夫人ファギーとサマセット卿夫人コジマは例外だった。

ヨーク公夫人は秘密を漏らしたため追放され、コジマとの仲も悪化した。しばらくコジマはケンジントン宮殿に定期的に電話してきて、パキスタンのラホールにあるクリケット選手のイムラン・

カーン癌病院に訪問するダイアナに同行したこともあった。だが、ダイアナと同い年でありながら二度の離婚歴を持つ〝コジー〟（コジマ）は、ダイアナが考える礼節を逸脱しているところがあった。

コジーは、公的にはロンドンデリー候の娘であったが、実際には、アレックス・ダグラスホーム前首相の甥でナイトクラブのピアニストをしていた、ロビン・ダグラスホームの娘であった。ロビン・ダグラスホームは、かつてマーガレット王女とも関係を持ったことがある人物で、その後一九六七年にロンドンデリー候の妻ニコレットと関係を持ち、二人の間に生まれたのがコジマだった。

コジーは二十一歳でチョコレート会社の跡継ぎであるコスモ・フライと結婚したが、あっという間に甘い生活は終わり、その後ボウフォート公の末息子ジョン候と結婚して一男一女をもうけた。

ダイアナがコジーに出会ったのは、リッチモンドにあるロンドンデリー候の妹、アナベル・ゴールドスミス夫人の屋敷だった。二人は出会うなり友だちになった。「私たちは心が通じ合っているのよ」とコジマは言った。

しかし、二人の関係に安らぎはなかった。コジーは、身内の問題で精神的に参っていたからだ。コジーの母親は、ダグラスホームと不倫をしていただけでなく、六〇年代のリズム・アンド・ブルースの歌手ジョージィ・フェイムとも関係を持ち、結婚していたにもかかわらず男児を出産。これが発覚すると、ロンドンデリー候は離婚して、男児は後継者から外された。その後、母親の〝ニコ〟はフェイムと結婚生活を送っていたが、結局自ら命を絶ってしまったのだ。一方、コジーの実父ロビン・ダグラスホーム（彼の母親はダイアナの大伯母にあたる）は、コジーが生まれた翌年の一九六八年に自殺していた。こうした家族の死がおおやけになると、コジーは長い間民衆の好奇の目にさらされた。

コジーはダイアナを「最も辛い時に、私が何も言わなくても安らぎが欲しいことを感じとってくれる人だった」と振り返った。

同情の思いはあったものの、ダイアナは離婚問題まっただなかにあって、コジーのために時間を割くのは難しかった。ダイアナは、コジーを「プロザック（イーライリリー社の抗うつ剤）中毒」と呼びはじめた。ある日、ケンジントン宮殿に電話が鳴った。ダイアナが私に新しいスタッフのふりをして電話に出て、と言うのでそうしたら、それはコジーからだった。ダイアナはいないと言って、と私に頼んだ。

二人の友情が壊れたのは、コジーが母ニコと同様に不倫をしていることを、ダイアナが知ったのが発端だった。コジーの相手は、ロンドンデリー侯の妹アナベルの夫、投資家のジェームズ・ゴールドスミス卿だった。コジーはのちに、ダイアナは〝寛大で無条件の友情〟を示してくれたと手紙に書いているが、ダイアナはコジーがした卑劣な裏切り行為に容赦はしなかった。実際に血はつながっていなかったが、アナベルはつねにダイアナに優しく思いやりを持って、ほんとうの姪のようにかわいがってくれていたし、コジーの名付け親でもありほんとうの娘のように思って接していたからだ。コジーが十一歳の時、娘に顔向けができないというニコレット〝ニコ〟の代わりに、ほんとうの父親がだれなのかを伝えたのもアナベルだった。そのアナベルに隠れて彼女の夫と関係を持ったコジマの行為は、ダイアナからすれば不義のなかでも最低だった。ダイアナはコジーのしたことに、心底ショックを受けた。

ジェームズ卿にも問題はあった。彼は名うての女たらしで、かつて「私が結婚したら、愛人たちはどうしたらいいのだろう」とよく言っていた。そしてあからさまにパリの愛人のもとに通って一緒に暮らした。ダイアナはロンドン郊外、ハム・コモンにあるアナベル宅のオームリーロッジでよく彼と昼食をともにしたが、彼は会話をとり仕切り、皆に座って話を聞かせたがった。説得力があり、財力を持ち合わせ、女には執着した。その気になれば、かなり魅力的だった。かといって、それはコジーの不倫のいいわけにはならず、ダイアナはコジーを自分の人生から締め出した。コジーが主張し続けたように、ダイアナにとってコジーは心の友だったかもしれないが、アナベルのほうがずっと大切な友人だった。

アナベル夫人とダイアナが出会ったのは、ダイアナがまだ少女の頃だった。ダイアナが皇太子妃になると、二人は頻繁に会った。アナベルは、「私たちの関係に笑いは不可欠だったのよ」と話している。ダイアナはオームリーロッジの土曜日のランチの常連客となり、この席をアナベルは〝めちゃくちゃ〟おかしいと言った。「セルフサービスだったから、とにかく大急ぎでとって食べなければいけないのよ。しまいにはダイアナが時間を計りはじめて『今日は新記録達成、一五分！』なんてよく言っていたわ。テーブルはいつも笑いに包まれ、皆がおしゃべりしていたわ。形式ばったところはなく、そんなスタイルをダイアナは好きだったの」。

ダイアナは、いつもランチに花束を持ってきて、それが人びとを癒した。

「彼女がいかに冗談好きかに気づく人はあまりいなかったけど、初めてダイアナとランチで会った人は皆、彼女の気さくさと頭の回転の速さに感心したわ」

ランチのあと、ダイアナはアナベルの美しい庭園をおしゃべりしながら散歩した。ダイアナはアナベルを心から信頼しており、彼女の子どもたちとも仲よしだった。十三歳のジェマイマもその一人だった。ダイアナは、そういった親密な家族的な付き合いを大切にしていた。もしこの時ウィリアムとハリーがいたら、二人をパーティに連れて行っただろう。ハム・コモンの帰り、ダイアナはいつも元気になれた。アナベルはアドバイスするタイプではなかったが、賢く聞き上手だったから自分の問題を十分理解してくれるアナベルにとても感謝していた。

同じような信頼関係が、エルザ・ボーカーとの間にもあった。エルザの両親は、エジプト生まれのフランス人の母とレバノン人の父だった。夫はイギリス人の外交官だった。エルザは賢く、ダイアナの人生では祖母のような役割を担っていた。一方ダイアナは在英ブラジル大使の妻、ルシア・フレチャ・デ・リマのことを「こんな母が欲しかったの」と言っていた。

ほかにダイアナが信頼を寄せたのは、ローザ・モンクトンだった。二人を引き合わせたのはルシアで、ルシアの娘、ベアトリスはロンドンのティファニーで働いていたが、ローザはそこのマネージングディレクターだった。

ダイアナは、ローザの人生を気の毒に感じた。一人目の子は亡くなり、二人目の子のドミニカはダウン症だった。そんなことからダイアナは自然とローザに関心を持つようになり、ドミニカの名づけ親となり、彼女を〝小さな贈り物〟と呼んだ。

「私たちは、ドミニカから愛を学ぶことができるのよ。ダウン症の子は、愛情を無制限に表わしてくれるのよ」とダイアナは説明した。そしてダイアナは、ローザの死産した子どもをケンジントン宮殿の敷地内に埋葬して、自分の思いやりを表わした。

「ダイアナは私の味方になって、いつも支えてくれました。昼夜を問わず、彼女自身とてもたいへんな時だったのに」とローザはダイアナを思い出して言った。

二人は親しくもあり、また奇妙な関係でもあった。モンクトン家はダイアナがたいへん恐れていた支配層で、ローザの父親は一九三六年ウインザー公退位に進言した人物であり、兄のアンソニーは英国秘密情報局の上官で、夫ドミニク・ローソンは「サンデー・テレグラム」の編集者だった。家族にそういった人びとがいたので、当然ながらダイアナは時々ローザを警戒した。

人のためになんでもするダイアナだったが、この時ばかりは彼女らしくなく、自分を優先的に考えた。ローザの存在ゆえに、もっと差し迫った要求を突きつけられるのではないかと感じていたので、ダイアナは彼女といても完全にリラックスすることはできなかった。でも、二人の友情は壊れなかった。

ダイアナは頻繁にローザのアドバイスを求めた。エリカやルシアにも相談したが、この二人の言うことは重要視していなかったし、ローザも「私に助言を求めても、ダイアナはそれをあまり受けとめなかったわ」と言った。ジャーナリストのポール・ジョンソンも同様に、ダイアナが頑固だったと認めている。

「ダイアナは、僕とよく昼食をともにしてアドバイスが欲しいと言ったものだ。僕は適切なアドバイスをしたと思うし、彼女も『同感。あなたのおっしゃる通りよ』と。でも、それはその場限りで、そこを離れれば、彼女はまったく逆のことをするんだ」

もちろん、ダイアナは私のアドバイスにも従わなかった。彼女は私のアドバイスは聞き、「あなたは一〇〇パーセント正しいわ」と言うものの、やはり正反対のことをした。だから私は、「私のアドバイスを受け入れようがどうしようが構わないわ。でも、もしことがうまく運ばなくなっても私のところには来ないで。だから言ったでしょ、なんて私に言わせないで欲しいの」と言った。

ダイアナは、そんなことはしないと言ったが、時々そういうことは繰り返された。彼女は衝動的で時々狭量だったたが、それは単に彼女のやり方で、理解できた。結婚生活を通して、ずっとダイアナは何をなすべきか、どう振る舞うべきかを永久に言われ続けた。そしてついに「もうこれ以上いいわ。私は自分のやりたいようにやる」という思いにいたったのだ。ダイアナはつねに物事を正しく判断していたわけではなかったが、長い間立ち止まらされたあと、間違ってもいいということを認められたのだ。私は彼女がそうした困難に立ち向かったことを賞賛する。長い間王室の繭《まゆ》に閉じ込められたあとに、そこから逃げ出し、彼女自身何ができるかを見つけ出すことは容易ではなかった。とはいえ、実際的な仕事に関しては、ダイアナは喜んで専門家の知識を求めた。彼女の考えを言葉にするのを助けたのはリチャード・ケイだった。彼は長身で巻き毛のデイリー・メール紙の王室特派員だった。いつも顔色が悪く疲れて見えるので、ダイアナは彼のことを〝死にそうなリチャード・ギア〟と言った。

私がダイアナに初めて会った頃、すでにリチャードとは友人だった。二人は一九九三年、ダイアナがネパールを訪問した時に親しくなった。私は、一九九六年のある土曜日の夜、ケンジントン宮殿で彼と出会った。私はエルスラというセラピストとそこにいたが、ダイアナはある人に会って欲しいと言い、それがリチャードだった。紹介が済むとすぐに、エルスラがダイアナの部屋の外にあるトイレに行ったのだが、電気のスイッチの代わりに非常用ボタンを押してしまい、数秒後に六人の警官が部屋に乗り込んできた。一人の警官が「リチャード、ここで何をしているんだ。リストに名前が載っていないぞ」と言った。

ケンジントン宮殿に入るゲート脇には衛兵の駐在所があり、そこで停止し、当直の衛兵に名前を告げなければならない。リチャードは、ほとんど毎日のようにここを通っていたので、そのことをあまり気づかれないように、違う名前を使用していたのだが、それがばれてしまったのだった。彼は自分の名前が毎日記録されることを嫌がったからだ。リチャードの策を知る警官もいたが、やって来た警官のなかにはその事情を知らない者もいて、リチャードを見て相当驚いた。

リチャードは夕食のために残り、私とエルスラがパスタを用意した。ダイアナはホットサンド、ベイクドポテトと紅茶以外には何も料理ができなかったので、私たちが料理するのをにこやかに眺めていた(のちに彼女は、インスタント食品を電子レンジで調理することを覚えたと自慢した)。

リチャードは度々訪れて、ロイヤル・ファミリーに関するゴシップ記事が載っている最新の新聞を渡した。いつも二人は冗談を言い合い、ダイアナはいつも彼をからかい、彼はそれをうまくかわした。

またダイアナには、とてもおおざっぱな面もあって、リチャードへのプレゼントとして自分で選んだネクタイやら日記帳ではなくて、明らかに家にあった品々を渡すのだった。そのことを彼が指摘すると、ダイアナは少し狼狽したが、二人はまるで兄妹みたいであり、また長年連れ添った夫婦みたいでもあった。

リチャードがダイアナについて書くとき、二人の意見はいつも食い違い、ダイアナはリチャードにこう書くべきだったとか、こうすべきだったということがよくあった。たとえば一九九七年一月、BBCの討論番組で、リチャードがダイアナの指示に従わず、王室に反対する票を投じなかったと告げた時は、ダイアナは不快に感じた。ダイアナは自分の電話のリダイヤルボタンを押し続け、王室廃止を求める票を一票でも多く投じようとしていたからだ。リチャードが同調しなかったことで、ダイアナは自分が見下されたと感じた。

反対にリチャードがダイアナに対して、とても威圧的に出ることもあった。ダイアナの鍼灸治療師であったリリー先生のインタビュー記事がほかの新聞に載った時は、リチャードは激怒してダイアナの裏切り行為だと非難した。ダイアナが自分以外のだれかに話したことで、自分が馬鹿にされたと思ったのだが、彼に不満を言う権利はなかった。ダイアナは、彼にだけ多くの独占取材の機会を与えていたからだった。

ダイアナが容赦なくプレスに追い回されている記事は大衆の目を引いたが、ダイアナにはいくつもそうした経験があった。イタリアでは民衆に行く手を阻まれたことがあったが、ダイアナが気づいた時はパパラッチに包囲されていた。自分の人生で最もおそろしい瞬間だったと言い、「精神的レイプみたいなものよ。カメラのフラッシュをたかれると、肉体的に攻撃されているように感じるの」と話した。

そうはいっても、ダイアナは自分に関する出来事を広めるためにプレスを利用することには賛成で、リチャードをリポーターとして使った。何か気に入らないことを書かれれば、ダイアナはすぐにリチャードに連絡して意見を伝えた。ダイアナは一日中昼夜を問わず彼に電話して、自分の代弁者にした。たとえば、ダイアナの浪費がほかの新聞で報じられると、ダイアナがロンドンのリージェントパークの池で溺れかけていた浮浪者をどうやって助け出したかをリチャードに書かせて反撃するという具合だった。

ダイアナに好意的な記事を書くほかに、リチャードはダイアナのためのスピーチ原稿も用意した。ダイアナが彼に自分の言いたいことの要約を話すと、彼はそれを自宅に持ち帰って原稿にしてふたたびケンジントン宮殿に持ってきた。彼の原稿は素晴らしく、ダイアナのこともよく理解していた。長すぎることもなく、感情にうまく訴えていた。彼はダイアナに価値ある貢献をしたが、それでもダイアナの要求は多く、思った通りに書いてくれなければすぐに怒った。ほんの小さな見落としですら、彼女の逆鱗に触れた。

リチャードが書いたある話の最初の寸評を読んでいた時、ダイアナは気に入らず彼と話をするのをやめてしまったことがあった。リチャードが電話してきても、すぐに切った。彼はうろたえて私に電話してきたので、私はダイアナが怒った文章を読んでみたが、なんら問題がないのでダイアナに電話した。全体的に見るとたいへん好意的に書かれていたからだ。

しかし、ダイアナはどうにもならず、リチャードは私のところに来て、その辛い思いを訴えた。ダイアナはリチャードにわめき散らし、彼の電話も拒絶した。私は彼にヒーリング治療を施したが、たまたま彼がいる時にダイアナが電話してきたので、「ここにだれがいると思う？」と言うと、「リチャードでしょ。彼とは話したくないわ」と言った。

リチャードが帰ると、私はダイアナに電話して、あなたが友だちにしていることはひどいことで謝るべきだ、と言った。彼女は黙り込んだが、ほんとうに謝罪が必要だった。彼女は、さらに二、三日間彼に心配させたあと、何事もなかったように彼に電話をした。彼は心から安堵したが、その時ダイアナは彼の人生そのものであり、その後最後まで二人はよい関係を保ち続けた。ダイアナが死ぬ前、最後に話した相手もリチャードだった。

ダイアナは、リチャードに話す内容にはかなり気を遣っていた。ダイアナは自分の友人を区別していて、いくつかの携帯電話を持ち、それぞれの友人にそれぞれの番号を教えていた。これは自分の生活を自分で仕切るダイアナ流のやり方だったが、リチャードには決してハスナット・カーンのことは話さなかった。話が漏れるのを恐れたからだ。リチャードは当然ながらそれを知ってひどく落胆した。

同様に執事ポール・バレルのことも、大好きでいつもからかっていながら、気を許してはいなかった。テレビでロイヤル・ファミリーのドキュメンタリーを見ていた時のことである。執事の制服を身にまとったバレルがちらりと映ると、彼のほうを見て「ポール、素敵なふくらはぎだわ」と言った。バレルはそんなふうに注意を向けられることを喜び、注意を引くために自分の道を逸脱することがあった。

バレルは、毎年のようにアメリカの友人に会いに行き、いろいろなディズニー映画の漫画のオリジナルを買いあさっていた。一九九六年九月アメリカに行った時、じつは彼には別の目的があった。俳優で監督のメル・ギブソンから執事の仕事についてのインタビューを受けることになっていたのだ。バレルはダイアナに話していなかったが、ダイアナは知っていた。でも気にとめることなく、ただ近くに彼がいないことにほっとしていた。というのも、それまでの何カ月もの間、ダイアナはバレルにいらいらさせられっぱなしだったからだ。バレルは始終うろつきまわり、ぺこぺこし、ダイアナの言うことを聞いてはそれに意見し、まるで『オセロ』のイアーゴーのようだった。しばらくしてダイアナは直接話しかけるのをやめて手書きのメモで指示するようになった。

ある日ダイアナは、バレルが自分の机のなかのプライベートな書類を探しているのを見つけると激怒した。王室護衛官ケン・ウォーフが騒ぎを聞きつけ部屋に入ると、バレルが膝をついてダイアナの足にキスをし、許しを乞うているところだった。

ウォーフはいったい何が起こったのか聞き、ダイアナが事情を話すと、ウォーフはバレルを解雇するように言った。

翌日バレルは妻のマリアを伴って現われ、クビにしないで欲しいと懇願した。バレルが泣き叫ぶ子どもを連れて戻ってきた時は、ダイアナは同情したものの、ダイアナと執事の関係は決してもとに戻ることはなかった。

しばらくして、私はダイアナにバレルの解雇を思いとどまらせようと宮殿に立ち寄ったことがあったが、ダイアナは、バレルがまた自分の手紙を盗み読みしたことで、激怒していて解雇の意志は固まっていた。私は、バレルが経験から何も学んでないことに驚いた。

ダイアナは怒っていたが、私はバレルのことを、ダイアナのためになんでもするし、信頼できるのではないかと話した。人生をバレルに預けることさえできたかもしれないぐらい、彼はダイアナに恋していたし、性的な意味ではなくとりつかれていたのだ。私は、もしダイアナにクビにされたら彼は自殺すると思った。彼女はバレルを雇い続けることに同意したが、二人の関係は張り詰めたままだった。

ある土曜日の午後、ケンジントン宮殿に到着すると、ダイアナが特別な部屋にしまっておいた陶器のチェックをして欲しいと私に頼んだ。ダイアナは、お皿やチューリーン［訳註：スープなどを入れる蓋つきの深鉢］がなくなったと言い、きちんと在庫を調べるつもりだった。棚のついたクローゼットタイプの食器棚に入ると、何十とあるディナーセットのうち、驚いたことにそれぞれのセットから八個から一二個もお皿がなくなっていて、六回も点検したがやはりそうだった。私は椅子の上に立ち、何がいくつあるか叫ぶとダイアナはリストにチェックマークを入れていった。そして、どれだけなくなったかがわかると、ダイアナは激怒して「まるでだれかが私のディナーセットをコレクションしているようね」と言った。ダイアナによれば、こういった盗難はあちこちの宮殿で頻繁に起こっているとのことだった。

ダイアナは、自分のアパートを宮殿のようにした執事の話をしてくれた。彼はバッキンガム宮殿のタオルを置き、ベッドにはやはりバッキンガム宮殿のシーツを敷き、洗面台にはジョージ五世のヘアブラシ、壁には女王陛下のダイニングセットのプレートが一つ一つ飾られ、ジョージ五世の紋章入りの眼鏡がテーブルの上に置かれていた。彼のコレクションは見つかり、彼は王室から次のような手紙を受け取った。

〝あなたが女王陛下の物品を所有していることはわかっています。それらをすべて一包みにしてバッキンガム宮殿の通用口に置いておくなら罪を免除します〟

メアリー女王の結婚指輪を盗んだ執事は、そんな寛大な処置では済まされず刑務所に送られた。

ダイアナはバレルが陶器を盗んだと疑ったわけではなく、執事としてそういうことが起こらないようにするのが彼の責任だと思った。だがその後、バレルがダイアナの所有物を持っていたという情報から、ついには法廷に立たされることになった。しかし、私は彼を助けることができた。唯一、ダイアナが彼に自分の物を与えているところを見たことがあったからだった。

私はダイアナが不用品を処分していた日、ケンジントン宮殿にいた。ダイアナは、ウイリアムとハリーのビデオゲーム室になったチャールズの元書斎近くで、巨大なゴミ袋をながめていた。私が「ゴミ拾いをはじめたなんて言わないでよ」と言うと、「違うわ。どれだけいらないものをため込んでいたかに気づいたところよ」とダイアナは答えた。バレルを呼ぶと、ゴミ袋の中から不要となった日用品を与えた。ウイリアムやハリーが着られなくなった洋服は、バレルの息子アレクサンダーとニコラスにぴったりだったし、また任天堂ゲームボーイやダイアナがいらなくなったCDも含まれていた。またバレルの妻マリアが着られそうな服もあったが、マリアが着るには六センチは丈詰めしなければならなかった。おびただしい数の靴（ダイアナとマリアは靴のサイズは同じだった）とバッグも。マホガニーの箱とかヒューイットのイニシャル入りの指輪はなかったにせよ、とにかく私はダイアナがバレルに物品を与えているのを見ていたのであった。

ポール・バレルの弁護士アンドリュー・ショーは、何を目撃したかを訊いたので、私は証言したし、警察も私に証言を求めた。ショーの話によれば、警察は人びとから証言を引き出して、以前得た証言を否定するつもりだというのだ。私は不愉快になったが、もしバレルがほかに物を持っているなら伝えるし、またそういうことがあったとしても、それはダイアナに代わって短期間保管しているだけだろうと述べた。

バレルは私に電話をしてきて、私が証言したことにお礼を述べたが、その時「ダイアナが自分の前で裸になって、ずっと一緒だった」などとおかしなことを繰り返した。私は「ダイアナはあなたの前で裸になんかならないし一緒になんていないわよ。お母さんが亡くなった時も、あなたは同じように混乱しておかしなことを言ったわ。亡くなったお母さんが自分に話しかけたって言ったのを覚えていないの？　あなたはあの時もお母さんと一緒だったって言ってたわね」と言い聞かせた。

するとバレルは、私にいくつかの出来事を覚えているかどうか尋ねはじめた。彼がもはや何が現実かわからなくなっていたからだ。ダイアナからもらった手紙に執着していて、その中でダイアナは自分の人生の恐怖について書いていた。しかし、それらの手紙はバレルに宛てたものではなかった。また、ダイアナがケンジントン宮殿から毛皮のコートの下に何も身につけず裸で抜け出し、ハスナットに会いに行ったというのも、彼のまったくの妄想だった。

たぶんそれは、ダイアナがハスナットに会う前に、「もし私が毛皮のコートの下に何もつけずにたくさんのジュエリーだけつけていたら、ちょっとおもしろいんじゃない？」と言い、「でも、もし警察に見つかったらどうするのよ？」と私が笑いながら言ったことに起因していると思われた。

そんな冗談を言っている最中にバレルがちょうど入って来て、お茶のトレイを置いて行ったのだ。彼は私たちの話を耳に入れ、最後の部分を勝手に解釈したのだろう。ダイアナは毛皮のコートさえ持っていなかった。というもの、彼女はそれが嫌いで、いただきものの唯一の毛皮のコートですら人にあげてしまっていた。ダイアナ崇拝者のバレルが、ダイアナが夜中に何も身につけず出かける姿を想像していたことを思うと、なんとも愚かで憐れな気がした。彼は確かにかなりのストレスを抱えており、抗うつ剤をのんでいると話した。

私はいつもこの問題には悩まされた。バレルの裁判に備えるため、ＢＢＣのジェレミー・ブライトンがオールドベイリーの中央刑事裁判所を案内してくれた。私たちは、第一法廷に入ると、ブライトンが私の立つ場所やジャーナリストが座る場所、ポールが立つ場所を教えてくれた。証人が待つ刑事裁判所の証人局も訪れた。私は裁判に立つのが怖かったが、うまく乗り切れるよう準備をした。それがバレルのためであれ、チャールズのためであれ、誤審は避けたかったからだ。

ポール・バレルの弁護士ショーは、私を突如現われた証人として使おうとしていた。私の証言は、検察側の陳述において明らかに陪審員に疑いを持たせるものだったからだ。私は呼び出しを数日間待ったが、結局私は法廷に立たなかった。そして女王陛下が、バレルはダイアナのために彼女の所有物を保管していたのだ、と言った時点でこの裁判は劇的に幕を閉じた。女王が介入したのは、バレルに関する情報が入り乱れ、それがロイヤル・ファミリーには大きなダメージになってきたからだろう。

ダイアナが亡くなったあと、バレルは、ミセス・シャンド・キッドがワインボトルを片手にダイアナの書類を分類し、そのほとんどを自分の娘を守るためにシュレッダーにかけるのを目撃した。その数は五〇から一〇〇だったと法廷で告白している。私はダイアナが密かに鍵のついた日記をつけていたのを知っている。そこに彼女は自分の考えや感情をしたためた。人の目に触れることは決してなかったし、あの悪名高いテープさえもダイアナが見せてくれた秘密書類も見つかっていない。いまもどこかにあるのだろうが、だれの目にも触れていない。

たとえばフィリップ殿下の手紙はどうなったのだろうか。私にはそれがどこに行ったかは推測できた。ダイアナの秘密を多く知っていたバレルが証人喚問されていたら、彼はロイヤル・ファミリーに打撃を与えるほどの事実を暴露していただろう。

ダイアナの周りにはつねに活気と熱意を持った人びとであふれ、交流する喜びに満ちていた。私は、そのすべてがこんなにも悲惨に終わってしまったことがおそろしく悲しい。スタッフから家族までもがダイアナの想い出の断片をめぐって争っているのだ。ダイアナは、こんなことを望んでいたわけではなかった。それによってウイリアムとハリーがどれだけ傷ついたかを知ったなら、きっといたたまれなかったであろう。

17……最後の夏

ダイアナを心から崇拝していたのは、ファイド家のドディではなく、父のモハメドだったと私は思う。

モハメドは、ダイアナのためなら何から何までした。次々と贈り物をして、こんどは何が欲しいかといつも言っていた。そうして自分の富を思うがままダイアナに与えたのだった。このことは、息子のドディがダイアナと付き合いはじめるずっと以前からだった。

ある日、私が「モハメドはあなたに夢中なんじゃないの?」とダイアナに訊いたら、「彼は父親の年齢よ。それに彼の話ってすごくいやらしいの」とか「彼は飽き性よ。でも彼、私を笑わせるのよ」とダイアナは言った。そしてモハメドからの贈り物はなんでも理由も聞かずに受けとった。

もちろん、ダイアナが付き合っていたのはドディだ。でも私は、二人に性的な関係はなかったと信じている。ドディは、あまりに多くの問題を抱えていて、そんな彼にナイチンゲールのような奉仕をダイアナが果たすとは思えなかった。ダイアナが唯一望んだことは、プレイボーイのドディを使ってハスナット・カーンを嫉妬させることだった。

ドディとダイアナは、フランス南部サントロペのフェスティバルで出会った。ダイアナはモハメドに招待されていて、それまでにファイド家については多くのことを知っていた。とくに自分の父、スペンサー卿の友人だったので、モハメドについては詳しかった。二人はかなり違っていて、スペンサー卿は歴史のある学校出身の貴族、モハメドは率直ではあるが粗野なエジプト人だった。モハメドは義理の兄弟で武器のディーラー、アドナン・カショギの力を借りて中東のさまざまな商売に携わり、財を築き、世界一の名を誇るハロッズのオーナーになったほどの大富豪だった。経歴の違いから、逆にスペンサー卿とは衝突することもなく、ハロッズで買い物をするのが好きだったスペンサー卿は、モハメドの寛大なところやユーモアのセンスに惹かれた。また二人の違いをダイアナは気にしなかった。

ダイアナは、モハメドが反体制的な人物で、世間が彼から受ける恩恵だけに感謝していることをよく理解していた。彼が虚勢を張り、法外で、そして少し危険な人物であることもよくわかっていた。モハメドが所有するパリのブローニュの森にあるウインザー公の古い館に、ウイリアムとハリーを連れ出そうとした時、ダイアナは賢明にもそれを断った。「本能的に彼にもたれたらいけないって思ったの」と彼女は説明した。でも、父の死後はモハメドがほんとうによくしてくれたので、大切な人だとも話してくれた。

ドディは父親とはまったく違う性格で、とても弱かった。コカイン中毒でも有名で、そのことからいろいろな問題を起こしていたが、とても思いやりがあったので、ダイアナはそんなところが好きだった。チャールズはダイアナをすぐすねる子どもとして扱い、ヒューイットはセックスの対象、オリバー・ホアにとっては戦利品で、ハスナット・カーンはダイアナと情事をする勇気がなかった。そんななか、ドディだけはダイアナをプリンセスとして扱った。

いつもダイアナのことを誉め、考えつくすべてを話し、彼女のためなら自分を殺してでも従った。それまで、そんな付き合いを経験したことがなかったので、ダイアナは心地よかった。だからといって、ダイアナに執着するというわけでもなかった。それがドディであり、女性の扱い方を知っていた。どんな女性もロマンティックなことが好きなものだ。まさに彼は、そのロマンティックそのものだった。ディナーともなればプライベートジェット機ですぐパリへ飛び、リッツホテルに連れて行くと、そこにはナプキンの下にプレゼントのカルティエのバングルが隠してあり、彼女がそれを見つけるという具合だ。とても魅力的なやり方にダイアナはうっとりさせられた。ドディは上品でハンサムだったし、大富豪ならではのボート、車、その他さまざまな〝おもちゃ〟でダイアナを愉しませた。

私はダイアナに、モハメドのうわべだけの魅力にあまり騙されないようにと注意した。ローザ・モンクトンと同様、ファイド家とは休暇をともに過ごさないように強く忠告していた。それなのにダイアナは聞かなかった。アメリカのファッションデザイナー、ラナ・マークスと休暇を過ごす予定だったのが、ラナの家に不幸があって戻ってきていた。ダイアナにとって休暇の行き先をすぐに決めるのは容易ではなかった。友だちに電話して「どこかへ行きましょうよ」などと言うことができなかったからだ。

その夏、ダイアナはインドの電気産業界の有力者グール・ランバーニから招待を受けていて、タイの浜辺にあるランバーニの別荘へ行くかどうか迷っていた。

アメリカの億万長者テディ・フォーストマンもまた、ロングアイランドのハンプトンにある邸宅にダイアナを招待していた。彼らは、一九九四年に銀行家ロスチャイルド主催で行なわれた晩餐会の席で、航空業界の大物から紹介されていた人たちだった。その会場が、ロンドンにあるグリーンパークを一望できるダイアナの家族の屋敷、スペンサー・ハウスだった。

フォーストマンは「ダイアナは僕に気があると思って、いい気になっていた」と当時を思い返した。のちに、アナベル・ゴールドスミスの名にちなんでアナベルと名づけられたメイフェアーのナイトクラブのパーティに、ダイアナからエスコートの依頼を受けていた。二人は友だちになり、マーサズ・ヴィニヤード島（アメリカ・マサチューセッツ州）でルシア・フレチャ・デ・リマとともに休暇を過ごした時は、数回テニスのパートナーとなった。それに、フォーストマンはダイアナの望みに応えてガルフスチーム5ジェット（ジェット機）まで使用した。しかしながら、二人の友情はプラトニック以上に発展することはなく、すぐに冷めてしまった。

結局、ダイアナはサントロペにあるファイド家の別荘へ行くことに決めた。そこは太陽の光に満ちあふれ、ヨット（モハメドはダイアナの訪問のため特別にヨットを購入していた）もあって、そのボディガードはダイアナのプライバシーをしっかり守ってくれると信じたからだった。ダイアナがつねに渇望していた家族的な雰囲気も魅力だった。「安全で守られているように感じるの」と彼女は説明した。

ダイアナはジャッキー・オナシスを彷彿させた。ジャッキー同様に贅沢の限りを楽しみ、自分の人生における束縛にあくまでも抵抗した。ケネディ大統領の未亡人ジャッキーが、ギリシャの海運王、アリストテレス・オナシスと結婚した同じやり方で、ダイアナは世界の反応など気にしなかった。それはたいへん熱烈なムードを生みだし、どんどん話を進めた。ジャッキーは指示されるのが嫌いだったが、ダイアナも同じで、だれも彼女の考えを変えることはできなかった。ダイアナはそれを「本能」と呼び、その本能に従ってダイアナはフランス南部からパリへと向かった。

問題は、突然ダイアナが自分をコントロールできなくなったことだった。モハメドはダイアナを自分の息子と結婚させる決心をすると、永遠に父の束縛から逃れられないドディは、婚約していたモデルのケリー・フィッシャーを捨てた。もしモハメドが未来の王の義父になれたとしたら、この上ない成功といえただろう。しかし、これはダイアナが望んだことではなかった。

それはモハメドがイスラム教徒であることや外国人であることには関係ない。ハスナット・カーンもまたイスラム教徒で外国人であったが、もしカーンが勇気ある態度でダイアナに臨んだなら、彼女は喜んですべてを投げ出していただろうから。ダイアナはほかにも多くの男性に魅せられていた。『ベイウオッチ』（アメリカのテレビドラマ）のディヴィット・ハッセルホフを「とてもいかす」と思っていたし、ジョン・トラボルタには〝性的魅力〟を感じていた。ある日、私たちは『Xファイル』でFBI捜査官フォックス・モルダーを演じるディヴィット・ドゥカヴニーについて長々と話したことがある。ダイアナは私に、「私、彼ぐらいハンサムな人をものにできるかしら？」と尋ねた。彼をすごくカッコいいと思っていたのだ。私も彼のことは好きだと言うと「シモーヌ、同じタイプが好きだったなんて信じられないわ」とダイアナは言った。そこで「それはないわ。だって、私はチャールズを好きになったことなんて一度もないもの」と言ってのけた。

ドディの素敵なところをすべて集めても、ドゥカヴニーには及ばなかった。ダイアナはドディには魅力を感じておらず、率直に言えばドディはダイアナのタイプではなかった。

ダイアナは一九八〇年代の終わり、ウインザーで行なわれたポロ競技場で、ドディに会っていたし、一九九一年のスティーヴン・スピルバーグ監督の『フック』のプレミア試写会でも再会していた。その時ドディは資金面で援助していたのだ。けれどダイアナは、ドディのことをほとんど覚えていなかった。ダイアナは自分の男性関係についてとてもオープンで、だれに会い、だれに恋をしているのか、私にはいつも話してくれたが、ドディについての話は一度も聞いたことがなった。

フランセス・シャンド・キッドの観察によれば、ダイアナはドディの濃い胸毛が嫌いだったという。ダイアナは一度「背中が毛深い人ってどう思う?」と訊いたので、「ゴリラみたいじゃない」と冗談を言い合った。さらにダイアナは禿げた人も嫌いだと言った。それにしても、その質問自体とても奇妙だったので、のちに私はダイアナとドディの関係が世間が考えているようなものではないと思った。

ダイアナは出会った人だれとでも性的関係を持つようなタイプではなかった。まずは相手のことを知り、尊敬できて、そして何より恋に落ちることが必要だった。ダイアナとドディの違いは二人にとってあまりにも大きな問題で、関係が発展するのは難しかった。ドディは朝寝坊でダイアナは早起きだったし、ドディは怠惰で、ダイアナは活動的でいつも多忙だった。ドディは軽率でダイアナは思慮深く、ドディはコカイン中毒だったので性的にも問題を抱えていた。

ダイアナはドラッグがどのように影響するかを見たことがあり、それについてよく知っていた。薬物中毒者が人間関係でどんなトラブルを巻き起こすかも熟知していた。私たちは、薬物によって引き出されたエネルギーが自分のオーラを傷つけ、やがて人生を破壊しはじめる時、どんなことが起こるのかを長時間話し合った。

だからといって、ダイアナは、〝口達者で不特定多数と関係を持つ〟とフィリップ殿下が非難したその男を嫌いなわけではなかった。それはたいへんなダメージであり、ダイアナは絶対に反対だった。ダイアナがドディを好きなことは明らかだった(しかし、二人が一緒にいるからといって、二人が関係をもっているという意味ではない)。私がボスニアから帰ると、ダイアナは私がどこで寝たのかを訊いた。私は赤十字のモリス・パワーと同じベッドで寝たと話した。私たちはただの友人で、それ以上のなんでもなく、私にはなんの問題にもならなかった（ただ彼はその時、ゆっくり睡眠をとりたかったのに、私があれこれと話しかけたことが迷惑だったようだが）。ダイアナは、私とモリスの関係を完全に理解しており、「あなたはそういう人間関係を維持できる唯一の人だと思ってたわ」と話してくれた。

もしもダイアナがほんとうに関係を持っていたならば、だれかにそれを話していただろう。なぜなら、そういうことを秘密にできなかったからだ。女友だちに自分のことを話したがるタイプだったが、今回は何も言わなかった。つまり、何も話すことがなかったのだ。

お互い一緒にいる楽しさは別として、一九九七年、ダイアナがほんの数週間を一緒に時間を過ごしたのは、ドディにドラッグを辞めさせるためだった。ダイアナには、それが使命に思えたのだ。二人の間では、ダイアナはセラピストで、ドディは患者だった。でもそれは二人の結婚する理由にはならなかった。

またダイアナは、息子たちの希望を考慮する必要もあった。息子たちは休日のはじめはフランスのリビエラ海岸で楽しく飛び回っていたが、二人ともイギリスの伝統的な考えを持っていたので、ジェット機で豪遊する暮らしは、数日はおもしろくても、それが人生とは考えられなかった。

モハメドは、もしダイアナが息子のドディと結婚してくれようものなら、それこそ天にも昇る気持ちでダイアナの欲しがるすべてを喜んで与えただろう。邸宅を購入し、飛行機を手に入れ、ダイアナのボランティア活動に資金提供もしただろう。しかしダイアナは、プリンセス・オブ・ウエールズとして独立して生きていくほうが、義父の雇われのドディ・ファイド夫人として生きるより、はるかにすばらしいことをよくわかっていた。ダイアナはとても鋭い洞察力を持っていたので、最初の結婚のトラウマを抱えたまますぐに結婚することなどできなかった。彼女の言葉を借りれば、「母親にコントロールされた男と結婚したあとで、なぜこんどは父親にコントロールされている男と結婚する必要があるのかしら」ということだった。

ダイアナもまた普通の人が持つような夢は抱いていたが、未来のこととなるとまったく現実主義だった。モハメドと彼の家族と時間をかけて話し合い、彼の主張した生活の保障はダイアナがロイヤル・ファミリーとして経験した以上に息苦しいもので、ほんとうに欲しいものは独立だと伝えた。「私は何もいらないの。欲しいものはすべて持っているもの」と、ローザ・モンクトンにダイアナは話している。

またダイアナは、ヨーロッパ中どこにでもついてまわる詮索好きな連中の目からも逃れたいと思っていた。パパラッチのおかげで彼女の人生は台なしで、完全に参っていた。「金魚鉢で暮らしているようなものよ。みんなが見に来ても逃げる場所はなく、ただそこらを泳いで回るだけなのよ」と話した。

しかし、魔法の毛布にくるまれたところで、解決はしない。ダイアナは、まさにその理由から王室警備官を外した。ふたたび黄金の牢獄に閉じ込められるのを望まなかったのだ。

ダイアナは、真剣にアメリカ移住を考えていた。その理由は、さまざまな制限から解き放たれ、自分自身の居場所を確保できるからだとダイアナは語った。プライバシーに関して定められた法のもとで、自分の権利を侵害しないボディガードを雇えることを知った。敷地内に住むロンドン警視庁の警察官やモハメドのボディガードみたいに、行く先々すべてについては来ないのだ。

ハスナット・カーンは、最初その計画に乗り気だった。ところが、カーンがダイアナの人生から消えてしまうと、ダイアナは一人で話を進めていった。彼女はアメリカ移住をとても楽しみにしていた。真の民主主義、言論の自由、アメリカの広大な土地、そしてイギリスで生活するよりずっと楽に暮らせると指摘した。

ダイアナは自分を助けてくれる慎重な不動産業者を雇い、その業者はいくつかの素晴らしい邸宅のパンフレットを送ってきた。そのほとんどはカリフォルニアの物件だった。ある日、私がケンジントン宮殿に行くと、ダイアナはパンフレットを自分の机に積み上げた。それから私たちは、床いっぱいに広げて見た。いくつかはケンジントン宮殿にも匹敵するほど広大で、ジムやテニスコート、プールなどがあり、ボランティアの仕事に必要としていた大きなオフィスのためのスペースもあった。なかにはプライベートビーチまでついたものが二、三あったし、ダイアナの趣味ではないにしろ、ロマンティックな雰囲気で、しかも壮麗な屋敷もあった。

「子どもたちはきっと気に入るわ」ダイアナは言った。ロサンゼルスからロンドンの便は毎日出ているので、休暇中いつでも帰ることもできたし、子どもたちが数日そこで過ごすことも可能だ。

とくに気に入った物件は、マリブにある、かつてはジュリー・アンドリュースと映画監督のブレーク・エドワーズが所有していた屋敷で、メキシコ風大農園スタイルで五エーカー（約六千坪）の土地に建ち、ビーチへは私道で行けるため、他人がビーチに入ることはなかった。屋敷が建つ丘には、ガラス張りのジムが建てられ、太平洋を一望できた。モハメドが、ダイアナがその邸宅に興味を持っていることを知ったのは、彼女が時々フランスを訪れた時で、それを知るや否やモハメドは現地へ行ってその邸宅を購入した。それは表向きにはダイアナのために買ったものだったが、実際には結婚を見込んだ結婚祝いのつもりだった。

ダイアナが嫌がったのは当然である。彼女は自分自身の巣を欲しがっており、私につねづね「もしも家を買ったら、私だけの家にするの」と話していた。ロンドンのウルハンコートにある単身女子寮を出て、義母所有のケンジントン宮殿に住んで以来というもの、もうだれとも一緒に暮らしたいとは思わなかった。彼女は「私の名前がついた家が欲しいの」と言っていた。

これは非現実的な夢ではなかった。ダイアナは心底、自分自身を一新して、もう一度やり直したいと思っていた。時期を考えれば、それは実現していたはずだったと私は思う。ダイアナはもう十分イギリスのために尽くしていた。だが、ロイヤル・ファミリーが彼女の行く手に障害をもたらしたうえ、トニー・ブレアが彼女をひどく落胆させたので、彼女がそう思うのも無理はなかった。

当時野党だったブレアは、イズリングトンの自宅にダイアナを招待して、二人は知り合うことになった。ダイアナは、ブレアを素敵な人だろうと思っていた。ところが、ダイアナが魅了されたのは妻のシェリーのほうだった。ダイアナはシェリーの顔をおもしろく批評したので、「そんなことじゃなくて、男社会に乗り込んでいった彼女に惹かれたのでしょ。あなたは彼女の行動を賞賛しなくてはいけないわ」と私は言った。

ダイアナは、パワフルな女性に惹かれた。シェリーは、成功した法廷弁護士だったから興味を持ったのだ。シェリーは女性が何かを達成しようとすればそうなれるということを証明したいい例だと称した。しかし、ダイアナは妻としてのシェリーには複雑な感情を抱いていて、少し警戒していた。家庭内では、彼女が主導権を握っているとダイアナは確信していた。

ダイアナとシェリーは、数回ランチをともにした。ダイアナは、ブレア家の子どもたちとも仲よくしていた。ある時は自分の息子たちを伴ってブレアのところへ行き、ハリーと同い年のユアンと裏庭でサッカーをさせた。またある日、ダイアナは、ブレア夫妻に会ったあと自分の占い師デビー・フランクに会いに行き、トニーとシェリーの誕生日を占ってもらった。二人がイギリスにとってどんなに素晴らしい存在か、またダイアナ自身にとってはどうなのかを知りたがった。

たとえよいサインが出たとしても、友人関係は決して発展することはなかった。いかなる親しい関係だったとしても、それは消えた。ブレアは、労働党における急浮上した人気スターとして、あるいはのちのリーダーとして、ダイアナに将来の役割を約束し、選挙に勝てば彼女を外交大使にする話を持ちかけてきた。ダイアナはおおいに期待した。それこそ彼女が望んでいたことだったので、そうなれば彼女はほんとうに幸せだったであろう。

ダイアナは、ブレアの戦略担当、ピーター・マンデルソンや新しい外相のロビン・クックとも知り合いだった。クックは、ダイアナの魅力と貢献に感銘を受けていた。皆がダイアナに力を貸すことに乗り気のように見え、ダイアナは「とうとう私も役立つ日がくるのよ」と言った。

しかし、ブレアは政権をとると、ダイアナとの約束は破棄した。首相に選出されたあと、すぐに女王と話をしたのかもしれない。確かにブレアはそうすると言ったし、ダイアナはそれを受けて必ず実行するタイプだった。ダイアナは彼に何度も電話を入れた。そして、ウイリアムとハリーを連れて首相官邸のチェッカーズ（首相の公式別荘）を訪ね、その件を話題にした。ダイアナはそこから電話をしてきて、そこがどんなにきれいで、食事が素晴らしく、どんなに楽しい時を過ごしたかを話してくれたが、あの約束の件をブレアに話すといつでもはぐらかされたという。その後、望みはなかったが、ブレアに電話を入れたあとでこう言った。「私は無視されているわ。もうあの話はなくなったの」。

ブレアは、ダイアナのことを真剣に受けとめず、侮辱したのだ。労働党は他者への奉仕が売り物で、その点でダイアナに勝るものはいなかった。彼女の功績は世界中で知られており、行く先々で尊敬された。人びとの苦難に焦点を当てる外交大使として、イギリスの国際的評価を上げるうえでも彼女ほど驚くべき貢献をする人はいなかっただろう。

それは、ダイアナがほんとうに望んでいたものだった。自分の満足のためではなく、純粋に他者を気遣ったのだった。だから、トニー・ブレアからそんな扱いを受けても、ダイアナはその仕事に就くと心に決めていた。自分でやるしかないこともわかっていた。ドディ・ファイドは幕間の役者に過ぎず、さっさと彼から去ることもできたのに、運命が邪魔をした。一九九七年八月三一日一二時二三分、ダイアナはドディと一緒にパリで自動車事故によって亡くなった。五チャンネルでダイアナのドキュメンタリー番組『ダイアナが亡くなった晩』を制作した映画制作者ディヴィット・コーエンによれば、大破したメルセデスの後部座席からコカインの入ったハンドバッグが見つかり、その後バッグと中身が不思議なことに消えたという。その車の中で唯一ハンドバッグを持っていた人物はダイアナであろう。しかし、もし彼女がコカインを持っていたとするなら、それはドディから取り上げたとしか考えられなかった。他人を助けること、それが彼女の天職であり、まさにそのために死んだのだった。

18……終焉

一九九七年八月三一日の夜、私は珍しく早めに床に就き、すぐに眠りに落ちた。が、一人の友人が電話をかけてきて、ダイアナが自動車事故に遭ったと告げた。真夜中をかなり回っていたが、私はベッドから飛び起きると、あわててコンタクトレンズをつけ、テレビのスイッチを入れた。レポーターたちは、ダイアナが足を骨折したとか言っていたが、私はおそろしい予感がしていた。胃の中に岩でもあるようなちくちくした感覚は、やがて頭から足先まで広がっていった。

私が父を亡くした朝も同じ経験をしていた。

その日、私は両親のところへ車で行き、今日中にこの家のだれかが死ぬのがわかると話した。母は、ちょうどその時癌を患っていて症状が悪かったが、父は斧のような強靭な体の持ち主だとだれからも思われており、直前に受けていた健康診断も異常なかった。そんな兆候はなかったので、父は私に馬鹿なことを言うな、と言った。

しかし、父はその日の午後四時に心臓発作で倒れ、病院に運ばれた。私が父に付き添っていたら、ずっと前に亡くなった祖父母が現われた。ひろびろとしたとても明るい光の前に立っているようだった。彼らは、父を迎えに来たのだ。父は真夜中に亡くなり、自分の体を抜け出して、彼らのほうへ行った。私は祖父母と父が光のなかに消えるのを見た。ベッドを見下ろすと、父はまだそこにいて、驚くほど安らいでいるようだった。

私がダイアナにこの話をすると、ダイアナは、自分の父が亡くなった時も同じように感じたと話した。彼女は死を人生のサイクルの一つとして受けとめるようになっていた。それは肉体の終わりではあるが、精神の終わりではないと思っていた。

そうした考えは私にもあったけれども、予感が的中し、テレビキャスターがプリンセス・オブ・ウエールズが怪我のために亡くなったと伝えた時はショック状態に陥った。ダイアナは、自分は決して長生きしないだろうとよく話していた。また、若くして不自然な死に方をするだろうとも話していた。予想が現実となり、私はかき乱されて、その後の一週間はまるで半分死人のようだった。私は非現実的な世界に生きているような感覚に陥り、自分の命が周りで息づいてるようだった。ダイアナは私の親友であり、思いや恐れを共有できる相手だった。私はダイアナを友人として愛していた。おとぎ話の最後はハッピーエンドなのに、彼女の場合は悲劇的な幕切れとなった。

悲しみをさらに耐え難くしたのは、ダイアナと私が数週間口を利いていなかったということだった。私たちは以前にも喧嘩したことはあったが、今回はほんとうにつまらない喧嘩だった。私はお互いの信頼をとり戻そうと思って、ケンジントン宮殿に電話したが、その時ダイアナは不在でポール・バレルが出た。そして、折り返し電話してもらうことを伝えた。バレルは私が疲れているようだ、と言うので「いつもよ」と言った。それから私がだれのことを気遣おうとしているかを話したのが間違いだった。

ダイアナは、帰宅するとすぐ電話をしてきて、ものすごい剣幕でなぜバレルと噂話をしたのか問い詰めた。私は噂話などしていない、ただバレルが大げさに言っているだけで、私はだれをヒーリングするかを話したにすぎないと答えた。彼女は「何も話すべきではなかったのよ。彼は友人じゃないわ。ただのスタッフなんだから」と言い返した。

その後、私たちは何度か電話で話したが、いさかいは続いた。彼女が亡くなったあと、バレルがアドレス帳を見て、葬儀の参列者を選出した。私は招待されず、正直なところ安心した。なぜなら、葬儀はマスコミの取材の的になるからだった。

代わりに私は自宅でダイアナと共通の友人とテレビで葬儀の様子を見ていたが、エルトン・ジョンが『キャンドル・イン・ザ・ウインド』を歌いだすと涙が出た。彼はもともとこの歌を、敬意を込めてマリリン・モンローに捧げるために作った。マリリン・モンローもダイアナと同じく若くして亡くなり、永遠に若く美しいままのイメージを残している。ダイアナにぴったりなプレゼントだったが、彼女はマリリン・モンローになぞらえられるのは喜ばしくなかっただろう。彼女はマリリン・モンローのユーモアのセンスは尊敬し、同じように女性らしさで賛美されたいと願っていたが、彼女が心から共感していたのはジャッキー・オナシスだったからだ。

その悲劇の日、悲しみをこらえきれず、私たちはダイアナを偲んでろうそくを灯した。それからヘンドン通りに行き、葬儀の行列が通り過ぎるのを見送った。私たちは、それぞれ花束を持ち、いつの間にか群集に押されて、ダイアナを乗せた車に手を触れることができた。

ダイアナは、人道主義を通してたくさんの死を目の当たりにしてきたので、死を恐れてはいなかった。しかし、彼女は自分が死ぬ時に何が起こるかはっきりした確信があった。

ダイアナは、自分が死んだら地元の教会のスペンサー家の墓に埋めて欲しいと私に話していた。だが、世界を愛したその女性は、湖の真ん中の島に一人孤独に葬られた。

ダイアナは、自分の名がつけられた病院やホスピスを造りたかったのだろう。ダイアナの人道主義への思いを受け継ぎ、ダイアナを偲ぶには最もふさわしい記念となったであろう。その計画に携わった友人たちは、ダイアナが何を願っていたかをよく理解していた。しかしながら、亡くなったあと、ケンジントン宮殿に記念の噴水を造るにとどまった。だれの助けにもならない噴水を造るのに、三〇〇万ポンド以上が無駄使いされたとダイアナが知れば、怒ったであろう（その噴水のデザインがひどかったので、あまり一般公開はされていない）。

トニー・ブレアは、自分の政治的目的のために国民の悲しみを利用しようとした。また、ダイアナが名づけ親になった子どもたちの扱いはひどいものとなった。ダイアナは、彼らと頻繁に話をし、わが子のように愛し、全員が自立できることを望んでいた。自分の願いを自分の遺書に明確に記載していたが、それらはダイアナの家族によって退けられた。

仕方ないことだった。ダイアナの行動を決定するのはロイヤル・ファミリーであり、どんなに強く彼女が自分の運命を決めようとしても、慣例から自由にはなれなかった。それは彼女が舞台に上がるずっと前から存在し、そして彼女が旅立ったあともずっと存在し続けるものなのだ。

しかし、ロイヤル・ファミリーでさえ、永遠にダイアナの偉業を忘れることはできない。人びとがダイアナへの哀悼の意をあらわにしたことは、ダイアナがいかに国民に影響を与えたかの証明であり、ロイヤル・ファミリーは、時には混乱して気難しく、場合によっては短気で、それでいていつも心を開いていたこの女性に、国民の感情を受け入れて敬意を払うべきだろう。

私たちは、以前よりもずっとこの国のことを思うようになった。私たちは感情を閉ざすのではなく、表現することを学んだ。

それを私たちに教えてくれたのは、ダイアナだった。それを通じて私を思い出して欲しい、とダイアナは望んだであろう。人を気遣い、そして彼らにも同じことを望んだ女性として。

完

訳者あとがき

一九九七年八月三一日、パリで事故死したイギリスの元皇太子妃ダイアナの記憶は、いまなお私の脳裏に焼きついています。

チャールズ皇太子との離婚前は愛人スキャンダルにまみれ、何かとお騒がせなプリンセスでしたが、晩年はアンゴラに赴き地雷撤廃運動に力を注いだり、マザー・テレサを訪問して、エイズ患者や貧者の側に立って行動して、ロイヤル・ファミリーの一員であった時以上に輝きを増していただけに、ダイアナの事故死は世界中の人々にあまりにも衝撃的でした。

私自身がダイアナと同年齢であるが故に、もともと彼女の人生にはたいへん興味がありました。並大抵の苦労ではないはずなのに、彼女はぎりぎりの限界にいながらも公務をこなし、自分しかできないことを探し続けていました。テレビインタビューでの前代未聞の不倫告白をしたと思えば、チャールズとの離婚騒動の最中には公務中に涙してしまったことさえありました。皇太子の愛人問題、自分の不倫問題、そして離婚訴訟にあっても、公務をこなすダイアナの姿はいまなお多くの人々の心に残り、一方で二人の王子である息子の子育てもしっかりとこなしていたことは注目に値します。

ページをめくっていただければ、おわかりいただけると思いますが、この本はいままで訳されてきた、いわゆるダイアナ妃に関する暴露本ではなく、ダイアナ妃のセラピストによって書かれた一人のクライアントとの実話と思っていただくほうがいいかもしれません。ただ、そのクライアントがプリンセスという特別な存在だったということです。本を読むにつれて、ダイアナがどこにでもいる女の子であったことにだれもが気づくはずです。恋に落ちれば周りが見えなくなり、追いかけ過ぎては逃げられて、騙されたとわかれば号泣する、あまりにも女であり人間味あふれるその姿に共感する人は多いでしょう。そして、だれよりもチャールズを愛しながらも、自分のもとには二度と帰らぬ夫を待っていたダイアナ。占い中毒でもあった彼女は、占いによっていい答えが導かれたら大喜びし、悪ければ落胆して八つ当たり……。気さくで明るく冗談好きで、それでいてちょっとしたことで怒ったり、泣いたり、そして後悔ばかりしていたというダイアナ。それこそセラピストの前だからこそ見せた彼女のほんとうの素顔だったと思われます。

この本を読んだ女性ならば、きっとだれでもダイアナのなかに似ている自分を見つけるでしょう。なぜなら女として同じことを悩み、考え、乗り越えようとしたのですから。

とにかく、この本を通してダイアナというチャーミングなプリンセスが存在していたことを、ふたたび思い出していただければ幸いです。

そしてこの春、ケイト・ミドルトンさんとの結婚が決まったウイリアム王子。やがては、母であったダイアナがいつも胸に描いていた、「ウイリアム五世」新国王の誕生。私たちの多くは、その世紀の式典を衛星放送で見ることができるでしょう。私は、その日が一日も早く訪れることを期待してやみません。

下訳では、平田雅子、高橋奈々、河村綾子、高松直子、岡本雅子の五名の方々の協力をいただきました。彼女たちの若い英語力の感性に、これからもおおいに期待しています。また、イギリス英語の指導ではマーク・ベイリー（Mark Bailey）氏に、たいへんお世話になりました。出版を支えてくださいました総合文化社の関口博夫氏にも感謝の気持ちでいっぱいです。ありがとうございました。

最後になりましたが、この本への熱意だけの私の話を真剣に受けとめてくださり、刊行まで導いてくださいました清流出版の臼井雅観氏、出版を承諾してくださいました加登屋陽一社長にはたいへんお世話になりました。心から御礼申し上げます。

私は、いま憧れのダイアナ元皇太子妃の本を出版できる喜びで、感動と興奮で胸が震えています。

二〇一一年春

飯塚恭子

著者略歴

シモーヌ・シモンズ（Simone Simmons）
生まれながらのヒーラーで透視能力者。患者を癒すだけでなく能力をも与えるエネルギー・ヒーリングを施す。おもにガンとエイズの患者を専門に扱う。ロンドン在住。著書は本書のほか、ニューヨークタイムズ紙のベストセラー『Diana : The Secret Years』（共著）がある。

イングリッド・シュワード（Ingrid Seward）
1983年から雑誌「Majesty」の編集者として20年以上にわたってロイヤル・ファミリーを取材し、英国王室に関する書籍を多数著している。
おもな著書に『William and Harry: The People's Princes』『Diana』『The Last Great Edwardian Lady』『Royal Style』『Fergie: The Life of a Duchess』等がある。

訳者略歴

飯塚恭子（いいづか・きょうこ）
1962年愛知県生まれ。甲南女子大学文学部卒業。朝日放送勤務を経て、第４回ノンフィクション朝日ジャーナル大賞に入選し、ノンフィクション作家に。英国アンティーク陶器研究家でもあり、英会話スクール企画等幅広く活躍している。
おもな著書に『祖国を追われて―ILO労働代表松本圭一の生涯』（キリスト新聞社）、『プリンセス・ダイアナの言葉』（ギャップ・ジャパン）、『スージー・クーパーのロマンティックスタイル―英国のとびきりかわいい食器たち』（マーブルトロン）、『スージー・クーパー―天才ロイヤルデザイナーの作品と軌跡』（ダイヤモンド社）他。
訳書にマックス・ウェルチ&スコット・ノルマンディー共著『イギリス英語スピーキング・ブック―TRAVEL & LIVING』（語研）がある。

ダイアナ妃の遺言

二〇一一年四月六日［初版第一刷発行］

著　者―シモーヌ・シモンズ／イングリッド・シュワード
訳　者―飯塚恭子

発行者―加登屋陽一
発行所―清流出版株式会社
東京都千代田区神田神保町三―七―一　〒一〇一―〇〇五一
電話　〇三（三二八八）五四〇五
振替　〇〇一三〇―〇―七七〇五〇〇
〈編集担当　臼井雅観〉
印刷・製本―シナノ パブリッシング プレス
乱丁・落丁本はお取り替えいたします
ISBN978-4-86029-303-1
http://www.seiryupub.co.jp/